全国各类成人高等学校专升本招生考试统考教材

生态学基础

Shengtaixue Jichu

李维炯　主　编

北京邮电大学出版社
·北　京·

图书在版编目(CIP)数据

全国各类成人高等学校招生考试统考教材：专升本．生态学基础／李维炯主编．—北京：北京邮电大学出版社，2017.1

ISBN 978-7-5635-5035-7

Ⅰ．①全… Ⅱ．①李… Ⅲ．①生态学—成人高等教育—升学参考资料 Ⅳ．①G724.4

中国版本图书馆 CIP 数据核字(2017)第 023006 号

书　　名　生态学基础
著作责任者　李维炯　主编
责 任 编 辑　冀爱芳
出 版 发 行　北京邮电大学出版社
社　　址　北京市海淀区西土城路 10 号　邮编 100876
经　　销　各地新华书店
印　　刷　北京荣玉印刷有限公司
开　　本　787 mm×1 092 mm　1/16
印　　张　15.5
字　　数　368 千字
版　　次　2017 年 1 月第 1 版　2019 年 2 月第 3 次印刷
书　　号　ISBN 978-7-5635-5035-7
定　　价　42.00 元

如有印刷问题请与北京邮电大学出版社联系　电话：(010)62283578

E-mail：publish@bupt.edu.cn　www.buptpress.com

出版说明

为了使考生在复习备考过程中不至于迷失方向，学习更有针对性，以达到事半功倍的效果，北京师范大学成人考试教材编写组的朱家珏、程正方、周星、梁中义、李仲来等教授接到最新考试大纲后亲自主笔认真地修订了本次的《全国各类成人高等学校招生考试统考教材(专升本)》。参加本套丛书修订的这些教授在我国教育战线德高望重，他们大多都参加了大纲的修订和考试命题工作，在修订的过程中，本着对教学认真负责的原则，坚持了以大纲为依据，坚持了以教学为目标，坚持了以突出成人考试特点为方向。他们以严谨的工作作风，以对成人高考(专升本)准确到位的把握，使本套丛书的最新修订版本融入了新的命题思想和观点。本套丛书经修订后奉献给读者，更能起到良好的效果。

本套丛书包括《政治》《英语》《民法》《大学语文》《艺术概论》《教育理论》《高等数学(一)》《高等数学(二)》《医学综合》《生态学基础》《时事政治》。在本套丛书的修订过程中侧重体现以下几个显著特点。

【紧扣大纲】本套丛书严格按照最新《全国各类成人高等学校专升本招生复习考试大纲》修订，并结合编者在北京师范大学成人教育学院举办的成人高考辅导班授课和在北京评卷的经验，以及对历年全国统考试题的分析、研究，总结出了成人高考命题的思路、方法和原则，从而充分体现了成人高考命题的新动态。

【体例新颖】在内容的选择和编排方面,根据知识的内在联系和考生的认知规律,按从简单到复杂、由浅入深、循序渐进等原则安排本套丛书的结构,丛书的编写目的是帮助老师教学和培养考生的应试能力。

【针对性强】本套丛书针对成人考生学习的特点和要求,注重基础知识复习和能力训练,以提高考生综合运用知识的能力和应试水平,能帮助考生在短期内取得良好的复习备考效果。

【免费课程】考生可扫描下面的二维码,获取“精准押题,直击提分”相关学习资源(9月1日开通)。

【我的店铺】考生可关注封底微信公众号,单击“官网店铺”,打开“我的店铺”,即可进行相关课程的学习及获取考前押题卷等教学资源。

在修订的过程中,本套丛书仍然坚持了下面三个特点:第一,注重针对成人学习的特点,强调科学性;第二,注重试题解析与应试能力训练,强调实用性;第三,注重吸收新知识、新成果,强调时代性。

本套丛书可选作成人高考教学的标准教材,同时对高中以上相关人员自学、教研都有很好的参考价值。

希望广大师生在使用本套丛书时能提出宝贵的意见和建议,以便我们进一步修改,使之日趋完善,在此对关心本套丛书并付出辛勤劳动的同志表示衷心的感谢。

编　者

目　　录

第一章　绪　论

学习目标及要求

1. 掌握生态学的概念和研究内容。
2. 了解生态学的发展历史及现代生态学的发展趋势。
3. 了解生态学的分支学科。
4. 了解生态学的研究方法。

生态学已然发展成为一个用现代理论与高科技武装起来的多个学科交叉的庞大学科。

生态学原理和知识的普及，是社会可持续发展的需要，是人类生存的需要。联合国教科文组织要求把生态学知识普及到每一个人。人类要在提倡物质文明、精神文明的同时，提倡生态文明。

基础知识复习

第一节　生态学的概念与研究内容

一、生态学的概念

“生态学”一词是由德国自然科学家海克尔（1834—1919）于1866年在其著作《生物体普通形态学》中第一次提出的。海克尔首次提出的定义为：“生态学是动物与有机和无机环境的全部关系。”后来，在生态学科形成和发展过程中，许多学者相继提出自己的见解，如“研究生物体与其周围环境之间关系的科学”“研究生物与环境间关系的各种形式的学科”“自然界的结构与功能的研究”等，更简短的定义为“环境的生物学”。通常情况下，广泛采用的生态学定义是“研究生物与环境之间相互关系及其作用机理的科学”或者是“生活着的生物及其环境之间相互联系的科学”。

从对生态学多种多样的定义表达中显示出鲜明的时代色彩，标志着生态学的发展。如美国生态学家奥德姆（1913—2002）提出：“生态学是研究生态系统结构与功能的科学。”我国生态学家马世骏（1915—1991）认为：“生态学是一门多科性的自然科学，是研究生物与环境之间相互作用及其机理的科学。”后来又进一步提出生态学不仅是一门包括人类在内的自然科学，也是一门包括自然在内的人文科学。现在，多数人把生态学理解为：研究人、生物和环境的相互关系，研究自然生态系统和人类生态系统结构、功能及其相互关系的科学。因此可以说，随着传统生态学向现代生态学的发展，生态学的定义也在不断扩展和深化，现代生态学已成为一门探讨生命系统与环境系统相互作用规律的学科。环境系统指所有影响生命系统的物理因素（如土壤、岩石、温度、光照、水等）和生物因素的总和，而生命系统的内涵不仅仅是动植物和微生物，还包含人类本身。生命系统与环境系统的关系，可简单地概括为协同进化、适应生存的关系，因此也有人认为，生态学是生命系统适应生存的科学，是存活对策的科学。

二、生态学的研究对象和内容

（一）生态学的研究对象

生态学的研究范围广，甚至有人认为生态学没有任何特殊研究对象。事实上，生态学的每一个具体问题都有自身特殊的研究对象，这个对象即是“生态系统”。生态学有许多不同的研究领域，要么集中于特定的区域，要么利用一定的方法解决特定的问题，但相对每一个研究领域或问题都有其明确的界定，这个特定的区域就是生态系统，特定问题也是一定生态系统内的问题。因此，生态学的研究对象是一定的生态系统。

从生态学的定义及拓展变化可看出生态学研究内容的复杂性。早期生态学是研究生物与环境相互关系的生物学分支，经典生态学研究的最低层次是有机体（个体），随着生物学向宏观方向的变化，生态学作为宏观生物学主要以个体、种群、群落等宏观方向不同等级的生命体系为研究对象。现代生态学研究的重点在于生态系统和生物圈内各组织层次中组成成分之间，尤其是生物与环境、生物与生物之间的相互作用。因此，现代生态学的研究对象既不是生物，也不是环境，而是由生物与环境相互作用构成的整体生态系统。

（二）生态学的研究内容

生态学的研究内容无论是经典生态学研究生物与环境的关系，还是现代生态学研究生态系统结构与功能，都是研究一定实体（生态系统）内各层次、各要素的相互作用规律。当然，这个包含生命成分的实体有大有小，大到生物圈，小到一滴水；实体内的层次及组成要素也有简有繁，具体情况视研究目的而定。

1. 个体生态学

个体生态学以生物的个体为研究对象。个体是生物存在的基本单元。个体生态学研究生物个体生长发育与环境条件之间的关系，研究环境因子对生物个体的影响以及生物对环境的适应性，生物体与环境的能量、物质间的关系，数量与质量的动态关系，以确定某个生物种对各生态因素的稳定性与趋向性的界限，探讨环境对有机体的形态、生理和行为的影响。其基本内容与生理生态相当。

2. 种群生态学

种群是指一定时间、一定区域内同种个体的组合。在自然界中，一般一个物种总是以种群的形式存在。因此，种群是物种的存在单位、繁殖单位和进化单位。种群生态学是研究种群与环境的相互关系，以阐明各个生物种群的存在条件和分布状况，在不同的群落生境中，各生物种群的存在方式、结构、增长数量及动态等特征。主要内容是研究种群密度、出生率、死亡率、存在率和种群的增长规律及调控措施和方法，达到种群的合理控制。

3. 群落生态学

群落是由一定种类的生物种群所组成的一个生态功能单位，是占有一定空间的多种生物种群的结合体，具有一定的结构、一定的种类组成和一定的种间相互关系。群落生态学研究生物群落的组成（物种多样性）、结构（形态结构、营养结构等）、功能、形成和发展演替与其所处环境间的相互关系，各个种群的关系揭示群落的自我调节和演替规律等。

4. 生态系统生态学

生态系统生态学主要研究生态系统的结构、功能、平衡、稳定及其调控机制。其特点是研究内容扩大到系统，使个体生态与群体生态在新的基础上更加紧密地结合，同时又使植物生态、动物生态、微生物生态、人类生态学、自然科学和社会科学更加紧密地相互渗透与联系起来，成为综合性强大的研究领域。

5. 景观生态学

高于群落组织层次的等级水平，现在广泛采用“景观”一词来表示。景观指不同类型群落水平的集合体，景观生态学是一个新领域，主要研究生态系统的异质性组合，探讨环境、生物群落与人类社会的整体性，尤其强调人类活动在改变生物与环境方面的作用。与景观生态学层次相近的还有区域生态学，区域生态学是研究特定区域的生命系统与环境系统相互关系的科学，其重要特征是把人类作为区域生态中既普通又重要的组成成分。

6. 全球生态学

区域和景观范围扩展到全球，是全球生态，也即生物圈或生态圈。这是地球上最高级的组织层次，也是最大的生态系统。由于近年来人们普遍关心的一些重大问题，如人口剧增、粮食短缺、环境污染、资源衰竭等严重威胁着支持人类生存的自然生态系统，破坏了其原有的平衡稳定，已经成为当今世界各国共同关注的研究领域，其变化发展关系着人类的现在和未来，全球生态学目的在于培养人们树立全球观念，探讨人类生存的对策。

个体生态学、种群生态学和群落生态学基本上只研究生态的自然属性和动物生态的某些社会特征，属于传统生态学。但由于生态具有自然、社会和经济的三重性，因此生态学必然要走以区域生态和全球生态为核心的现代生态学的道路。

以上是从纵向的方面概述生态学的研究内容，从横向来说，生态学的研究内容可以概括为以下几个方面。

第一，研究全球范围内的生物个体、种、种群、群落生态系统、区域和全球的生态学，研究这些不同级别水平的系统的组成结构、功能及其变化的动态特征或规律，彼此间的关系及调控。如种的分布、种的数量变动、种的行为、种的进化、种际关系，以寻找生态系统中种群的适应结构，并采用生态技术控制有害种群的发生和蔓延，合理开发利用生物资源，保护物种多样性。

第二，自然及人工生态系统生产力的研究，以提高光合作用强度及不同营养级水平生物产品的经济效益，以充分发挥生物圈的潜力来适应不断增长的人口生存的需求。尤其是对食物链结构比较单纯的人工控制的生态系统如农业生态系统，要提高物种多样性、增加食物链环节等来提高系统的生产力和资源转化效率，以获得更多的产品，满足人类的需要。

第三，能源和环境方面，提高能源利用率，运用生态工程技术把节约能源和寻找新的替代能源有机结合起来，把充分发挥和保护环境净化功能，减少污染压力和综合治理环境污染结合起来，解决发展和保护之间的矛盾。

第四，人类在生态系统中的作用以及协调人与自然的复杂关系，以改善人类的生态环境，寻求全球持续发展的途径。要充分认识到人类所面临的五大挑战，关键是人口增长过快，必须在全球范围内强化生态意识，用生态学的观点来认识和指导人类做到计划生育与自觉保持全球生态系统的平衡和稳定。

第五，在生态学的研究方法上不断探索和创新。联合自然科学与社会科学等学科，以生态学为桥梁，吸收数学、物理、化学的新方法，运用计算机、遥感、系统分析等现代技术，使得对生态系统的研究逐渐由描述性、实验性转向解析性、综合性，从简单的描述回归模型发展到动力学模型，分析表达复杂系统中各组分的定量关系，宏观与微观结合，为宏观决策提供科学依据和手段。

三、生态学的分支学科

随着生态学的发展，生态学的研究领域、研究范围及研究内容都在不断扩大，已形成了庞大的学科体系。生态学的分科有若干种划分方法，现列举如下。

1. 根据组织层次分类

根据组织层次分类，可分为个体生态学（生理生态学）、种群生态学、群落生态学、生态系统生态学、区域生态学（景观生态学）、生物圈生态学（全球生态学）。

2. 根据生物类群分类

根据生物类群分类，分为普通生态学、动物生态学、植物生态学、微生物生态学。动物生态学又按动物分类，可以细分为脊椎动物生态学、鸟类生态学、昆虫生态学等；同样，植物生态学也可分为有花植物生态学、蕨类生态学、藻类生态学等。

3. 根据生境类型分类

根据生境类型分类，分为水域生态学、陆地生态学和太空生态学。水域生态学又可分为海洋生态学、淡水生态学、河口生态学等若干分支；而陆地生态学则可分为森林生态学、草原生态学、荒漠生态学、冻原生态学、沼泽生态学、岛屿生态学、山地生态学等。此外还有宇宙生态学、空间生态学等。

4. 根据研究方法分类

根据研究方法分类，分为野外生态学、实验生态学和理论生态学等。

5. 根据交叉学科分类

根据交叉学科分类，如生理生态学、进化生态学、分子生态学、数学生态学、化学生态学、地理生态学、信息生态学、物理生态学等。

6. 根据应用领域分类

根据应用领域分类，可分为农业生态学、农田生态学、森林生态学、渔业生态学、草原生态学、污染生态学（环境生态学）、放射线生态学、热生态学、自然资源保护生态学、生态工程学、生态经济学、社会生态学、城市生态学、人类生态学等。

生态学源于生物学，是生物学的一个分支学科。它和形态学、生理学、遗传学、分类学、进化论、生物发生学、分子生物学等学科都是生物学的基础学科。这些学科都是从不同的范围和角度来研究所有生物共同的基本生命现象，所以它们相互之间有联系。美国生态学家奥德姆用生物学“多层蛋糕”（图1-1）来形象地确定生态学在传统生命科学划分中的地位及其相互关系。这个蛋糕按水平方向划分若干层来代表上述生物科学的各基础科学，而按垂直方向又可将蛋糕切成若干块，代表不同的分类学分支，如动物学、植物学、微生物学，以及再细分成藻类学、真菌学、昆虫学、鱼类学、鸟类学、兽类学等。由此可见，生态学不仅是生物学的基础学科之一，而且是每一门分类学科的重要组成部分。在所有基础学科当中，生态学与生理学、形态学、遗传学、进化论及分类学关系较为密切，特别是生理学和形态学。因为要了解和充分认识一个器官的构造，就必须知道这个器官的生理机能，而生理机能状况又明显与环境条件有密切关系。反之，要研究生态学，也必须掌握生理学有关知识，才能较为正确、完善地理解环境因子对生物的各种影响。

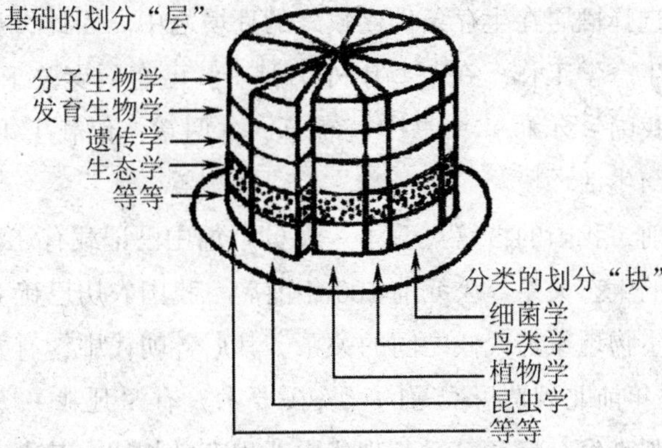

图1-1 生物学“多层蛋糕”

由于生态学问题与社会经济发展的密切关系，它又成为连接自然科学和社会科学的桥梁。因此，它已经成为许多科技人员和政府工作人员的必修课之一。系统分析将生态学和数学联系在一起。现代生态学和环境科学有着密切的关系，在研究生物包括人的自然环境因子时，又必须依靠其他自然科学知识，如物理学、化学、地质学、营养学、微生物学、气象学、气候学、海洋学、湖沼学、地理学和土壤学等。此外还要涉及某些社会科学，如人文科学、社会学、经济学、心理学等。

总之，按照奥德姆的观点，现代生态学的视野要放大，着重于对生态系统进行整体的综合研究。运用系统分析、计算机技术等处理复杂问题的方法，使它必然要广泛运用和吸收有关科学理论的最新研究成果和技术。由于多学科的互相渗透，已使生态学发展成为当代最活跃的前沿学科之一。

第二节　生态学的发展简史及发展趋势

生态学源于生物学，并且伴随着生物学的发展而发展，进而形成一门独立的学科，它像其他许多学科一样，经历了漫长的、间歇发展的历程，而且是多元起源的。

一、生态学的发展简史

一般来说，生态学发展可概括地划分为四个时期。

(一) 生态学的萌芽时期 (公元 16 世纪前)

地球大约形成于 50 亿年前。地球上产生生命已有 30 多亿年的历史，从那个时期起，生命与环境之间的关系就客观存在。人类的诞生，也已有了 60 多万年的历史，尤其是在原始社会以后，人类为了更好地生存，为了更多地寻找到猎物、采集到野果，不得不对动植物的生活习性以及周围世界的各种自然现象进行观察，自觉与不自觉地了解和积累动植物以及自然的知识，选择栖居在生存条件比较好的环境之中。因此，从远古时代起，人们实际上就已经在从事生态学工作。在一些中外书籍中，已有不少关于生态学知识的记载，早在公元前 200 年，我国《尔雅》一书中就有草、木两章，记载了 176 种木本植物和 50 多种草本植物的形态与生活环境。

公元前 200 年以前，我国的古籍《管子·地员》篇中已记载有江淮平原上沼泽植物的带状分布与水文土质的生态关系。公元前 100 年前后，我国农历已确立了二十四节气，它反映了作物、昆虫等生物现象与气候之间的关系。其后各朝代中，有关动植物生态学的记载也不少见，如 1400 年前北魏贾思勰写的《齐民要术》有“凡栽一切树木，欲记其阴阳，不令转易，阴阳易位则难生”等记载，与现代农业生态学相比，其内已经包含了许多基础知识。明代李时珍著《本草纲目》中描述了不同药草的生境特点。清代陈淏子著《花镜》

中有“生草木之天地既殊，则草木之性焉得不异”的记载。

在西方，公元前三四百年，古希腊人亚里士多德（前384—前322）按栖息地把动物分为陆栖、水栖等大类，还按食性把动物分为肉食、草食、杂食及特殊食性四类。亚里士多德的学生席欧弗拉斯特（前370—前285）在其著作中曾根据植物与环境的关系来区分不同树木类型，并注意到动物色泽变化是对环境的适应。

距今2000多年以前，人类作为地球上最高级的生物用自己的智慧创造出了灿烂的文化，从保留下来的古代以及中世纪的许多学术著作中，已经发现了许多生态学的内容，从而进入生态学科的萌芽时期，但是那时还没有出现生态学这一名词。

（二）生态学的建立时期（公元17世纪至19世纪末）

进入17世纪以后，随着人类生产和社会经济的发展，生态学作为一门学科开始成长。17世纪早期，显微镜的先驱者列文霍克（1632—1723），曾开创过“食物链”“种群调节”这两个现代生态学主要领域的研究工作。1749年，法国博物学家布丰（1707—1788）提出“生命律”，第一次将有关动物与环境关系的知识系统化。十八九世纪是生物学复兴时代，世界上有许多科学家致力于该学科。德国植物地理学家洪堡（1769—1859）与英国生物学家达尔文（1809—1882）都在环球旅行过程中，对生物学和地理学方面进行了多方考察，积累了大量有极高科学价值的资料。

1803年，英国人口学家马尔萨斯（1766—1834）发表《人口原理》，阐述了人口增长与食物的关系。1792年，德国植物学家魏德诺在《草学基础》一书中详细讨论了气候、水分与高山深谷对植物分布的影响。1807年，洪堡发表了专著《植物地理学知识》，对世界的植物分布做了理论阐述，提出“植物群落”“外貌”等概念，指出“等温线”对植物分布的意义。1843年，英国海洋生物学家E. 福布斯（1815—1854）研究了爱琴海的动物分布，指出“在不同深度的海水中，栖息着其特有的种类，这就证明了有机体与环境之间相互关系的动态特征。”1859年，达尔文发表著名的《物种起源》一书，创立了生物进化学说“天择论”。所有这些敏锐的观察和独到的见解，都为生态学的发展奠定了坚实的基础。

1869年，海克尔第一次把“研究有机体和外界环境的相互关系”命名为“生态学”，最初的定义为：“生态学是研究活的有机体生存条件，以及有机体与其赖以生存的环境之间的相互关系的科学”。

1895年，丹麦植物学家瓦尔明（1841—1924）发表划时代著作《以植物生态地理为基础的植物分布学》（1909年再版时改为《植物生态学》）。1898年，德国植物生态学家辛柏尔（1856—1901）出版《以生理为基础的植物地理学》。这两本书从植物生理功能、形态结构、环境因子的综合作用阐明了植物多种多样的生态适应性，并用进化的观点分析了植物群落的起源和发展，对19世纪末之前的生态学的研究成果进行了全面的总结，被公认为是生态学的经典著作，标志着生态学作为生物学的一门分支科学的诞生。

（三）生态学的巩固时期（20世纪初至20世纪50年代）

20世纪初，动植物生态学并行发展，出版了不少生态学著作与教科书。在动物生态学方面，关于生理生态学、动物行为学和动物群落学等研究有了较大的进度。在此期间出版的有关著作有詹宁斯发表的《无脊椎动物的行为》、美国生态学家谢尔福德的《温带美洲的动物群落》等。在植物生态学方面，继瓦尔明与辛柏尔之后，在生理生态与群落生态方面出现了大量著作：凯布斯发表的《随人意的植物发育的改变》、美国H. C. 考尔斯发表的《生态学》、钱伯斯（Chements）发表的《生态学及生理学》、美国克莱门茨发表的《植被的结构与发展》、英国坦斯利发表的《英国的植被类型》等。

20世纪20年代到50年代，生态学得到进一步巩固与发展。在动物生态学方面，开始了种群研究，并将统计学引入生态学。英国生态学家洛特卡提出了有关种群增大的数学模型。出版的动物生态学著作有：美国生态学家查普曼的《动物生态学》、埃尔顿的《动物生态学》、谢尔福德的《实验室及野外生态学》等。1949年，W. C. 艾利等合著的《动物生态学原理》出版，被认为是动物生态学进入成熟期的重要标志之一。植物生态学在这一时期也得到重要发展，出版的专著有：瑞典杜里茨的《近代植物社会学方法论基础》；法国布朗-布朗喀的《植物社会学》；英国坦斯利的《实用植物生态学》；美国克莱门茨的《植物的演替》及克莱门茨与J. E. 韦弗合著的《植物生态学》等。

植物生态学的成熟要比动物生态学早半个世纪，并且自19世纪初到中叶，植物生态学和动物生态学是平行和相对独立发展的时期。植物生态学以植物群落学研究为主流，动物生态学则以种群生态学为主流。由于各地自然条件、植物区系、植被性质及开发利用程度的差异，使植物生态学在研究方法、研究重点上各地有所不同，在这时期形成了几个著名的生态学派。

（1）英美学派。以美国的克莱门茨和英国的坦斯利为代表。以研究植物群落的演替和创建顶级学说而著名。

（2）法瑞学派。以法国的布朗-布朗喀和瑞士的鲁贝尔为代表。他们以特征种和区别种划分群落类型，称为群丛，并建立了比较严格的植被等级分类系统，完成了大量的植被图，在各学派中影响最大。

（3）北欧学派。以瑞典的杜里茨为代表，以注重群落分析为特点。1935年与法瑞学派合流后，被称为大陆学派。

（4）苏联学派。以苏卡乔夫为代表。他们注重建群种与优势种，建立了一个植被等级分类系统，并重视植被生态与植被地理工作。

动物生态学在20世纪60年代以前的主流是动物种群生态学，尤其是关于种群调节和种群增长的数学模型研究。在20世纪60年代以前，植物的生理生态、动物的生理生态或实验生态，动物群落、动物行为、湖泊的生产力和能量收支等方面也都有重要的发展。

（四）现代生态学时期（20世纪60年代至今）

这个时期由于科学技术飞速发展，生产力迅速提高，人类对生物圈的影响和干扰不断加强，人类与环境的矛盾日益突出。全人类面临着人口增长、资源短缺、能源危机、粮食不足、环境污染等五大环境问题的挑战。迫切的社会需求成为推动生态学迅速发展的强大动力，多学科之间的联系和渗透促使它更多地从中吸收新的理论和方法，从而使生态学进入了新的发展时期——现代生态学。生态学的原理与方法，更广泛地得到了应用，出现了更多的分支和边缘学科，充分体现了生态学社会属性的本质。生态学的词汇成为人人都知道的词句，国际上出现了空前的跨越国界和学科的联合。1965年，联合国教科文组织制定了“国际生物学研究计划”（IBP），研究地球生命与环境系统及其基本过程；1970年，该组织又制定出“人与生物圈计划”（MAB），建立大协作，开展全球性生态系统的研究；1972年6月，在瑞典首都斯德哥尔摩举行了有113个国家参加的第一次人类环境会议，探讨保护全球环境的战略，发表了《人类环境宣言》，并通过了一个保护环境的“行动计划”；1992年，在巴西里约热内卢召开的有183个国家参加的“联合国环境与发展大会”，从生态学角度出发，提出了“可持续发展”的理论。这一切表明20世纪60年代以来，生态学已发展成为国际上最活跃的前沿学科之一。

随着生态学的发展，现代生态学已形成了明显的特点及发展趋势。

（1）系统理论在生态学中广泛应用，生态系统生态学研究成为生态学发展的主流，系统分析方法成为生态学的方法论基础。

（2）现代生态学向宏观和微观两极发展，宏观方向发展到全球生态学，成为主流；微观方向发展到分子生态学，其成果同样重大，不容忽视。

（3）应用生态学迅速发展。生态学不再仅是一门解释自然的科学，而成为改造自然的武器。如生态学与环境问题研究结合，促进了污染生态学、保护生态学、生态毒理学和恢复生态学等学科的发展；与社会科学、经济学等结合，相继出现了生态伦理、生态经济、生态工程、生态技术、生态建设和生态管理等概念。

（4）传统生态学的定量化进一步发展，在系统生态学发展的同时，传统生态学由定性描述发展到定量研究。

二、现代生态学的发展趋势

随着生态学的发展，现代生态学已形成了明显的特点及发展趋势。

（一）研究层次向宏观和微观方向发展

在研究层次上向宏观和微观两极发展，尤其是采用系统的方法对客观世界和人类社会进行综合性的整体研究，研究对象在宏观方向上扩展到生态系统、景观和全球研究，比较典型的代表是由美国景观生态学家理查德 T. T. 福尔曼出版的《土地镶嵌体——景观与区域生态学》（1995）一书，其对令人注目的景观生态学的形成和发展所取得的成就进行了概括和总结；C. H. 索思威克出版的《人类前景中的全球生态学》（1996 年），对于全球变化、生物多样性、臭氧层空洞等这些由区域涉及整个生物圈的问题进行了进展性的研究。与此同时，现代生态学在微观研究如分子生态学等方面也取得了重要进展，可见生态学的研究层次已包括了分子、基因、个体、群体直到生物圈与全球。

（二）研究手段上的更新

在传统生态学研究手段“一只生态学工具箱”的基础上，发展到同位素示踪技术、计算机技术、遥感与信息系统技术、生态建模技术等先进技术方法的广泛使用，有力推动了生态学和系统生态学的研究和发展。

（三）研究范围的扩散

现代生态学已经从经典生态学的纯自然现象的研究扩展到自然—经济—社会复合生态系统的研究。研究人类活动下生态过程的变化已成为现代生态学的重要内容。生态学在解决资源、环境、可持续发展等重大问题上具有重要作用，从而受到全社会的普遍重视。因此，德国生态学家 H. 利思等人称生态学为人类生存的科学。

可以说，生态学已经发展成为一门把人类与自然作为一个整体来研究的综合科学，它在人类的实践中产生，伴随着社会的进步而发展，它与人类的命运息息相关，是一门人类的“生存和发展”的科学。

三、我国生态学的研究与发展

我们祖先运用原始的生态学思想，阐述了因时因地采取一系列综合措施来维持生态系统平衡的道理，其中运用较早的生态学原理如下。

1. 因地制宜的原理

早在春秋战国时期的《管子·牧民》篇中谈到农业生产“不务天时”“不务地利”。南北朝时期的《齐民要术》明确提出“顺天时，量地利，用力少而成功多，任情返道，劳而无获”，以及《知本提纲》（清，杨屾）所述的“参天地，和水火，有余者损，不足者益”等，都是我国古代农业生态学观点的精华。在这些基本思想指导下，我国古代农业采取了因地制宜、因时制宜和合理搭配种群，多层次利用资源的措施。

2. 生物多样性原理

古代农业生产力低，抗灾能力差，我们祖先常常采用混作方式，以防止灾害和歉收。在《汉书·食货志》里写道：“种谷必杂五种，以备灾害”。方法虽不高明，但却是生物多样性原理在农业生产上应用的最早范例。清朝杨屾在他的《修齐直指》一书中还记录着，采取间作套种的方式二年收获十三“料”的典型。

3. 食物链原理

研究运用食物链原理为农业生产服务，在我国已有很长的历史，人们对它的认识也比较深刻。我国民谚中“大鱼吃小鱼，小鱼吃虾米，虾米吃滋泥（即水中微生物）”就是一条完整的捕食性食物链。唐·刘恂编的《岭表录异》中有两条食物链的记载：一是两广与云、贵一带人们已经知道养枭（猫头鹰）捉害鼠比养猫好；二是新陇等州（今广东新兴、罗定一带）在荒地新开垦为水田后先养草鱼，既能消灭杂草又养肥鱼。明朝霍韬（1487—1540）在《渭崖文集》中也有“顺德产蟛蜞（一种小螃蟹），能食谷芽，惟鸭能啖之，故鸭以广南为盛，以其蟛蜞能养鸭，亦有鸭能啖蟛蜞两相济也。”的叙述。这些记载说明，我们的祖先不仅早就对食物链有所认识，而且在农业实践中加以应用。

我国在生态学方面起步晚，学科的建立只是20世纪70年代以后的事。1972年，我国参加了“人与生物圈计划”的国际协调理事会并当选为理事国，1978年后，我国正式建立了“人与生物圈”研究委员会，并陆续在长白山温带森林区、内蒙古锡林郭勒草原区、新疆荒漠区和青海高寒草原区建立生态系统研究站，组织多学科人员、采用新方法对森林、草原、荒漠等生态系统的结构、功能、生产力、能量及物质循环开展综合研究。

目前，我国在生态学的许多应用学科领域，如农田生态学、农业生态学、植物生态学等，先后出版了多部生态学著作；污染生态学、资源生态学、城市生态学以及生态工程学等，在我国都获得了较快的发展。生态学的基本原理已经成为指导我国国民经济建设可持续发展的重要科学理论。

现代生态学与传统生态学最根本的区别，就是眼界的变化，生态学家奥德姆在其著作《生态学基础》一书的绪论中，把“生态学的眼界”作为绪论的总标题，这正是他对生态学发展的最重要贡献。眼界的变化，使生态学打破了传统的学科划分及研究方法，抓住了生物与环境的全部关系这一重要宗旨；眼界的变化，也使自然生态与具有强烈社会性的人类生态在系统思想的基础上达到了真正的统一，与社会科学尤其是与经济学结合更加紧密。正确认识人在大自然中的地位和作用，使更多的人“生态觉醒”，不再盲目行事，导致搬起石头砸自己的脚，招致大自然疯狂的报复。适应眼界的变化，现代生态学在研究方法上也不断吸收现代科技的新理论、新方法，如信息论、控制论、耗散结构理论、最优化理论以及电子计算机、遥感与示踪技术等均为生态学提供了有效的宏观研究方法，从而可以运用大量数据对系统的整体行为过程进行模仿、模拟、优化与预测，大大推动了传统生态学向定量化方向的迅速发展。生态学现在已经成为一门关系到宇宙万物生死存亡的学科。全人类都期望着生态学的发展和新的生态学理论的诞生，期望着人类能够更加科学地管理自己未来的生存环境的时代早日到来。

第三节　生态学的研究方法

生态学的研究对象既涉及生物，又包括环境以及生物和环境的关系，所以研究方法可以简单地分为野外调查、实验研究和模拟研究等。

一、野外调查

早期的生态学是建立在野外调查研究基础之上的，因此，野外调查是生态学研究方法中使用得最早，也是最为普遍的方法。由于生态学涉及内容广泛，所以野外调查的方法也多种多样，如对环境因子——大气、水、土壤等的研究，有关大气的温度、湿度、气压、气流、空气的化学成分等的测定方法及仪器与气象学的相同；而水体的温度和浑浊度、pH 值、溶氧度、营养物含量、水流、压力等，测定方法与海洋学和湖泊学相同；土壤的结构与理化性质、环境与生物体内的重金属、农药、放射性化合物、有机污染物的含量等，都需要在野外实地观测的基础上，取回样本进行分析。

对生物的研究，根据组织层次的不同，研究的方法和重点也不相同，如对于种群动态的研究，需要对种群的现时数量、长期数量、出生率、死亡率、扩散迁移、食性、节律、生活史、行为等各种数量进行统计、观察和实验，即要进行野外调查，以真正找到种群的变化规律。又如对群落的外貌、结构、组成成分及演替的研究，常用的有关联分析法、梯度分析和排序、物种多样性研究、生态位宽度及重叠等，这些也离不开野外实地调查、取样。应该指出的是，由于生态学涉及学科范围广，内容庞杂，还未能形成一套完整的野外调查内容和方法的指导，大多要借用相关学科的技术和方法。如在传统野外调查方法的基础上，遥感技术、GIS 地理信息系统技术、GPS 地球卫星定位系统技术、示踪原子技术等也越来越多地被生态学研究所运用。

二、实验研究

由描述性科学向实验性科学转化，标志着早期生态学向近代生态学的发展。从实验手段上，运用了生理学、生物化学、生物物理的先进技术。一般说来，野外调查能够了解生物生长与环境的一般关系，但在自然状态下生物的生长是多种生态因子的综合作用，很难确定哪些是重要的或决定性的因子。只有在人为控制的实验室条件下，通过对环境条件的控制，变换其中一个或几个因子来观察生物生长的变化，如控制温度、湿度、光照等条件，观察其对某生物种群的出生率、死亡率、迁移以及行为、内分泌的影响等。通过实验可以研究动植物对极端温度、干旱、盐度等环境因子的适应性机制。对于种群和群落水平的研究，已经产生相应的实验种群和实验群落生态学。随着科技水平的提高，近年广泛应用微观世界野外生态研究，模拟整个自然生态系统的生物和非生物条件进行研究。如在海洋生态研究中，用塑料制成漂浮性的巨大口袋，从水面一直延伸到海底，口袋围成一个巨大的水柱，研究浮游生物、底栖生物、游泳动物和水质的动态及其联系，也可以研究人的捕捞、污染等活动对整个生态系统结构、功能和生产力的影响。在陆地生态系统的研究中，也有类似的模拟实验室或半野外的微宇宙。许多的人工气候室、环境模拟实验室等被广泛地用于各种生态问题的研究上。在农业生态系统中，通过对人工设计、建造的不同类型的农业生态系统结构的优化和模拟研究，为建立良性循环的生态农业系统提供理论和实践基础，推动了农村经济和农业生产的可持续发展。

三、模拟研究

模拟研究，这里主要介绍系统分析法和模型运用。

1. 系统分析法

对于生态系统的研究，现代生态学的研究方法常采用系统分析法。系统是指由相互作用和相互依赖的若干组成部分结合成的具有特定的功能的有机整体。系统的组成可以千差万别，大小也可以相差悬殊，但都具有一些共同的基本性质，包括系统的组成有层次性、系统由各组成部分的有机联系而形成整体、系统有特定的功能、系统受环境的影响等。按系统的基本性质分析处理问题叫“系统思想”。在生物学界，把生物整体及其环境作为一个大系统来研究，创立了“一般系统论”的学科，它的基本观点是系统观点、动态观点和等级观点。

以普通系统论为基础，运用科学的分析方法和工具去解决或处理系统的基本问题叫系统分析。系统分析的目的是探索出一些可供选择的方案，并从各个必要的角度去对它们评价，将结果提供给决策者进行理想方案的选择。系统分析过程中最重要的步骤是根据目标把实体系统置换成简要的、在实践上或理论上都能处理的模型，通过模型对系统的重要事项和功能特性加以考察。简要来说，系统分析的内容包括：①系统内部包括哪些组成部分及其相互作用；②系统外部的边界及系统与环境的输入输出关系；③系统的行为即系统的整体特性及整体功能的表现；④系统的动态即系统随时间的发展变化。一般情况下，系统分析的目标是建立数学模型，对上述分析的内容用数学方法进行定量的表述和运算。所以说，系统分析即把某个系统中物理学或生物学的概念转换成一整套数学关系，并对由此得到的数学系统进行操作的过程。

对生态系统进行系统分析主要应用黑箱理论。所谓黑箱，即不知道或不必知道系统的内部情况，只知其外部表现，只要研究它的输入输出关系，就可以预见它的行为。黑箱理论是一种研究复杂系统的方法，该理论把任何系统都看成一组黑箱，这些黑箱又由更简单的黑箱组成，即由许多大小不同的黑箱组成的层次结构体系，研究一个系统，就是研究它由哪些黑箱组成，这些黑箱之间的相关关系，借以认识整个系统的行为表现。

2. 模型运用

模型是科学研究方法中普遍应用的对复杂事物的一种简单的描述方法，是对现实世界的抽象，通过这种简单化和抽象化的描述，抓住事物主要的特性和功能，以帮助认识客观世界中本质的东西，以便预测和指导实践。

常见的模型种类有：①比例尺模型，如图件模型、实物模型；②概念模型，指用语言、文字、图示表达的抽象模型，如框图、流程图等；③数学模型，是定量研究客观系统的主要特征及运动形式所抽象出来的数学方程。生态学研究中，应用最多的是概念模型和数学模型。生态系统中生物与生物、生物与环境之间复杂的组成、能流、物流、信息流和经济流的复杂关系，大多可用简单的框图来表示，而它们之间的数量关系及其他结果与趋势，则可用数学模型来加以描述。

生态模型是对客观存在的生态系统以及运动形态的实体进行的缩小和复制，对实体的特征和变化规律的一种定量的抽象。尤其是计算机模拟模型，在生态学的研究中占有十分重要的地位。它可以用来综合研究对象的某种规律，利用典型的有代表性的数据对大范围的生态系统进行研究；可以作为预测工具，对相互作用、不断变化的生态学过程的发展趋势进行预测；还可以用作管理工具，在预测的基础上，借助模型对系统加以人为的影响，使系统朝人类希望的方向发展。生态学模型的另一重要作用就是提供研究思路，通过生态模型的建立，为进一步研究提供必要的框架。

动态模型一般用一系列的方程式来表达，例如生物的生产量，可以预报 5 至 10 年以后草原产草量的丰歉动态，现在世界上精确的模型可以预测 10 年左右树木的生长量。灾难性模型是用来预测虫、鼠、病等可能暴发的灾害，许多预测的结果往往与实际情况相当吻合。最佳模型主要用于提供最佳方案来维护农村、农业、森林、草原等生态系统。

生态模型研制时采用以下步骤：

第一步：明确建立模型的目的，定义系统的时空界限；

第二步：对生态系统进行一般性调查，了解其成分（子系统及组成因素）、结构及其相互关系，列出组分名单，设计出流程方框图；

第三步：根据框图对该系统各变量间的数学关系及有关参数进行调查、收集和试验，求出参数，然后模拟列出方程来表达这种关系；

第四步：展开方程，编制计算机计算程序，在给定有关因素的测定数值后，便可驱动计算机去模拟生态系统的动态；

第五步：运行和校正。纠正程序编写与参数计算中出现的错误，用本次调查获得的数据和模型输出数据进行比较，判断错误与否，并加以纠正；

第六步：把模型放到实际系统中加以检验，模型建立后，需要进行敏感性分析，通过计算机模拟，观察改变自变量数值时系统反应的强弱，确定使系统敏感的参数，如果模拟证明模型真实可靠，就可以用这个模型进行生态系统的观测预报。

事实上，生态系统的成分很多，变量成百上千，建立数学模型的过程很复杂，但这种研究方法毕竟打破了传统生物学的条框。数学模型将生态系统的综合状态和变化在电子计算机的运算下，用数学方程式定量地反映出来，表明系统各成分之间的关系，使我们清楚地了解影响系统生产量的因素，并能在指定条件下提出对各种生态系统组织生产的最优方案，故数学模型是认识生态系统的科学基础。可以说，系统分析、电子计算机的运用等研究手段有助于揭开自然综合体的奥秘。但由于自然界本身是一个不可分割的复杂综合体，时空变化多端，用数学模型来描述难以达到生态系统的工作要求和满足实践的应用。

本章同步训练

一、单项选择题

1. 生态学一词是由谁首先提出来的（　　）

A. 海克尔　　B. 达尔文

C. 坦斯利　　D. 奥德姆

2. 现代生态学的研究对象是（　　）

A. 生物　　B. 环境

C. 生态系统　　D. 生物圈

3. 现代生态学的特点是（　　）

A. 个体生态学　　B. 种群生态学

C. 群落生态学　　D. 生态系统生态学

4. 生理生态学研究的基本内容同下列哪一项相当（　　）

A. 个体生态学　　B. 种群生态学

C. 群落生态学　　D. 生态系统生态学

5. 按下列哪一项划分，生态学可分为植物生态学、动物生态学和微生物生态学等（　　）

A. 生物类群　　B. 生物的组织层次

C. 生态学的应用　　D. 生态系统

6. 生态学建立时期的主要研究内容是（　　）

A. 个体及种群生态学　　B. 群落生态学

C. 生态系统生态学　　D. 全球生态学

7. 生态学巩固时期，生态学发展达到第一个高峰，主要是指（　　）

A. 生态学概念的提出　　B. 生态系统概念的提出

C. 生态学同其他学科的渗透交叉　　D. 生态学的广泛应用

8. 生态学学派分化是在（　　）

A. 生态学的萌芽时期　　B. 生态学的建立时期

C. 生态学的巩固时期　　D. 现代生态学时期

9. 全球生态学的研究对象是（　　）

A. 全球陆地　　B. 全球海洋

C. 整个生物圈　　D. 整个宇宙

10. 1798 年马尔萨斯出版的一部对“生存竞争”和“物种形成”理论有重要影响的书是（　　）

A. 人口论　　B. 物种起源

C. 植物生态学　　D. 生态学

11. 现代生态学发展的主要特点之一是（　　）

A. 以微观层次为主　　B. 向微观和宏观发展

C. 以个体层次为主　　D. 以宏观层次为主

12. 生态学的研究方法大多与生物学的方法相似是由于（　　）

A. 从其他科学那里直接引入　　B. 生态学最初属于生物学的分支

C. 生态学研究层次　　D. 生态学与其他学科的交叉

二、填空题

1. 生态学的经典定义是________。

2. 奥德姆关于生态系统生态学的定义是________。

3. 生态系统的概念是由________首先提出来的。

4. 研究一定区域景观单元的类型组成、空间格局及其与生态学过程相互作用规律的生态学分支是________。

5. 个体生态学的基本内容与________相当。

6. 全球生态学又叫________。

7. 生态学的研究方法主要包括________、________和________。

8. 生物种群上一层次的生物组织层次是________。

9. 按研究方法划分，生态学可分为________、________和________等。

10. 有步骤地收集系统信息，通过建立与系统结构、功能有关的数学模型，利用计算机对信息进行整理、加工、综合，从而能解释与研究对象有关的现象，对系统的行为和发展做出评价和预测，并对系统做出适当调控的方法叫________。

11. 生态学研究对象组织层次可分为分子—基因—细胞—组织—个体—________—群落—生态系统—景观—区域—生物圈。

12. ________是生态系统研究向全球生态研究发展的一个重要的中间层次。

三、简答题

1. 简述生态学的研究内容。

2. 简述生态学的发展历程。

3. 简述生态学的分支学科。

4. 简述生态学的研究方法。

四、论述题

论述现代生态学发展趋势。

参考答案

第二章　生物与环境

学习目标及要求

1. 理解生物与生态因子之间的关系。
2. 掌握环境及生态因子的概念。
3. 掌握生态因子的作用规律。
4. 掌握主要生态因子的生态作用及生物对生态因子的适应。

生态学的最初定义就是：“生态学是研究生物与环境之间相互关系的科学。”从这个意义上来说，环境这一术语首先是由生态学家所创建和利用的。生态系统是由生物系统和无机环境系统所组成的，从系统的角度来分析和研究环境因素，揭示生物与环境之间的相互关系，尤其是生物与受人类活动影响和控制下的环境相互作用的对立统一关系，找出其规律性，对提高系统的生产性能和改善环境质量都有重要的意义。

基础知识复习

第一节　环境与生态因子

一、环境的概念及其类型

(一) 环境的概念

环境是指某一特定生物体或生物群体以外的空间，从各方面直接或间接影响和制约生物生命活动的一切外部动力与物质的总和。其主要包括两个方面：一是物理的和化学的非生物环境；二是生物环境。

1. 非生物环境

非生物环境包括一切无生命的物质及环境中的各种力（重力、辐射能、分子中的能量等），这些力是生物在其整个生命活动中都会感受到的，有时必须避开某一种力，而有时又将利用这些力以满足有机体的需要。

2. 生物环境

环境总是相对某一特定的中心（生物种群和群落）来说的，因而是相对的，对一定生物来说，环境是指生物的栖息地，以及其他生物种群和群落。而对人类来说，环境是指围绕着人群的空间以及其中可以直接或间接影响人类生活和发展的各种因素的总和。

环境有大、小之分，但在讨论环境时，都必须有一个特定的主体，离开了主体的环境是没有意义的，主体不同或不明确，往往会造成对环境内容的不确定，甚至会造成对环境分类及环境因素分类的不同。它是一个重要指标。

环境条件：连续不断地为生物提供物质和能量来源的组成部分为环境条件。

（二）环境的类型

生态系统中生物的环境是一个复杂的系统，至今还没有一个统一的分类，一般是按照环境的范围、性质、功能以及环境的主体来进行分类。

1. 按环境的范围分类

按照环境的范围，分为宇宙环境、地球环境、区域环境、微环境和内环境。

（1）宇宙环境。宇宙环境是指大气层以外的宇宙空间，也称空间环境。它由广阔的空间和存在其中的各种天体及弥漫物质所组成，对地球产生深远的影响。如太阳能、宇宙射线、太阳黑子、太阳和月球因地球引力产生的潮汐等。

（2）地球环境。地球环境即全球环境，系指大气圈、水圈、岩石圈、土壤圈和生物圈，是地球上生物居住的宏观世界。根据生物分布的范围和幅度，其上限可达海拔 10 千米的高度，下限可达 12 千米的深度。在这个范围里，集中了 90% 以上的地球生物成分。在地球的各个圈层之间，以植物为纽带，进行着物质和能量相互渗透和转化，生物与环境之间不断进行着能量流动和物质循环。而生态系统却是生物圈中生物系统和非生物系统在特定地理环境中的综合所构成的生物—环境复合体。所以说，生态系统是生物圈的功能单位。从整个地球来说，由于历史和习惯的原因，也有人把整个生物圈称为地球生态系统。

（3）区域环境。由于地球生物圈内的各个圈层（岩石圈、土壤圈、水圈和大气圈）的分布是非均匀的连续体，各个圈层之间的相互配合情况差异很大，使得地球表面地势起伏、水陆交错、凹凸不平，形成不同的地质条件和地貌单元，由此产生了各种各样的区域称为区域环境。不同的区域环境都有自己突出的自然景观和生态条件，其中生长着与环境相适应的生物群落，也就形成了一个区域生态系统类型，并常以区域环境的特点来命名，如湖泊生态系统、沙漠生态系统、热带雨林生态系统、山地生态系统、平原生态系统等。

（4）微环境。微环境是指接近植物（生物）个体表面或个体表面不同部位的环境，又称小环境，如植物表面附近的大气环境及随温度、湿度变化所形成的小气候；根系表面的土壤环境，即根际环境等，就是植物小环境或小生境。生物的小生境直接影响着生物的生长发育。生物一方面受区域环境和生境的影响和制约，另一方面也影响小环境，如植物群落组成、植物种类、密度、发育期、叶的浓密度等的不同，都会使小环境发生很大的差异。在农业生产中，许多农艺措施，如中耕、施肥、除草、消灭病虫害以及温室、防护林带等都是为了调节和改善农作物生长的小环境。

（5）内环境。内环境是指生物体内的生态因子综合。生命与其环境的统一，不仅包括外环境，而且也包括内环境。也就是说，生命不仅与外环境是统一体，与内环境也是统一体。宏观生态的无生命环境如大气、水、营养物质、土壤等和有生命环境如动物、植物及微生物等，都会对生物的生存有影响，植物通过细胞质、腔、气孔、气室等，动物通过呼吸系统、消化系统、血液循环系统等与外界进行交换，实现平衡与统一；而微观生态的正常微生物群对宿主也有影响，例如，一个成年人大约有 10^{13} 个细胞，而其体表和体内所携带的正常微生物竟有 10^{14} 个之多。这些微生物大部分与细胞密切接触，交换能量、物质，甚至互相传递信息等。宏观影响必将通过微观影响而起作用。

内环境实际上是生物体内细胞生长、同化作用和异化作用等生理活动的场所，内环境的温度状况、二氧化碳和氧的供应、营养条件等都直接影响着生物体的微生态平衡和稳定，对生命活动至关重要，维持内环境的平衡就能促进生命的发展；相反，内环境的平衡失调，将导致生物的死亡。

2. 按环境的性质分类

按照环境的性质，可把环境分为自然环境、半人工环境和人工环境三类。

半人工环境包括城市环境、乡村环境、农业环境和工业环境。人工环境包括聚落环境、生产环境、文化环境和政治环境等。一般来说，人工环境是指人工控制、建造或影响下所形成的生物生长的环境因素。如人工开辟、经营和管理的农田、草地、防护林、围栏草场、简易棚舍以及自然保护区内的一些人为控制防护措施等，都属于广义人工环境的范畴。人类可以利用一系列工程的、物理的、化学的和生物的措施，使局部环境得到改善，以利于生物的生长发育和繁衍后代；也可以因对动植物资源的过度开发、环境污染和不适当的工程措施使局部环境向坏的方向转化，从而影响和制约甚至破坏生物的生长。

狭义人工环境指在人工控制下的生物生长环境，即根据生物生长发育对环境的需要，进行人工模拟或单个因子的控制和改造，如温室栽培、地膜覆盖、集约化养殖等，尤其是现代化的人工气候室、控温室和人工生物培养室等都是模拟自然环境的狭义人工环境。

人工环境打破了自然环境时间性和区域性的限制，可以为人类提供更多的动植物资源，人工模拟和控制环境还为挽救某些珍贵生物创造了条件，做出了贡献，有着光明的前途。设施农业、组织培养、食用菌栽培等都是很好的例子。但是，人工环境尤其是狭义的人工环境，需要较大的投资和消耗较多的能量，目前只用于珍贵生物种的培育和经济价值较高的动植物如人参、天麻、食用菌、某些畜禽以及冬季蔬菜的生产，而在农业生产上应用较多的还是广义人工环境控制和调节。

3. 按环境的主体分类

按照环境的主体分类，目前有两种体系：一种是以人为主体，其他的生命物质和非生命物质都被看成是环境要素，总称为人类环境或人类生存环境。在环境科学中，常常采用这种分类方法。另一种是以生物为主体，特定生物以外的所有其他生物成分和非生物成分称为环境，也是一般生物学和生态学所采用的分类方法。

二、生态因子的概念与分类

(一) 生态因子的概念

生态因子是指环境中对生物生长、生育、生殖、行为和分布有直接或间接影响的环境要素，例如，温度、光照、湿度、食物、氧气含量、其他相关生物等。生态因子中生物生存所不可缺少的环境条件，统称为生存条件。所有生态因子构成生物的生态环境。具体的生物个体或群体，其生长发育和发布的具体地段上的生态环境称为生境。

(二) 生态因子的分类

在任何一种生物的生存环境中都存在着很多生态因子，这些生态因子在其性质、特性和强度方面各不相同，它们彼此之间相互制约，相互组合，构成了多种多样的生存环境，为各类极不相同生物的生存进化创造了不计其数的生境类型。生态因子的类型多种多样，分类方法也不统一。简单、传统的方法是把生态因子分为生物因子和非生物因子。前者包括生物种内和种间的相互关系；后者则包括气候、土壤、地形等。

1. 气候因子

气候因子也称地理因子，包括光、温度、水分、空气等。根据各因子的特点和性质，还可再细分为若干因子。如光因子可分为光强、光质和光周期等，温度因子可分为平均温度、积温、节律性变温和非节律性变温等。

2. 土壤因子

土壤是在岩石风化后在生物参与下所形成的生命与非生命的复合体，土壤因子包括土壤结构、土壤有机和无机成分的理化性质及土壤生物等。

3. 地形因子

如地面的起伏，山脉的坡度和阴坡阳坡等，这些因子对植物的生长和分布有明显影响。

4. 生物因子

生物因子指同种或异种生物之间的相互关系，如种群结构、密度、竞争、捕食、共生和寄生等。

5. 人为因子

人为因子指人类活动对生物和环境的影响，包括人类对生物资源的利用、改造、发展和破坏作用，以及环境污染的危害等。

根据有机体对生态因子的反应和适应性特点，将周期变动生态因子又分类为第一性周期因素、次生性周期因素和非周期性因素。

（1）第一周期性因素，是指由地球自转或公转形成的光、温和潮汐的日、月、季节、年的周期性变化的因素。

（2）次生性周期因素，取决于第一性周期因素，如太阳辐射和温度周期性变化导致大气湿度、降水量周期性变化。

（3）非周期性因素，指突发性或间断性出现的因素，如暴雨、山洪、冰雹、蝗灾及火山喷发、地震、地外物体撞击等突发性灾难，生物对这类因素很难形成适应性。

生态因子的划分是人为的，只是为了方便研究起见。实际上，在环境中各种生态因子的作用并不是单独的，而是互相联系，共同对生物产生影响，因此，在进行生态因子分析时，不能只片面地注意到某一生态因子，而忽略了其他因子。另外，生态因子能够影响生物体的生存和生活；同时，生物体的生活也能改变生态因子的状况。例如，一块土地生长了树木，也改变了水、热条件，而动植物残体分解后加入了土壤，从而使环境条件发生了很大的变化。

（三）生态环境和生境

所有生态因子的综合称为生态环境。生境是指一个生物体或其群落生长的具体地段内对生物起作用的生态因子的总和，其中包括生物本身对环境的影响。任何生物有机体的生长和发育都是在一定的具体环境的不断影响下进行的，每一种生物对具体环境的要求都不完全一样，有的则差异很大，也就是说，什么样的生境条件下决定生长什么样的生物种或生物群落。可见，生境比一般“环境”具有更具体的意义。

三、生态因子的作用规律

生物和生态因子之间的相互关系是错综复杂的，但却有着普遍性的规律，掌握这些规律，将有助于人们生产实践和科学研究。

（一）综合作用

生态环境是由各种生态因子组合起来的综合体，对生物起着综合的生态作用，各个生态因子之间都不是彼此孤立存在的，而是相互联系、相互制约的。一个生态因子不论对生物生长的意义多么重要，它的作用也必须在其他因子的配合下才能发挥出来，而一个因子的变化，能引起其他因子发生相应的变化。例如，光合生产必须在温度、水分、养分等因子适宜时才能正常进行；而光照强度的变化，不仅可以直接影响空气的温度和湿度等气候因子的变化，同时也会影响土壤温度和湿度的变化。因此，农田作物的高产，应该是水、肥、气、热等生态因子共同作用的结果。

（二）主导因子作用

在生物生长环境内的诸多生态因子中，必有一两个因子是起主导作用的，称主导因子。主导因子有两个方面的含义：第一，从环境本身来说，只要其中某一因子的改变能引起一切生态因子的改变，进而影响整个环境质量的变化，这就是对环境起主导作用的因子。如盐渍土改良，包括旱、涝、盐、碱、薄综合治理，重点是浅层地下咸水的控制和改造，只要能有效地控制浅层地下水位，使其保持在积盐的临界深度以下，则整个盐化生境就会发生根本的变化。第二，对生物而言，由于某一因子的变化，使其生长发育发生明显的变化，这类因子也称作主导因子，如光周期现象中的日照长度、低温对南方喜温作物的危害等。

（三）直接作用和间接作用

依生态因子与生物的作用关系可将生态因子分为直接作用和间接作用类型，区分其作用方式对认识生物的生长、发育、繁殖及分布都很重要。环境中的地形因子，其起伏程度、坡向、坡度、海拔高度及经纬度等对生物的作用不是直接的，但它们能影响光照、温度、雨水等因子的分布（图 2-1），因而对生物产生的作用则是间接作用；而这些地方的光照、温度、水分状况则对生物类型、生长和分布起直接的作用。

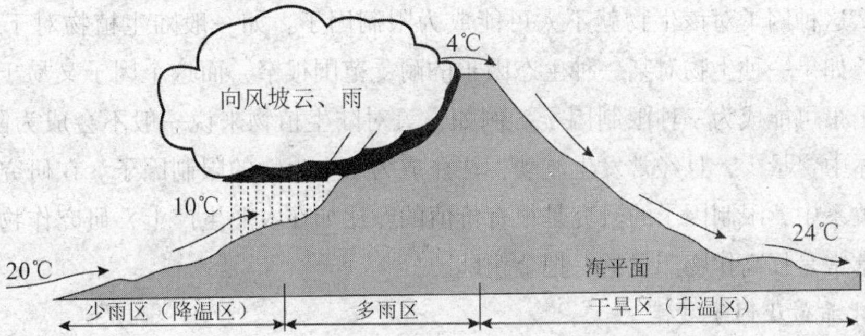

图 2-1　地形对气候因子重新分布的影响示意图

（四）阶段性作用

对任何一个生物来说，不同的生长发育时期对生态因子的要求也不同。每一个生态因子，对同一生物的各个不同发育阶段所起的生态作用是不一样的。不论是动物、植物和微生物，在幼年期、成年期和繁殖期的各个生长阶段，对温度、水分、光照、养分等的要求，从量到质都有所不同。例如，小麦、玉米在较低温度下就可以发芽，但必须在较高温度下才能成熟。低温在某些作物的春化阶段中是必要的条件，但在以后的生长时期中，低温对作物则是有害的；动物幼年期和繁殖期要求较高的营养和较严格的生态条件，而在营养生长期的其余阶段则可实行粗饲等。再如大马哈鱼生活在海洋中，生殖季节却洄游到淡水河流中产卵；而鳗鱼在淡水中生活，却洄游到海洋中去生殖。因此，在农牧业生产上，必须根据生态因子作用的阶段性原理，根据不同生物在各个生长发育阶段对生态因子的需求不同，而加以调节和控制以满足其生长需要，提高产量和效益。

（五）不可代替性和补偿作用

在多个生态因子综合作用的过程中，如光、热、水、气、无机盐等因子对于作物，每个因子对其生长发育都具有各自的作用和功能。虽然每个因子不是等价的，但都是同等重要、缺一不可的。如果缺少其中的某一种，作物就不能正常生长甚至死亡，就是说任何一个因子都是不可缺少的、不可替代的。但是在一定条件下，某一因子的数量上的不足，可以由其他因子来补偿，即在功能上进行补偿和调剂。例如，当光照强度减弱时，可以用增加 CO_2 浓度来补偿其引起光合强度降低的效应。生态因子之间的不可替代性是绝对的、无条件的；而生态因子间的补偿作用是有条件的，而且是非经常和非普遍的。

（六）限制性作用及生物的耐受性

1. 限制因子

每一个生物体，对一种生态因子都有一个适应的范围，在这个范围内它能够很好地生活。所谓限制因子是指环境中的任何一个使生物的生长受到影响和阻碍，导致生命活动不能有效地进行下去的关键性生态因子。

对于任何一种生物来说，如果它对某一生态因子的耐受范围广，而该因子又相对比较稳定，那么这种因子对该生物就不太可能成为限制因子，如一般陆生植物对于 CO_2 的需求。相反，如果一种生物对某一种生态因子的耐受范围很窄，而这个因子又易于变化，那么这种因子很可能成为一种限制因子。例如，氧对陆生植物来说一般不会成为限制因子；而氧在水体中含量少，且经常发生波动，往往成为水生生物的限制因子。在研究生物与环境的复杂关系中，限制因子的研究是很有价值的，比如在农业生产上，研究作物生长的限制因子，常常是提高作物产量的一把金钥匙。

2. 利比希最小因子定律

德国化学家利比希在其著作《有机化学及其在农业和生理学中的应用》中，分析了植物生长和土壤营养元素之间的关系后，提出了最小因子定律："植物的生长取决于处在最小量状况的营养物质的量。"这一定律说明，某些数量最不足的养分元素不能满足作物生长的需要，不但会限制作物的生长，而且也将限制其他处于良好状态的因子发挥作用而成为限制因子。利比希最小因子定律又称作"最低因子定律"，可进一步描述为在稳定条件下，生物所能利用的量紧密地接近所需的最低限度时就起限制作用，成为限制因子。

以后的许多科学家所进行的大量研究表明，要使这个定律对实践有用，必须做如下两类补充：首先，利比希的最小因子定律只有在相对稳定的条件下，也就是当物流和能流相平衡时才能运用；而在不稳定的条件下，尤其是在自然界环境中各个生态因子的数量及其作用经常处在剧烈变动时，就很难确定哪个因子是限制因子。其次，要考虑因子间的相互作用和影响，即增加或减少某些因子，可以对另一些因子在功能上进行补偿或削弱。例如，土壤中含锌量不足时，对那些生长在荫蔽处吸收锌量比在阳光充足处要少的植物来说，荫蔽处锌的限制作用就少。

3. 谢尔福德耐性定律

在最小因子定律的基础上，人们进一步研究后发现，某些因子过量也会成为影响生物成长的限制因子。就是说，在某种生物生命过程所需要的众多生态因子中，任一因子在数量上不足或过多，都会成为该生物生长的限制因子。1913 年，美国生态学家谢尔福德把最大量和最小量限制作用概念合并成耐性定律，即对具体生物来说，对环境中各个生态因子都有一个适应范围。或者说，环境中各个生态因子都存在着一个生物学的上、下限（阈值），它们之间的幅度就是该种生物对某一生态因子的耐性范围（又称耐性限度），在这个限度内，有一个最适合生物的区域，称为最适范围（图 2-2）。

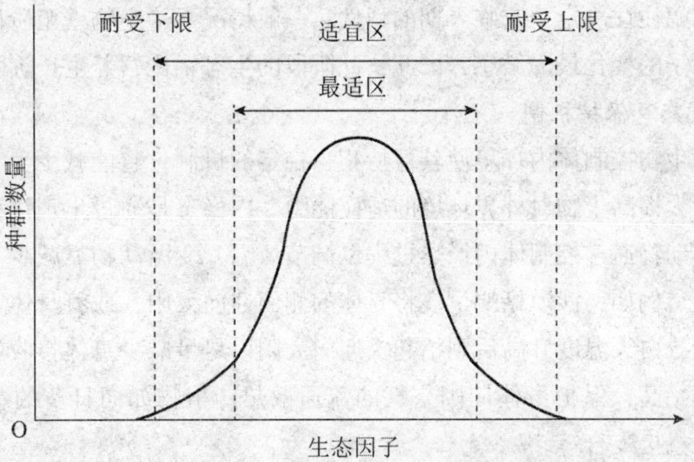

图 2-2　谢尔福德耐受性定律图示

耐性定律认为：

（1）耐性是有一定限度的。不同生物或同种生物在其不同的生长发育阶段对一种生态因子的耐性范围不一样。例如，小麦、玉米、棉花对氮、磷、钾养分的要求各有不同，每种作物在不同的发育阶段，对这些养分的需求又有很大差异。

（2）耐性的相互作用。耐性因子之间存在着相互作用关系，当某个生态因子不是处在最适状态时，则生物对其他一些生态因子的耐性范围就会缩小。如土壤养分缺少时，作物的抗旱能力就下降；动物营养不良时就容易产生疾病等。因此，生物对环境生态因子的耐性是动态的、相互影响的、综合的。

（3）耐性与分布。凡是对主要生态因子耐性范围广的生物，其分布区域也广；只对个别生态因子耐性范围广的作物，可能因受其他因子制约，其分布可能是有限的。

（4）耐性与遗传。同一生物种群中的不同品种，长期生长在不同环境条件下，对不同生态因子会形成不同的耐性范围，即产生生态型的分化。从这个意义来说，耐性是系统发育的结果，是种的一个稳定的遗传特性。

（5）耐性与竞争。种的耐性范围越相近，种间竞争就越大，具有相似耐性的不同生物，其最后的分布取决于竞争的结果。

4. 生态幅的概念

在自然界，由于长期自然选择的结果，每个生物种都适应于一定的环境，并有其特定的范围，每一个生物种对环境因子适应范围的大小就是生态幅。生态幅主要决定于各个生物种遗传特性。

生态学中常常使用一系列名词来表示生态幅的相对宽度，例如窄食性、窄温性、窄水性、窄盐性、窄栖性；广食性、广温性、广水性、广盐性、广栖性等。有时，一个物种对某一生态因子的适应范围较宽，而对另一因子的适应范围很窄，在这种情况下，生态幅常常为后一生态因子所限制；另外，在生物的不同发育阶段，对某些生态因子的耐性是不同的，物种的生态幅往往决定于它临界期的耐性。一般情况下，生物繁殖阶段常常是一个临界期，对生态因子的变化最为敏感，因此，此阶段的生态幅比营养生长阶段要窄。

5. 生物内稳态及保持机制

内稳态是指生物控制体内环境使其保持相当稳定的机制，它能减少生物对外界条件的依赖性，从而大大提高生物对外界环境的适应能力。内稳态是通过生理过程或行为的调整而实现的。恒温动物通过控制体内产热过程以调节体温，变温动物靠减少散热或利用环境热源使身体增温。例如，沙漠蜥蜴早晨将身体的侧面迎向太阳，或将身体紧贴在温暖的岩石上以增加体温；白天温度升高后则抬起头迎向太阳以尽量减少身体接收辐射，并使前脚趾离地，把身体抬高，保护身体周围空气的流通散热。植物如向日葵的花随太阳转动方向，合欢的叶子昼挺夜合等。

维持体内环境稳定是生物扩大耐性限度的一种重要机制，但内稳态机制不能完全摆脱环境的限制，它只能在一定范围内扩大自己的生态幅度，成为一个广适种。

6. 指示生物

生物在与环境相互作用、协同进化的过程中，每个种都留下了深刻的环境烙印。因此，常用生物作为指示者，反映环境的某些特征。例如，华北平原农谚“枣发芽，种棉花”“杏花开，快种麦”等根据物候来确定农时；民间还利用动物行为来预报天气变化，如燕子低空飞翔预示有雨，蜻蜓高飞预示天晴等；地质工作者常用指示植物来寻找地下水和矿藏，如北方草原地区凡有芨芨草成片生长的地段都有浅层地下水的分布，江西等地映山红遍布的地方常有煤层分布等。安徽的海州香蕾是著名的铜矿指示植物，湖南念同的野韭则是金矿指示植物。

第二节　生物与光因子

光是生态系统中一个重要的环境因素。地球上的一切生命过程，包括农业生物在内，基本的能量源泉为太阳辐射能。太阳辐射能不仅仅可以为初始生产力的光合作用提供动力，而且也是生物层中各种主要自然环境因子变化和发展的动力；同时，对生物的生理代谢功能也有很大的影响。

一、生物与光质

光是由波长范围很广的电磁波组成的，主要波长范围是 150~4 000 纳米（nm），波长不同，显示出的性质也不同。其中人眼可见光的波长在 380~760 纳米之间，可见光谱中根据波长的不同又可分为红、橙、黄、绿、青、蓝、紫七种颜色的光。波长小于 380 纳米的是紫外光，波长大于 760 纳米的是红外光，红外光和紫外光都是不可见光。在全部太阳辐射中，红外光约占 50%~60%，紫外光约占 1%，其余的都是可见光部分(图 2-3)。

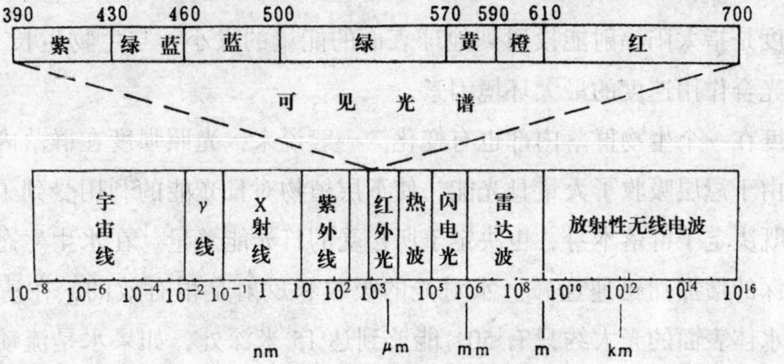

图 2-3　电磁波谱的划分

(一) 生理辐射

光合作用生理辐射又叫光合有效辐射。光合有效辐射一般指波长在 380~760 纳米的可见光。只有可见光能在光合作用中被植物利用和转化，尤以波长在 760~620 纳米的红光和波长在 490~435 纳米的蓝光对光合作用最重要。在北半球，光合有效辐射的能量一般占地面太阳总辐射能的 50% 左右。

由七种不同波长的单色光（红、黄、橙、绿、青、蓝、紫）所构成的可见光，一般除绿光外，均是绿色植物进行光合作用的生理辐射，其中红橙光为植物叶绿素最容易吸收的部分，是光合作用的主要能源。植物一般只能将其中的一小部分生理辐射能转化为化学能，并贮存在有机物里，一般对太阳的光能利用率多在 1%~5%，由于环境条件和植物种类的不同，植物实际的光能利用率多在 0.5%~3.0%。

光质（光谱成分）随空间发生变化的一般规律是短波光随纬度增加而减少，随海拔升高而增加，在时间变化上，冬季长波光增多，夏季短波光增多；一天之内中午短波光较多，早晚长波光较多。不同波长的光对生物有不同的作用，植物叶片对日光的吸收、反射和透射的程度直接与波长有关。当日光穿透森林生态系统时，大部分能量被树冠层截留，到达下层的日光不仅强度大大减弱，而且红光和蓝光也所剩不多，所以生活在那里的植物必须对低辐射能环境有较好的适应。

(二) 红外光和紫外光

在占太阳总辐射能 99% 的主要波长光范围内，除掉约 50% 的可见光外，还有约 43% 的红外线和约7%的紫外线。各种波长的光在自然界中具有不同的效应，红外线会产生热效应，地表热量基本上是由红外光能所产生的，有助于形成生物生长的热量环境；紫外线则具有较强的组织穿透能力和破坏能力，能提高植物组织中蛋白质及纤维素含量，还会杀死微生物。紫外光对生物和人有杀伤和致癌作用，但它在穿过大气层时，波长小于290纳米的部分被臭氧层吸收，只有波长在290~380纳米之间的紫外光才能到达地球表面。在高山和高原地区，紫外线作用比较强烈。许多昆虫对紫外光（330~400nm）有强烈的趋性。

二、生物与光照强度

光照强度是指太阳辐射能投射到地球表面的能量的大小，与生物生长有着密切关系，是决定作物光合作用速度的最大环境因素。

光照强度在一个生物群落内部也有变化。一般说来，光照强度在群落内将会自上而下逐渐减弱，由于冠层吸收了大量日光能，使下层植物对日光能的利用受到了限制，所以垂直分层现象既决定于群落本身，也决定于所接受的日光能总量。在水生生态系统中，光照强度将随水深的增加而迅速递减。水对光的吸收和反射是很有效的，在清澈静止的水体中，照射到水体表面的光大约只有50%能够到达15米深处，如果水是流动和混浊的，能够到达这一深度的光量就要少得多，这对水中植物的光合作用是一种很大的限制。

（一）光照强度对生物的影响

光强度对动植物的生长发育有重要的作用。光能促进细胞的增大和分化，影响细胞的分裂和生长，生物体积的增长、重量的增加都与光照强度有密切关系。光还能促进植物组织器官的分化，制约着器官的生长发育速度，使作物体各组织器官发育保持正常比例。植物叶肉细胞中的叶绿体必须在一定的光强条件下才能形成，在黑暗条件下会产生特殊的黄化形态：株小、节间小、叶子不发达等。黄化现象是光与形态建成的各种关系中极端的典型例子，黄化是植物对黑暗的特殊适应。平常所吃的豆芽、韭黄、蒜黄等就是黄化的具体表现。光对花的发育影响很大。在植物完成光周期诱导和花芽开始分化的基础上，光照时间越长，强度越大，形成有机物质越多，越有利于花的发育。光强有利于果实的成熟，对果实的品质也有良好作用。

鸡蛋、蛙卵、鲑鱼卵等在有光照的条件下孵化得快，发育也快；而蛤贝和生活在海洋深处的浮游生物则在黑暗情况下生长较快。实验表明，蚜虫在连续有光照的情况下，产生的都为无翅个体；在连续无光照的条件下，产生的也都是无翅个体；但在光照和黑暗交替条件下，则产生较多的有翅个体。光照还有利于动物的骨骼健壮、毛发润泽等。

（二）生物对光照强度的适应类型

1. 植物对光照强度的适应

根据植物对光照强度的要求，可分为阳性植物、阴性植物和耐阴性植物三大类型。

（1）阳性植物。阳性植物对光要求比较迫切，只有在足够光照条件下方能进行正常生长。阳性植物的光补偿点较高，如蓟、刺苋、蒲公英、杨、柳、桦、槐、松、杉和栓皮栎等。阳性植物叶子排列稀疏，角质层发达，在单位面积上气孔多，叶脉密，机械组织发达。叶绿素 a 与叶绿素 b 的比值（a/b）较大，叶绿素 a 在红光部分内的最大吸收光谱较宽，所以阳性植物能在直射光下强烈地利用红光。

（2）阳性植物。阴性植物对光的需要远较阳性植物低，可低于全光照的 1/50，光补偿点低，呼吸作用、蒸腾作用都比较弱，抗高温和干旱能力较低。常见的种类有翠云草、莲座蕨、鹿衔草、山酢浆草、连钱草、观音坐莲、铁杉、紫果云杉和红豆杉等。很多药材植物如人参、三七、半夏和细辛等也属于这类植物。阴性植物枝叶茂盛，没有角质层或很薄，气孔与叶绿体比较少，叶绿素 a 与 b 的比值小，叶绿素 b 在散射的蓝紫光部分的吸收带较宽。可溶性蛋白质含量很低，说明阴性植物最大光合速率较低。

（3）耐阴性植物。耐阴性植物对光照具有较广的适应能力，对光的需要介于以上两类植物之间，但最适宜的还是在完全的光照下生长。如麦冬、红花酢浆草、玉竹等属这类植物，它们在形态上、生态上的可塑性均较大。

2. 动物对光照强度的适应

不同动物对光照强度的反应也不同。如大多数鸟类，哺乳动物中的灵长类、有蹄类、松鼠、旱獭和黄鼠，爬行动物中的蜥蜴和昆虫中的蝶类、蝇类和虻类等，这些动物被称为昼行性动物。另一些动物则适于在夜晚或晨昏的弱光下活动，如夜猴、蝙蝠、家鼠、夜鹰、壁虎和蛾类等，这些动物被称为夜行性动物或晨昏性动物，因其只适于在狭小的光照范围内活动，所以又称为狭光性种类。昼行性动物所能耐受的光照范围较广，故又称为广光性种类。还有一些动物既能适应弱光也能适应强光，它们白天黑夜都能活动，常不分昼夜地表现出活动与休息的不断交替，如很多种类的田鼠属全昼性活动动物，它们也属于广光性种类。土壤和洞穴中的动物几乎总是生活在完全黑暗的环境中并极力躲避光照，因为光对它们就意味着致命的干燥和高温。幼鳗的溯河性洄游则是选择在白天进行，一到夜间便停止洄游并躲藏起来。蝗虫的群体迁飞也是发生在日光充足的白天，如果乌云遮住了太阳使天色变暗，它们马上就会停止飞行。

三、生物与日照长度

日照长度是指白昼的持续时间或太阳的可照时数。在北半球从春分到秋分是昼长夜短，夏至昼最长；从秋分到春分是昼短夜长，冬至夜最长。在赤道附近，终年昼夜平分。纬度越高，夏半年（春分到秋分）昼越长而冬半年（秋分至春分）昼越短。在两极地区则半年是白天，半年是黑夜。由于我国位于北半球，夏季的日照时间总是多于 12 小时，而冬季的日照时间总是少于 12 小时。随着纬度的增加，夏季的日照长度也逐渐增加，而冬季的日照长度则逐渐缩短。

日照长度的变化对动植物都有重要的生态作用，由于分布在地球各地的动植物长期生活在具有一定昼夜变化格局的环境中，借助于自然选择和进化而形成了各类生物所特有的对日照长度变化的反应方式，这就是在生物中普遍存在的光周期现象。例如，植物在一定光照条件下的开花、落叶和休眠以及动物的迁移、生殖、冬眠、筑巢和换毛换羽等。

（一）昼夜节律

大多数生物的生命活动表现出昼夜节律，即 24 小时循环一次的现象。如大多数动物白天活动，夜间休息，但有些动物却夜间活动，白天休息；植物中也普遍存在昼夜交替现象，如光合作用、蒸腾作用、积累与消耗等均表现出有规律的昼夜变化。即使人的睡眠也是如此，在环境改变时，也有时差问题。生物的这种昼夜节律是长期选择和适应的结果，是受生物内部控制机制（所谓的生物钟）控制的，是生命的基本特征。

（二）光周期现象

1. 植物的光周期现象

光周期是指每天光照（理论上是指日照加上曙、暮光）和黑夜的交替，一个交替称一个光周期。日照长度的变化，对动植物都有重要的生态作用，由于分布在地球各地的动植物长期生活在各自的光周期环境中，在自然选择和进化中形成了各类生物所特有的对日照长度变化的反应方式，这就是生物中普遍存在的光周期现象。它是生命活动的定时器和启动器，控制着生物的许多周期性现象。

不同的生物尤其是植物对日照时间长短的要求不同，而且比较严格。研究表明，与花原基形成有关的光周期现象主要与暗期的长短有关，长日照要求暗期短于某一临界值，短日照要求暗期必须长于某一临界值。根据植物对日照长度的反应类型可分为：

长日照植物，即日照时间要求较长，即必须短于某一临界暗期的情况下，才能转向正常的生殖生长，否则便只进行营养生长，不能形成花芽。如冬小麦、大麦、菠菜、油菜、牛蒡、紫苑、凤仙花和除虫菊等。人为延长光照时间可促进这些作物提前开花。

短日照植物，即日照时间要求必须在超过某一暗期的情况下，才能转向生殖生长，否则就只进行营养生长而不开花，这类植物通常在早春或深秋开花。如烟草、大豆、水稻、芝麻、牵牛、苍耳和菌类等。

中日照植物，即日照时间要求在近 12 小时的暗期的情况下，才能转向生殖生长，如甘蔗的某些品种。

中间植物，这类植物的开花受日照影响较小，只要其他条件合适，在不同光照长度下都能开花结实，如西红柿、黄瓜、甘薯、四季豆、蒲公英等。

2. 动物的光周期现象

在脊椎动物中，鸟类的光周期现象最为明显，很多鸟类的迁移都是由日照长短的变化所引起。由于日照长短的变化是地球上最严格和最稳定的周期变化，所以是生物节律最可靠的信号系统。鸟类在不同年份迁离某地和到达某地的时间都不会相差几日，如此严格的迁飞节律是任何其他因素（如温度的变化、食物的缺乏等）都不能解释的，因为这些因素各年相差很大。同样，各种鸟类每年开始生殖的时间也是由日照长度的变化决定的。温带鸟类的生殖腺一般在冬季时最小，处于非生殖状态，随着春季的到来，生殖腺开始发育，随着日照长度的增加，生殖腺的发育越来越快，直至产卵时生殖腺才达到最大。生殖期过后，生殖腺便开始萎缩，直至来年春季才再次发育。鸟类生殖腺的这种年周期发育是与日照长度的周期变化完全吻合的。在鸟类生殖期间人为改变光周期可以控制鸟类的产卵量，人类采取在夜晚给予人工光照提高母鸡产蛋量的历史已有 200 多年了。

日照长度的变化对哺乳动物的生殖和换毛也具有十分明显的影响。很多野生哺乳动物（特别是生活在高纬度地区的种类）都是随着春天日照长度的逐渐增加而开始生殖的，如雪貂、野兔和刺猬等，这些种类可称为长日照兽类。还有一些哺乳动物总是随着秋天短日照的到来而进入生殖期，如绵羊、山羊和鹿。实验表明，雪兔换白毛也完全是对秋季日照长度逐渐缩短的一种生理反应。

鱼类的生殖和迁移活动也与光有着密切的关系，而且也常表现出光周期现象，特别是那些生活在光照充足的表层水的鱼类。实验证实，光可以影响鱼类的生殖器官，人为延长光照时间可以提高鲑鱼的生殖能力，这一点已在养鲑实践中得到了应用。日照长度的变化也通过影响内分泌系统而影响鱼类的洄游。

昆虫的冬眠和滞育主要与光周期的变化有关，但温度、湿度和食物也有一定影响。例如，秋季的短日照是诱发马铃薯甲虫在土壤中冬眠的主要因素，而玉米螟（老熟幼虫）和梨剑纹夜蛾（蛹）的滞育率则决定于每日的日照时数，同时也与温度有一定关系。

第三节　生物与温度因子

一、温度因子的生态作用

温度影响着生物的生长和生物的发育，并决定着生物的地理分布。任何一种生物都必须在一定的温度范围内才能正常生长发育。一般说来，生物生长发育在一定范围内会随着温度的升高而加快，随着温度的下降而变缓。当环境温度高于或低于生物所能忍受的温度范围时，生物的生长发育就会受阻，甚至造成死亡。此外，地球表面的温度在时间上有四季变化和昼夜变化，温度的这些变化都能给生物带来多方面和深刻的影响。

温度对生物的生态意义还在于温度的变化能引起环境中其他生态因子的改变，如引起湿度、降水、风、氧在水中的溶解度及食物和其他生物活动与行为的改变等，这是温度对生物的间接影响。

（一）温度与生物的生长

温度是生物生命活动不可缺少的因素，是对生物生长影响较为明显的环境因素之一。首先，生物体内的生理活动、生物化学过程都必须在一定的温度条件下才能正常进行。温度升高，生理生化反应加快，生长发育加速；温度降低，生理生化反应变慢，生长发育迟缓。但温度过高或过低时，生长就会减慢、受阻直至死亡。植物种类的不同，对温度的要求和忍受的极限也不同。

温度对生物的作用一般可分为最适温度、最低温度和最高温度，即所谓“三基点”温度。温度的这三个基点实际上是三个幅度。

由于生物种类不同，对温度的反应有差异。每一种生物都有一定的适温范围。在该范围内，生命活动最旺盛，繁殖量最高，寿命最长。超过这一范围，生长受阻或发育停滞，严重的甚至死亡。

（二）温度与生物的发育

植物的种子只有在一定的温度下才能发芽。温度促进酶的活动，加速种子的生理生化活动，使种子萌发、生长，当温度超过种子萌发所需要的最低温度并继续上升时，种子萌发速度与温度增加值成正比相关，直到萌发生长最适温度时为止。此后，如温度再增加，便引起萌发速度下降，当达到最高有效温度时萌发停止。如水稻种子发芽的最低温度是10～12℃，最适温度是25～35℃，最高温度是38～42℃。

温度对生物物质生产的影响是多方面的。它既可以直接影响光合作用和呼吸作用，同时又通过影响一些与物质生产有关的条件而发挥作用。温度对植物叶面积的影响因种类而异。凡是偏离最适温度范围的，都有扩大叶面积的趋势，而且这种影响常与种群的发育状况有关，越是在生育前期，所受的影响越大。通过对叶面积的影响，温度进一步影响植物的株高、叶片的厚度、排列等。

温度对动物的影响与植物不完全相同。根据动物与温度的关系可分为两种热能代谢类型：一种是变温动物，又常称为冷血动物；一种是恒温动物，又常称为温血动物。

环境中温度的变化对动物有明显的影响。温度的变化常引起形态上的变化。如鱼类生长在低温条件下，一般趋向于脊椎增多和身体加大，这种现象称为约丹定律。

由于在低温条件下动物性成熟的延缓，动物可以活得更久、长得更大。同类的恒温动物在寒冷地区的个体要比在温带、热带地区的个体大。这些现象称为贝格曼法则。

动物的肢体，如尾、耳、嘴及四肢等部分，在该物种分布范围内，在较寒冷地区有明显趋向于缩短、变小的现象。这种现象称为阿伦法则。

（三）温度与生物的地理分布

生物在其生命活动中所形成的对温度的适应性，决定了它们的地理分布区域。生物不仅需要适应一定的温度幅度，而且还需要有一定的温度量。极端温度（高温和低温）常常成为限制生物分布的重要因素。例如，由于高温的限制，白桦、云杉在自然条件下不能在华北平原生长；苹果、梨、桃不能在热带地区栽培；在长江流域和福建，黄山松因高温限制不能分布在海拔 1000~1200 米以下的高度；菜粉蝶不能忍受 26℃以上的高温，所以 26℃就是这种昆虫分布的极限，虽然秋季和冬季菜粉蝶可以越过这个界限，但到夏季气温超过 26℃时，卵和幼虫就会全部死亡。高温限制生物分布的原因主要是破坏生物体内的代谢过程和光合呼吸平衡，其次是植物因得不到必要的低温刺激而不能完成发育阶段，如苹果、桃、梨在低纬度地区不能开花结实。

低温对生物分布的限制作用更为明显。对植物和变温动物来说，决定其水平分布北界和垂直分布上限的主要因素就是低温，所以这些生物的分布界限有时非常清楚。例如，橡胶分布的北界是北纬 24°40′（云南盈江），海拔高度的上限是 960 米（云南盈江）；剑麻分布的北界是北纬 26°，海拔高度的上限是 900 米（云南潞西）；油棕为北纬 24°（福建韶安）和海拔 600 米（西双版纳）；椰子为北纬 24°30′（厦门）和海拔 640 米（海南岛）。苹果蚜分布的北界是 1 月等温线为 3~4℃的地区；东亚飞蝗分布的北界是年等温线为 13.6℃的地方；玉米螟则只能分布在气温 15℃以上的日子不少于 70 天的地区。有些昆虫在大发生时往往会超过它们正常分布的北界，但这只是一种暂时性的分布。温度对恒温动物分布的直接限制较小，但也常常通过影响其他生态因子（如食物）而间接影响其分布。例如，通过影响昆虫的分布而间接影响食虫蝙蝠和高纬地区鸟类的分布等。很多鸟类秋冬季节不能在高纬地区生活，不是因为温度太低而是因为食物不足和白昼取食时间缩短。

温度和降水是影响生物在地球表面分布的两个最重要的生态因子，两者的共同作用决定着生物群落在地球分布的总格局。

作物对温度的需要因种类和品种的不同，差异很大。一般可分为喜凉作物、喜温作物和亚热带作物几大类型。

(四) 有效积温法则

作物需要在一定的温度以上，才能开始生长发育；同时作物也需要有一定的温度总量，才能完成其生活周期，而且这个温度总量往往是一个常数，因此可以用公式 $N \cdot T=K$ 表示，其中 N 为生长发育所需时间，T 为发育期间的平均温度，K 是总积温（常数）。除植物外，昆虫和其他变温动物也符合这一公式。

但无论是植物还是变温动物，其发育都是从某一温度开始的，称发育起点温度或最低有效温度（而不是零度）。由此以上公式可改为：

$$N(T-C)=K \qquad (1)$$

C 表示发育起点温度或生物学零度，而 K 在这里表示有效积温。

积温：是指作物整个生长发育期或某个发育阶段内，高于一定温度以上的昼夜温度总和。

有效积温：是指从某一段时间内的日平均气温减去生物学零度，将其值乘以该时期的天数。

生物学零度因地区、作物品种或发育阶段的不同而不同。温带地区一般以5℃或6℃为生物学零度，而亚热带则为10℃。

作物的有效积温，一般为≥10℃的积温，是喜温作物的起止温度。

活动积温（≥0℃的积温）：某一时期的日平均气温减去物理学零度，再乘以该时间内的天数。

由式（1）得到 $$T-C=\frac{K}{N} \quad 即 \quad T=C+\frac{K}{N} \tag{2}$$

$$T=C+K\frac{1}{N}=C+KV \tag{3}$$

其中 V 是发育速率，它是发育时间（N）的倒数，所以 $V=1/N$。公式（2）相当于数学上的双曲线公式 $y=a+b/x$，表示温度与发育历期呈双曲线关系；而公式（3）相当于数学上的直线关系 $y=a+bx$，表示温度与发育速度呈直线关系。

积温在农业生产上具有重要的意义：其一是可以根据积温来制定农业气候区划，合理安排作物；其二是应用积温预报农时，比其他温度指标和植物生育期天数更为准确可靠。

有效积温法则的应用有一定的局限性，如发育起点温度通常是在恒温条件下测得的，这与昆虫在自然变温条件下的发育有所出入（变温下的昆虫发育较快）；有效积温法则是以温度与发育速率呈直线关系为前提，但事实上两者间是呈S形关系，即在最适温的两侧发育速率均减慢；除温度外，生物发育同时还受其他生态因子的影响。如小麦，长日照可加快发育，短日照则抑制发育，采用积温和光照时数的乘积即光温积来表示小麦的发育速度，就比单用积温值稳定、可靠；积温法则不能用于有休眠和滞育生物的世代数计算。

二、节律性变温的生态作用

（一）温周期现象

1. 温度的季节变化

在地球、太阳的公转中，太阳高度角的变化是形成一年四季温度变化的原因。一年中根据气候冷暖、昼夜长短的节律变化而分为春、夏、秋、冬四季。我国大部分地区位于亚热带和温带，一般是春季气候温暖、昼夜长短相差不大；夏季炎热，昼长夜短；秋季和春季相似；冬季则寒冷且昼短夜长。但是由于各地的纬度、海陆位置、地形和大气环流等条件不同，气候也就表现得很复杂。例如，冬季在东北地区已是江河封冻、冰天雪地，而华南地区仍是风和日暖、百花齐放；夏季的四川盆地酷热难忍，而青藏高原仍能见到雪花纷飞，寒气逼人。因此，根据历法上的季节（3~5月为春季，6~8月为夏季，9~11月为秋季，12~2月为冬季）在全国很难统一。为此，目前一般用温度作为划分季节的标准。

温度年较差（年变幅），是指一年内最热月与最冷月平均温度的差值，是温度季节变化的一个重要指标。赤道地区年较差最小，随着纬度增加年较差增大，高纬度地区年较差最大。海陆位置也影响年较差，海洋和海洋性气候地区，温度年较差小；大陆和大陆性气候地区，年较差大。因此根据各地区年较差的大小，可以判断该地区的气候特点。

2. 温度的日变化

气温日变化中有一个最高值和最低值。昼夜间最高气温与最低气温的差值称之为气温日较差或气温昼夜变幅。

气温日较差随纬度增加而减小。在低纬度地区，一天内太阳高度变化很大，所以日较差很大；在高纬度地区，一天内太阳高度变化较小，所以日较差也很小。

气温日较差还受季节影响，温暖季节（夏季）气温日较差较寒冷季节（冬季）为大。其他如地形特点、地面性质都能影响气温日较差。

3. 变温对植物的影响

一天内温度的昼夜变化，对植物的生长、发育和产品质量有很大影响。植物适应温度的昼夜变化的现象称为温周期。温周期现象实际上是植物适应温度变化（变温）的结果。对于大部分植物来说，适当的变温是有利的，但变温过大就会有害。变温对植物有利是因为白天温度高促进光合，夜间温度低减弱呼吸，有利于物质的净积累。植物温周期特性与原产地日温节律有关。

4. 变温对动物的影响

温度对变温动物的影响与植物相似，如低温延缓代谢和生长速率，动物活动减弱，直至休眠。温度对恒温动物的影响比较复杂，温度不仅影响生长速度，而且还影响身体大小和器官比例（如在低温下发育的哺乳动物的外耳一般都较短）；低温还会延缓性成熟，个体存活时间因而延长，体型更大。自然界中大部分动物栖居的地方，温度都有昼夜和季节性变化。在大多数情况下，如果温度的昼夜波动不过分剧烈，就有利于动物的生长。

（二）物候节律

物候主要是指动植物生长、发育、活动规律与非生物的变化对气候的反应。如植物的冬芽萌动、抽叶、拔节、开花、结实、成熟；动物的休眠、复苏、始鸣、交配、繁育、换羽、迁徙等都与气候有密切关系。非生物现象，如始霜、始雪、解冻等，也是物候现象。物候可作为指示农时以确定农作物栽培技术的一种依据，也可用作预报天气时的参考。由于温度等气候因素有着年变化和日变化现象，动植物的生长发育活动因而也呈现着一定的有规律的变化，即所谓变化节律。

物候期是以动植物生活周期中外部可见变化的观察作为基础的，主要取决于一定的温度临界值。如早花植物与山地植物在0℃之后可发芽，而晚花植物却要在10~15℃才发芽。研究生物的生命活动现象与季节变化关系的科学叫物候学，是生物学与气候学之间相互关系的科学。

（三）休眠和滞育

休眠指生物的潜伏、蛰伏或不活动状态，是抵御不利环境的一种有效的生理机制。进入休眠状态的动植物可以忍耐比其生态幅宽得多的环境条件。大多数冬眠、夏眠是对极端温度的适应。草原上的啮齿类动物，许多具有冬眠或蛰伏习性；很多昆虫在不利气候条件下常进入滞育状态，变温动物在冬季滞育时，体内水分大大减少以防止结冰，而新陈代谢几乎下降到零，在夏季滞育时，耐干旱的昆虫可使身体干透以忍受干旱，或者在体表分泌一层不透水的外膜以防止身体变干。休眠能使动物最大限度地减少能量消耗。动物的休眠伴随很多生理变化。哺乳动物在冬眠开始之前体内先要贮备特殊的低熔点脂肪，冬眠时心跳速率大大减缓，血流速度变慢，为防止血凝块的产生，血液化学亦会发生相应变化。

植物中的休眠现象更为普遍，许多植物种子成熟后不能立即萌发的现象即是休眠形式的一种。休眠种子可长期保持存活能力，直到出现适于种子萌发的条件才萌发。有些植物种子的萌发能力仅保持1~3年，但许多植物种子的萌发能力可保持30~40年。植物种子的休眠现象和后熟作用是植物对不利环境条件的一种适应。这对寒带、温带等季节变化明显地区的植物有巨大意义。采用低温和潮湿的环境增加种皮透性以及打破休眠的措施可以促进这些植物种子的萌发，林业上常常使用的“层积法”就是以此为依据的。

温带木本植物的冬眠是常见的植物休眠现象，休眠中的树木可以顺利度过冬季的低温。木本植物的休眠与光周期有关，短日照可促进休眠，长日照可促进营养生长。树木进入冬眠状态受制于日照长度而不是温度，这可以使植物免受初冬温度波动的危害。

三、极端温度的生态作用

（一）极端低温对生物的影响与生物的适应

1. 低温对生物的影响

低温对生物的伤害主要是寒害（0℃以上的低温）和冻害（0℃以下的低温）两种。寒害主要是由于低温造成植物生理活动，如光合、呼吸、蒸腾、吸收等机能的降低和生理平衡状态的破坏。

冻害是在气温下降到0℃以下，由于植物体组织内部结冰而引起的伤害。一般情况下，温度降至冰点以下时，就会在细胞内和细胞间隙形成冰晶。冰晶的形成会使原生质膜发生裂变和使蛋白质失活与变性。由于在相同温度条件下，冰的化学势能比液态水的小，水则从细胞内向外移到冰晶上，随着冰晶的增大，细胞发生失水。当温度不低于-3℃或-4℃时，植物受害主要是由于细胞膜破裂；当温度下降到-8℃或-10℃时，植物受害则主要是由于生理干旱和水化层的破坏，从而导致了细胞的死亡。

另外一个原因是植物体内冰融速度太快。在冰晶迅速融解时，细胞壁较容易恢复原状，而原生质来不及吸水膨胀，在未恢复原状前即破损。

动物对低温的耐受极限（即临界温度）随种而异，少数动物能够耐受一定程度的身体冻结，这是动物避免低温伤害的一种适应方式，例如摇蚊在-25℃的低温下可以经受多次冻结而能保存生命。一些潮间带动物在-30℃的低温下暴露数小时后，虽然体内90%的水都结了冰，但冰晶一般只出现在细胞外面，当冰晶融化后又能恢复正常状态。动物避免低温伤害的另一种适应方式是存在过冷现象，这种现象一般在昆虫中发生。

2. 生物对低温环境的适应

长期生活在低温环境中的生物通过自然选择，在形态、生理和行为方面表现出很多明显的适应。在形态方面，北极和高山植物的芽和叶片常受到油脂类物质的保护，芽具鳞片，植物体表面生有蜡粉和密毛，植物矮小并常成匍匐状、垫状或莲座状等，这种形态有利于保持较高的温度，减轻严寒的影响。生活在高纬度地区的恒温动物，其身体往往比生活在低纬度地区的同类个体大，因为个体大的动物，其单位体重散热量相对较少，这就是贝格曼规律。另外，恒温动物身体的突出部分如四肢、尾巴和外耳等在低温环境中有变小、变短的趋势，这也是减少散热的一种适应形式，这一适应常被称为阿伦规律。例如，北极狐的外耳明显短于温带的赤狐，赤狐的外耳又明显短于热带的大耳狐。恒温动物的另一形态适应是在寒冷地区和寒冷季节增加毛和羽毛的数量、质量或增加皮下脂肪的厚度，从而提高身体的隔热性能。

在生理方面，生活在低温环境中的植物常通过减少细胞中的水分和增加细胞中的糖类、脂肪和色素等物质来降低植物的冰点，增加抗寒能力。例如，鹿蹄草就是通过在叶细胞中大量贮存五碳糖、黏液等物质来降低冰点的，这可使其结冰温度下降到-31℃。此外，极地和高山植物在可见光谱中的吸收带较宽，并能吸收更多的红外线，如虎耳草的叶片在冬季时由于叶绿素破坏和其他色素增加而变为红色，有利于吸收更多的热量。动物则靠增加体内产热量来增强御寒能力和保持恒定的体温，但寒带动物由于有隔热性能良好的毛皮，往往能使其在少增加（红狐和雷鸟）甚至不增加（北极狐）代谢产热的情况下就能保持恒定的体温。如图2-4所示。

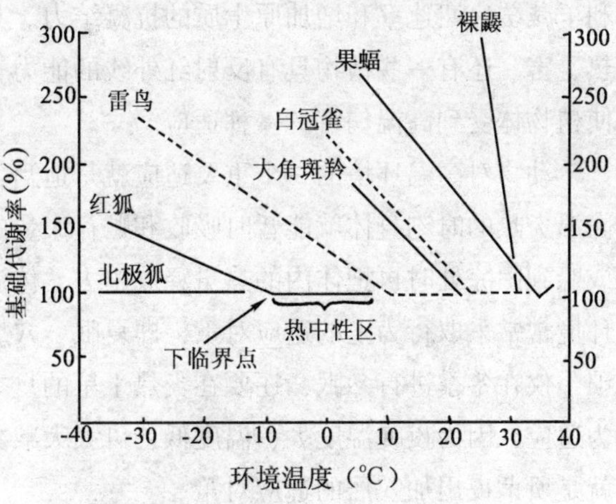

图2-4 恒温动物的代谢率与温度的关系

（二）极端高温对生物的影响与生物的适应

1. 高温对生物的影响

温度超过生物适宜温区的上限后就会对生物产生有害影响，温度越高对生物的伤害作用越大。高温可减弱光合作用，增强呼吸作用，使植物的这两个重要过程失调。例如，马铃薯在温度达到40℃时，光合作用等于零，而呼吸作用在温度达到50℃以前一直随温度的上升而增强，但这种状况只能维持很短的时间。高温还可破坏植物的水分平衡，加速生长发育，促使蛋白质凝固和导致有害代谢产物在体内的积累。

水稻开花期间如遇高温就会使受精过程受到严重伤害，因为高温可伤害雄性器官，使花粉不能在柱头上发育。日平均温度30℃持续5天就会使空粒率增加20%以上。在38℃的恒温条件下，水稻的实粒率下降为零，几乎是颗粒无收。

高温对动物的有害影响主要是破坏酶的活性，使蛋白质凝固变性，造成缺氧、排泄功能失调和神经系统麻痹等。体内脂肪呈固体状态的动物，往往能耐高温，而那些体内液态脂肪较多的更适于较低的温度。

2. 生物对高温环境的适应

生物对高温环境的适应也表现在形态、生理和行为三个方面。就植物来说，有些植物生有密绒毛和鳞片，能过滤一部分阳光；有些植物体呈白色、银白色，叶片革质发亮，能反射一大部分阳光，使植物体免受热伤害；有些植物叶片垂直排列使叶缘向光或在高温条件下叶片折叠，减少光的吸收面积；还有些植物的树干和根茎生有很厚的木栓层，具有绝热和保护作用。植物对高温的生理适应主要是降低细胞含水量，增加糖或盐的浓度，这有利于减缓代谢速率和增加原生质的抗凝结力。其次是靠旺盛的蒸腾作用避免使植物体因过热受害。还有一些植物具有反射红外线的能力，夏季反射的红外线比冬季多，这也是避免使植物体受到高温伤害的一种适应。

动物对高温环境的一个重要适应就是适当放松恒温性，使体温有较大的变幅，这样在高温炎热的时刻身体就能暂时吸收和贮存大量的热并使体温升高，而后在环境条件改善时或躲到阴凉处时再把体内的热量释放出去，体温也会随之下降。沙漠中的啮齿动物对高温环境常常采取行为上的适应对策，即夏眠、穴居和白天躲入洞内夜晚出来活动。有些黄鼠狼不仅在冬季进行冬眠，还要在炎热干旱的夏季进行夏眠。昼伏夜出是躲避高温的有效行为适应，因为夜晚湿度大、温度低，可大大减少蒸发散热失水，特别是在地下巢穴中，这就是所谓夜出加穴居的适应对策。

第四节　生物与水因子

一、水因子的生态作用

(一) 水是生物生存的重要条件

水是一切生命系统中的重要因素之一，是生命活动的基础。

首先，水是任何生物体都不可缺少的重要组成成分，生物体的含水量一般为 60% ~ 80%，有些生物可达 90% 以上（如水母、蝌蚪等），生物体内含水量虽有不同，但都离不开水。从这个意义上说，没有水就没有生命。其次，生物的一切代谢活动都必须以水为介质，生物体内营养的运输、废物的排除、激素的传递以及生命赖以存在的各种生物化学过程，都必须在水溶液中才能进行，而所有物质也都必须在溶解状态下才能出入细胞，所以生物体和其环境之间时时刻刻都在进行着水交换。水分不足或无水都会导致生理上的不协调，正常生理的破坏，甚至死亡。水还能维持细胞和组织的紧张度，使植物器官保持直立状态，以利于各种代谢的正常进行；更重要的水是生命物质——原生质的组成成分，没有水，原生质就会死亡，生命就会停止。

水有一种特性，即在 3. 98℃时密度最大。水的这一特殊性质使任何水体都不会同时全部冻结，当水温降到 3. 98℃以下时，冷水总是在水体的表层而暖水在底层，因此结冰过程总是从上到下进行，这对历史上的冰河时期和现今寒冷地区生物的生存和延续来说是至关重要的，也是各种生物能够生存至今的关键。此外，水的热容量很大，而且吸热和放热过程缓慢，因此水体温度不像大气温度那样变化剧烈，也较少受气温变动的影响，这样，水就为生物创造了一个非常稳定的温度环境。

（二）水对生物生长发育的影响

水量对植物的生长有最高、最适和最低 3 个基点。低于最低点，植物萎蔫、生长停止；高于最高点，根系缺氧、窒息、烂根；只有处于最适范围内，才能维持植物的水分平衡，以保证植物有最优的生长条件。种子萌发时，需要较多的水分，因水能软化种皮，增强透性，使呼吸加强，同时水能使种子内凝胶状态的原生质转变为溶胶状态，使生理活性增强，促使种子萌发。水分还影响植物的其他生理活动。如果含水量不足，便会造成植物萎蔫，植物萎蔫前蒸腾量减少，同化产物减少，呼吸增加，从而导致生长基本停止。

水对动物也有较重要的影响。在水分不足时，可以引起动物的滞育或休眠。例如，降雨季节在草原上形成一些暂时性水潭，其中生活着一些水生昆虫，其密度往往很高，但雨季一过，它们就进入滞育期。此外，许多动物的周期性繁殖与降水季节密切相关。例如，大洋洲鹦鹉遇到干旱年份就停止繁殖；羚羊幼兽的出生时间，正好是降水和植被茂盛的时期。

（三）水对生物分布的影响

降水在地球上的分布是不均匀的，这主要因地理纬度、海陆位置、海拔高度的不同所致。我国从东南至西北，可以分为 3 个等雨量区，因而植被类型也可分为 3 个区，即湿润森林区、干旱草原区及荒漠区。即使是同一山体，迎风坡和背风坡，也因降水的差异各自生长着不同的植物，伴随分布着不同的动物。水分与动植物的种类和数量存在着密切的关系。在降水量最大的赤道热带雨林中植物达 52 种/hm^2，而降水量较少的大兴安岭红松林群落中，仅有植物 10 种/hm^2，在荒漠地区，单位面积物种数更少。

二、生物对水因子的适应

（一）植物对水因子的适应

生物圈中水的分布是十分不均匀的，由此形成的不同类型的植物对水因子的要求各不相同，根据植物对水分的需求量和依赖程度，可把植物划分为水生植物和陆生植物（见表 2–1）。

表 2–1　对水因子不同适应的植物类型的形态生理特点

类型			举例	生境特点	类型特征
水生植物	沉水植物	无根	黑藻、狐尾藻等	水很深。弱光、流动、缺氧、密度大、黏性高、温度变化平缓，能溶解各种无机盐类	整株植物沉没在水下，为典型的水生植物。根退化或消失，通气系统发达，以保证身体各部对氧气的需要。叶片常呈带状、丝状或极薄，有利于增加采光面积和对 CO_2 与无机盐的吸收，表皮细胞可直接吸收水中气体、营养物质和水分，叶绿体大而多，适应水中的弱光环境。植物体具有较强的弹性和抗扭曲能力以适应水的流动，淡水植物具有自动调节渗透压的能力，而海水植物则是等渗的。无性繁殖比有性繁殖发达
		有根	苦草等		
	浮水植物	不扎根	浮萍、凤眼莲等	水较深。流动、温度变化平缓，根系缺氧	叶片漂浮水面，气孔通常分布在叶的上面，维管束和机械组织不发达，输导组织弱，通气组织发达，根扎于泥土中，抗旱性差，无性繁殖快
		扎根	荷花、睡莲、王莲等		
	挺水植物		芦苇、香蒲、水葱等	水浅。根系缺氧	挺水植物根扎于泥土中，茎叶下部浸于水中，上部露于空气中，通气组织发达
陆生植物	湿生植物	阳性湿生	水稻、泽泻、灯芯草等	沼生环境。根系缺氧	根、茎、叶有通气组织连接，有较发达输导组织，叶片有角质层，根系不发达，无根毛，抗旱力较差。生长于浸水或潮湿土壤
		阴性湿生	附生蕨类、大海芋等	沼泽。根系缺氧	叶薄、气根吸收空气水分，蒸腾小，调节水分能力极差。生长于森林下部弱光、高湿环境
	中生植物		多数作物和杂草等	旱生环境。土壤通气良好	根茎叶结构，抗旱能力介于湿生植物和旱生植物之间。无通气组织，不能生长于积水或干旱土壤中
	旱生植物	少浆液	刺叶石竹、沙拐枣等	干旱环境	根系发达，叶面积小，有各种减少蒸腾的特化结构，有亲水性强的原生质体，抗旱能力强
		多浆液	仙人掌科、百合科、景天科等	沙漠环境	有由根、茎、叶特化形成的储水组织，表面积对体积比例小，叶片小或退化，角质层厚，气孔少而深埋，有特殊的水分与光合代谢途径

1. 水生植物

水生植物是所有生活在水中的植物的总称。水体环境的主要特点为：弱光、缺氧、密度大、黏性高和温度变化平缓，以及能溶解各种无机盐类。因此，水生植物与陆生植物有本质的区别。首先，水生植物具有发达的通气组织，以保证各器官组织对氧的需要。例如，荷花从叶片气孔进入的空气，通过叶柄、茎进入地下茎和根部的气室，形成了一个完整的通气组织，以保证植物体各部分对氧气的需要。其次，其机械组织不发达甚至退化，以增强植物的弹性和抗扭曲能力，适应于水体流动。

同时，水生植物在水下的叶片多分裂成带状、线状，而且很薄，以增加吸收阳光、无机盐和 CO_2 的面积。最典型的是伊乐藻属植物，叶片只有一层细胞。有的水生植物，出现异型叶，如毛茛在同一植株上有两种不同形状的叶片，在水面上呈片状，而在水下则丝裂成带状。水生植物类型很多，根据生长环境中水的深浅不同，可划分为沉水植物、浮水植物和挺水植物 3 类。

2. 陆生植物

陆生植物指生长在陆地上的植物。包括湿生、中生和旱生三种类型。

湿生植物指在潮湿环境中生长，不能忍受较长时间的水分不足，即抗旱能力最弱的陆生植物。

根据其环境特点，还可以再分为阴性湿生植物和阳性湿生植物两个亚类。

中生植物指生长在水分条件适中生境中的植物。该类植物具有一套完整的保持水分平衡的结构和功能，其根系和输导组织均比湿生植物发达。

旱生植物生长在干旱环境中，能长期耐受干旱，且能维护水分平衡和正常的生长发育。这类植物在形态或生理上有多种多样的适应干旱环境的特征。旱生植物在形态结构上的特征，主要表现在两个方面：一方面是减少水分丢失，另一方面是增加水分摄取。旱生植物可以分为少浆植物和多浆植物两类。少浆植物有发达的根系，增加水分摄取，植物叶面积很小，叶片特化成刺状、针状或鳞片状，且气孔下陷。多浆植物具有发达的储水组织。例如，美洲沙漠中的仙人掌树，每颗可储水 2 t 左右；南美的瓶子树、西非的猴面包树，每棵可储水 4 t 以上。这类植物能储备大量水分，同样适应干旱条件下的生活。

除以上形态适应外，还有一类植物是从生理上去适应。旱生植物适应干旱环境的生理特征表现在它们的原生质渗透压特别高。淡水水生植物的渗透压一般只有 2~3 Pa，中生植物一般不超过 20 Pa，而旱生植物的渗透压可高达 40~60Pa，甚至可达到 100Pa，高渗透压使植物根系能够从干旱的土壤中吸收水分，同时不至于发生反渗透现象使植物失水。

(二) 动物对水因子的适应

动物按栖息地划分同样可以分为水生和陆生两大类。水生动物的媒质是水，而陆生动物的媒质是大气。因此，它们的主要适应特征也有所不同。

1. 水生动物对水因子的适应

水生动物保持体内水分得失平衡主要是依赖水的渗透作用。渗透压调节可以限制体表对盐类和水的通透性，通过逆浓度梯度主动地吸收或排出盐类和水分，改变所排出的尿和粪便的浓度与体积。如淡水动物体液的浓度对环境是高渗性的，体内的部分盐类既能通过体表组织弥散，又能随粪便、尿液排出体外。当体内盐类有降低的危险时，它们会使排出体外的盐分降低到最低限度，并通过食物和鳃，从水中主动吸收盐类。海洋生活的大多数生物体内的盐量和海水是等渗的（如无脊椎动物和盲鳗），有些比海水低渗（如七鳃鳗和真骨鱼类），低渗使动物易于脱水，于是在喝水的同时又将盐吸入，它们对吸入多余的盐类排出的办法是将其尿液量减少到最低限度，同时鱼的鳃可以逆浓度梯度向外分泌盐类。

洄游鱼类（如溯河的鲑鱼和降海的鳗鱼）以及广盐性鱼类（罗非鱼、赤鳟、刺鱼等），在生活史的不同时期分别在淡水和海水中生活。一般，其体表对水分和盐类渗透性较低，有利于在浓度不同的海水和淡水中生活。当它们从淡水转移到海水时，虽然有一段时间体重因失水减轻，体液浓度增加，但 48 小时内，一般都能进行渗透压调节，使体重和体液浓度恢复正常。反之，当它们由海水进入淡水时，也会出现短时间的体内水分增多，盐分减少的现象，但它们可以通过提高排尿量来维持体内的水分平衡。例如，一些鱼类进入海水时，肾脏的排泄机能就自动减弱，有的鱼类如赤鳟、美洲鳗鲡的鳃细胞能改变机能，在咸水中能排泄盐类，而在淡水中能吸收水分。

2. 陆生动物对水因子的适应

陆生动物和水生动物一样，细胞内需要保持最适的含水量和溶质浓度。主要影响陆生动物水分平衡的是环境中的湿度。动物失水的主要途径是皮肤蒸发、呼吸失水和排泄失水。丢失的水分主要是从食物、代谢水和直接饮水三个方面得到弥补。但在有些环境中，水是很难得到的，所以单靠饮水远远不能满足动物对水分的需要。因此，陆生动物在进化过程中形成了各种减少限制失水的适应。

（1）形态结构上的适应。不论是低等的无脊椎动物还是高等的脊椎动物，它们各自以不同的形态结构来适应环境湿度，保持生物体的水分平衡。昆虫具有几丁质的体壁，防止水分的过量蒸发；生活在高山干旱环境中的烟管螺可以产生膜以封闭壳口来适应低温条件；两栖类动物体表分泌黏液以保持湿润；爬行动物具有很厚的角质层；鸟类具有羽毛和尾脂腺；哺乳动物有皮脂腺和毛，都能防止体内水分过分蒸发，以保持体内水分平衡。

（2）生理上的适应。减少排泄失水，许多荒漠鸟兽具有良好重吸收水分的肾脏。人尿中的盐离子浓度比血浆的浓度高 3 倍，但有些动物尿中的盐浓度却可以比血浆中的高 17 倍。另外，含氮废物的排出形式也是减少排泄失水的一种途径。哺乳动物以尿素的形式排泄含氮废物，由于尿素溶于水，所以排泄过程也会损失一些水分，失水的多少则视肾脏的浓缩能力而定。爬行动物和鸟类则以尿酸的形式排泄含氮废物，这是对干燥的陆地生活的进一步适应。

许多动物在干旱的情况下具有生理上的适应特点。例如，“沙漠之舟”骆驼，不仅具有贮水的胃，驼峰中还储藏有丰富的脂肪，在消耗过程中产生大量水分（代谢水），血液中具有特殊的脂肪和蛋白质，不易脱水。因此，骆驼可以17天不喝水，身体脱水达体重的27%，仍然照常行走。

(3) 行为上的适应。沙漠地区夏季昼夜地表温度相差很大，因此，地面和地下的相对湿度和蒸发力相差也很大。

一般沙漠动物（如昆虫、爬行类、啮齿类等），白天躲在洞内，夜里出来活动。干旱地区的许多鸟类和兽类在水分缺乏、食物不足的时候，迁移到别处去，以避开不良的环境条件。在非洲大草原旱季到来时，大型草食动物往往开始迁徙。

第五节　生物与土壤因子

土壤是“发育于地球陆地表面能生长绿色植物的疏松多孔结构的表层”。对于生态学家来说，土壤是地球表层系统中生物多样性最丰富、生物地球化学的能量交换和物质循环转化最活跃的生命层，是植物根系、土壤藻类、土壤动物和微生物与它们所处的土壤非生物环境一起构成的统一整体，即土壤生态系统，是所有陆地生态系统的基础。土壤不仅是人类赖以生存的物质基础和宝贵的自然资源，而且是具有决定意义的生命保障系统，与生物生长发育有着极其密切的关系。从土壤的形成历史来看，土壤不仅是自然成土过程的产物，是自然过程的综合体，而且是在人为因素下所产生的结果，也是人工过程的综合体。

一、土壤的生态意义

土壤是陆地生态系统的基础，陆生植物生活的基质和陆生动物生活的基底。生物的活动不断地对土壤的结构和组成进行改造，因此土壤不仅是生态系统中物质与能量交换的重要场所，同时它本身又是生态系统中生物部分与无机环境部分相互作用的产物。土壤无论对植物来说还是对动物来说都是重要的生态因子。对于动物而言，土壤是比大气环境更为稳定的生活环境。土壤的热容量大且其本身具有良好的屏蔽效果，其温度、湿度变化幅度较小，且可以逃避高温、干燥、大风和阳光直射等不利因素，所以它能够成为一些狭适应性动物的良好生存场所。对于植物而言，植物的根系与土壤之间具有极大的接触面，在植物和土壤之间有着频繁的物质交换，彼此有着强烈的影响，因此通过控制土壤等因素可影响植物的生长与繁育。一个良好的土壤应使植物能吃得饱（养料供应充分）、喝得足（水分供应充分）、住得好（空气流通，温度适宜）、站得稳（根系伸展、机械支撑牢固）。归纳起来，土壤对植物的生态作用主要有：营养库的作用，养分转化和循环的作用，雨水涵养作用，生物的支撑作用，稳定和缓冲环境变化的作用等。

二、土壤的类型与分布

在气候、生物等有关因子的影响下，土壤分布也表现出明显的地带性特征。即土壤在陆地表面上大体是呈带状分布的，如一定的生物、气候带，就有相应的土壤带。土壤带可分为水平土壤带和垂直土壤带，前者存在于丘陵、平原地区，基本上平行于纬度；后者出现于山地，基本上平行于海拔高度。我国土壤水平分布由三个地带谱构成：东部沿海为湿润海洋性地带谱，西部为干旱内陆性地带谱，两者之间为过渡性地带谱。东部的湿润海洋性地带谱，自北向南依次由寒温带的漂灰土、温带的暗棕壤、暖温带的棕壤、北亚热带的黄棕壤、中亚热带的黄壤与红壤、南亚热带的赤红壤以及热带的砖红壤带构成。西部的干旱内陆性地带谱，在温带由东向西依次由栗钙土、棕钙土与灰钙土、灰漠土以及灰棕漠土带构成。两者之间是大兴安岭西麓向西南至黄土高原的过渡性地带谱，自东而西依次由温带的灰黑土、黑土、黑钙土带和暖温带的褐土、黑垆土、灰褐土带构成。

土壤类型也随着海拔高度而相应改变，呈现垂直地带性。各地土壤垂直地带谱，因基带生物气候不同而呈有规律的变化，并不完全一致。例如，热带海南岛五指山自下而上的土壤类型为：砖红壤—山地砖红壤—山地黄壤—山地黄棕壤—山地灌丛草甸土。暖温带太行山的土壤类型是：褐土—山地淋溶褐土—山地棕壤。

三、土壤物理性质对生物的影响

土壤的物理性质是指土壤质地、结构、容量、孔隙度等。土壤的质地、结构性质引起土壤水分、土壤空气和土壤温度的变化，从而对植物根系的生长和植物的营养状况及土壤动物生活状况产生明显的影响。

（一）土壤母质对生物的影响

土壤母质是风化壳的表层，是指原生基岩经过风化、搬运、堆积等过程于表面形成的一层疏松、最年轻的地质矿物质层，它是形成土壤的物质基础，是土壤的前身。

风化壳是地壳表层的岩石经过风化变成疏松的堆积物。

母质不同于岩石，它已有肥力因素的初步发展，具有分散性，疏松多孔，有一定的吸附作用、透水性和蓄水性；可释放出少量矿质养分，但难以满足植物生长的需要。母质又不同于土壤，它缺乏营养，几乎不含 N、C，通气性和蓄水性也不能同时解决。

根据成因不同可把母质分为残积母质和运积母质两大类。残积母质是指岩石风化后，基本未经动力搬运而残留在原地的风化物；运积母质则是在外力（水、风、冰川、重力）作用下而迁移到其他地区的物质。

母质是形成土壤的物质基础，在很大程度上影响和制约着土壤的形成过程和土壤的理化性状，如土壤的质地、结构、土壤中无机营养元素的含量以及 pH 值。如由黄土母质发育的黄土、由江河冲积母质形成的冲积土、由重积母质形成的粗骨土等，在土壤质地组成、结构和养分含量方面有着很大的差异。即使在同一地区，由于母质的不同，其成土类型也不同。母质不同，土壤的矿物组成也有较大的差别。

母质通过影响土壤进而影响着生物的生长和分布。例如，天然林的分布与土壤母质就有着密切的关系。

一般来说，成土过程进行得愈久，母质与土壤的性质差别愈大，尤其是土壤的形成除了母质以外，还受气候、生物、地形等因素的制约。例如，石灰岩可以形成钙质土，也可以形成酸性土；黄土母质既可以形成肥沃的黑垆土，又可以形成瘠薄风沙土等。因此，在研究分析母质对生物的分布和影响时，还要考虑其他因子，尤其是气候因子的综合作用和影响。

土粒是组成土壤的物理基础，它们的大小、组成、特性及其排列状况可影响土壤的理化性状，其作用十分重要。根据土壤机械分析，分别计算其各个粒级的相对重量，即为土壤的机械组成（或称颗粒组成），是土壤的一种较稳定的自然属性。土壤质地是根据土壤机械组成划分的土壤类型（图 2-5）。

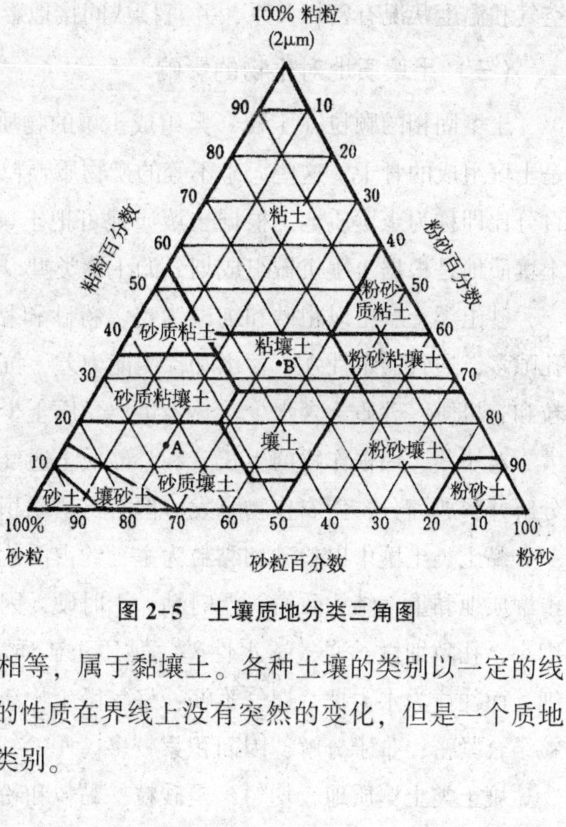

图 2-5　土壤质地分类三角图

在土壤质地分类图中，列出了土壤不同类别的颗粒比例。在三角形中的任何一点上，砂粒、粉砂和黏粒的百分数之和都是 100%。例如，A 点代表 15% 的黏粒，65% 的砂粒和 20% 的粉砂。这样的土壤样本按质地分类应是砂质壤土，而 B 点代表了土壤的三种颗粒的含量相等，属于黏壤土。各种土壤的类别以一定的线把它们彼此划分开来，尽管不同质地土壤的性质在界线上没有突然的变化，但是一个质地还是逐渐地变为另一类较粗或较细的质地类别。

（二）土壤组成与结构对生物的影响

土壤是岩石圈表面能够生长植物的疏松表层，由矿物质和有机质（土壤固相）、土壤水分（液相）和土壤空气（气相）三相物质组成。土壤水含有可溶性有机物和无机物，又称土壤溶液；土壤空气主要由氮气和氧气组成，并含有比大气中高得多的二氧化碳和某些微量气体；土壤三相之间是相互联系、相互制约、相互作用的有机整体，矿质土壤中固相容积与液相和气相容积一般各占一半，由于液相和气相经常处于彼此消长状态，即当液相容积增大时，气相容积就减少，反之亦然，两者之间的消长幅度在 15% ~ 35% 之间。按质量计，矿物质可占固相部分的 95% 以上，有机质占 5% 左右。土壤固、液、气三相的物质组成及比例，直接影响到土壤质地、土壤结构、土壤水分、土壤空气等土壤的物理、化学特性，并从而影响土壤肥力。

土壤结构则是指固相颗粒的排列方式、孔隙的数量和大小以及团聚体的大小和数量等。土壤结构可分为微团粒结构（直径小于0.25mm）、团粒结构（直径为0.25~10mm）和比团粒结构更大的各种结构。团粒结构是土壤中的腐殖质把矿质土粒粘结成直径为0.25~10mm的小团块，具有泡水不散的水稳性特点。具有团粒结构的土壤是结构良好的土壤，因为它能协调土壤中水分、空气和营养物之间的关系，改善土壤的理化性质。团粒结构是土壤肥力的基础，无结构或结构不良的土壤，土体坚实、通气透水性差，植物根系发育不良，土壤微生物和土壤动物的活动亦受到限制。土壤的质地和结构与土壤中的水分、空气和温度状况有密切关系，并直接或间接地影响着植物和土壤动物的生活。

（三）土壤质地对生物的影响

土壤固相的颗粒（土粒）是组成土壤的物质基础，它约占土壤全部质量的85%以上，是土壤组成的骨干。这些大小不等的矿物质颗粒，称为土壤的机械成分，机械成分的组合百分比即称为土壤质地。根据土壤质地可把土壤区分为砂土、壤土和黏土三大类，因此，土壤质地是根据土壤机械组成划分的土壤类型。

砂土类土壤中以粗砂和细砂为主，粉砂和黏粒所占比例不到10%，因此土壤黏性小、孔隙多，通气透水性强，蓄水和保肥能力差，抗旱力弱。砂质土的养分少，缺少保肥的黏粒和有机质；砂质土含水少，热容量比黏质土少，白天增温快，晚上降温也快，昼夜温差大，对块茎、块根作物的生长有利；砂质土通气好，好气微生物活动强烈，使有机质迅速分解并释放养分，使农作物早发，但有机质累积难，有机质含量低，土壤动物也少。

黏土类土壤中以粉砂和黏粒为主，约占的比例在60%以上，甚至可超过85%。黏土类土壤质地黏重，结构致密，湿时粘，干时硬，因含黏粒多，保水保肥能力较强，但因土粒细小，孔隙细微，通气透水性差。黏质土矿质养分丰富，有机质含量高；黏质土的孔隙细，而往往为水占据，通气不畅，好气微生物活动受抑制，有机质分解缓慢，腐殖质和黏粒结合紧密，难于分解，因而积累较多。

壤土类土壤质地较均匀，是砂粒、黏粒和粉粒大致等量的混合物，物理性质良好（既不太松，也不太黏），通气透水，有一定的保水保肥能力，是比较理想的耕种土壤，土壤生物也较多。

（四）土壤温度对生物的影响

土温是太阳辐射与不同结构和性质的土壤结合作用的结果。不同类型土壤有不同的热容量和导热率，因而表现出相对太阳辐射变化的不同滞后现象。这种土温对地面气温的滞后现象对生物有利，影响植物种子萌发与出苗，制约土壤盐分的溶解、气体交换与水分蒸发、有机物分解与转化。较高的土温有利于土壤微生物活动，促进土壤营养分解和植物生长，动物利用土温避开不利环境、进行冬眠等。

(五) 土壤水分与空气对生物的影响

土壤中的水分不仅可被植物根系直接吸收，而且其适量增加有利于各种营养物质的溶解和移动，有利于磷酸盐的水解和有机态磷的矿化，改善了植物的营养状况，还能调节土壤温度。但土壤水分过多或过少都对植物和土壤动物不利。土壤干旱不仅影响植物的生长，也威胁着土壤动物的生存。土壤中的节肢动物一般都适于生活在水分饱和的土壤空隙内，例如，金针虫在土壤空气湿度下降到92%时就不能生存，所以它们要进行周期性的垂直迁移，以寻找适宜的湿度环境。土壤水分过多会使土壤空隙中的空气减少，甚至造成缺氧使土壤动物窒息死亡；同时致使营养物质随水流失，降低土壤的肥力。此外，土壤中的水分对土壤昆虫的发育和繁殖力有直接影响，例如，东亚飞蝗在土壤含水量为8%~22%时产卵量最大，而卵的适宜孵化湿度是土壤含水3%~16%，含水量超过30%，大部分蝗卵就不能正常发育。

土壤中的空气成分与大气不同，其含氧量一般只有10%~12%，二氧化碳含量却比大气高，一般含量为0.1%左右。土壤空气中各成分的含氧量不如大气稳定，常随季节、昼夜、深度、土壤水分条件等而变化。在积水和透气不良的情况下，土壤空气的含氧量可降低到10%以下，从而抑制植物根系的呼吸和影响植物正常的生理功能，动物则向土壤表层迁移以便选择适宜的呼吸条件。当土壤表层变得干旱时，土壤动物因不利于其皮肤呼吸而重新转移到土壤深层，空气可沿着虫道和植物根系向土壤深层扩散。土壤空气中高浓度的二氧化碳一部分可扩散到近地面的大气中被植物在光合作用中吸收，一部分可直接被植物根系吸收。但在通气不良的土壤中，二氧化碳浓度常可达到10%~15%，不利于植物根系的发育和种子萌发。二氧化碳浓度的进一步增加会对植物产生毒害作用，破坏根系的呼吸功能，甚至导致植物窒息死亡。

四、土壤化学性质对生物的影响

(一) 土壤酸碱度对生物的影响

土壤酸碱度即土壤pH值，又称土壤反应，它对土壤的其他特性有深刻的影响。土壤酸碱度是土壤最重要的化学性质，因为它是土壤各种化学性质的合反应，对土壤肥力、土壤微生物的活动、土壤有机质的合成和分解、各种营养元素的转化和释放、微量元素的有效性以及动物在土壤中的分布都有着重要影响。土壤酸碱度常用pH值表示。

我国土壤酸碱度可分五级：pH<5.0为强酸性，pH<5.0~6.5为酸性，pH 6.5~7.5为中性，pH 7.5~8.5为碱性，pH>8.5为强碱性。

土壤酸碱度对土壤养分的有效性有重要影响，在pH 6~7的微酸条件下，土壤养分的有效性最好，有利于植物生长。在酸性土壤中容易引起钾、钙、镁、磷等元素的短缺，而在强碱性土壤中容易引起铁、硼、铜、锰和锌的短缺。土壤酸碱度还通过影响微生物的活动而影响植物的生长。酸性土壤一般不利于细菌的活动，根瘤菌、褐色固氮菌、氨化细菌和硝化细菌大多生长在中性土壤中，它们在酸性土壤中难以生存，很多豆科植物的根瘤常因土壤酸度的增加而死亡。真菌比较耐酸碱，所以植物的一些真菌病常在酸性或碱性土壤中发生。pH 3.5~8.5 是大多数维管束植物的生长范围，但生理最适范围要比此范围窄得多。pH<3 或>9 时，大多数维管束植物便不能生存。

土壤动物依其对土壤酸碱性的适应范围可区分为嗜酸性种类和嗜碱性种类。如金针虫在 pH 为 4.0~5.2 的土壤中数量最多，在 pH 为 2.7 的强酸性土壤中也能生存。而麦红吸浆虫，通常分布在 pH 为 7~11 的碱性土壤中，当 pH<6 时便难以生存。蚯蚓和大多数土壤昆虫喜欢生活在微碱性土壤中，它们的数量通常在 pH 为 8 时最为丰富。

土壤 pH 值对植物的生态作用主要表现在以下几个方面。

第一，直接影响植物的代谢。土壤过酸过碱都会引起酶和蛋白质的钝化和变性，但植物对外界溶液具有一定的调节能力，只要 H+浓度不超过其忍受极限，植物功能正常生长发育。

第二，土壤酸度通过影响矿质盐分的溶解度和微生物的活动，间接影响植物对养分的吸收。

第三，可以利用寄生物对 pH 值的不同反应，对植物病害加以控制。例如，棉花的根腐病，常发生在碱性土壤中，十字花科蔬菜的根肿病病菌则发生在酸性土壤中。

土壤微生物的活动、有机质的合成与分解、营养元素的转移与释放、微量元素的有效性、土壤保持养分的能力及植物的生长等，都与酸碱度有关。土壤 pH 对动物也有深刻影响，据调查，半沙漠的灰钙土、沙土和盐渍土，往往由于过酸过碱或盐度过高，土壤动物均较贫乏。根据植物对土壤酸度的反应，可以把植物划分为酸性土、中性土、碱性土植物生态类型。

（二）土壤有机质对生物的影响

土壤有机质是土壤的重要组成部分。尽管它在土壤中的含量比重不大，但它在土壤肥力、环境保护、农业可持续发展方面都有着很重要的作用和意义。土壤的许多属性，都直接或间接地与有机质的存在有关。土壤有机质之所以重要，一方面它含有植物生长所需要的各种营养元素，是土壤微生物生命活动的能源，对土壤物理、化学和生物学性质都有着深刻的影响。另一方面，土壤有机质对重金属、农药等各种有机、无机污染物的行为都有显著的影响，而且土壤有机质对全球碳平衡起着重要作用，被认为是影响全球“温室效应”的主要因素。

土壤有机质是土壤固相中较活跃的部分，它包括土壤中的微生物及动、植物残体的不同分解、合成阶段的各种产物。土壤有机质中化合物的种类繁多，性质各异，主要是非腐殖物质和腐殖物质两大类。非腐殖物质中主要是碳水化合物和含氮化合物。腐殖质是土壤有机质的主体，是土壤有机质中比较稳定的部分。土壤腐殖质对植物的营养有重要的作用。它是植物营养的重要碳源（CO_2）和氮源（NH_4^+或NO_3^-）。土壤中异养微生物的重要养料和能源是腐殖质。在腐殖质丰富的条件下，土壤微生物得以旺盛活动，对植物的生长极为有利。有的腐殖质中的胡敏酸还是植物生长的一种激素，可促进植物根系生长和植物的新陈代谢作用。

(三) 土壤矿质元素对生物的影响

土壤中含有几乎现已发现的 90 多种元素，都有可能被植物所吸收。但这些元素并不都是植物生长所需的。植物从土壤中所摄取的无机元素中有 13 种对任何植物的正常生长发育都是不可缺少的，其中大量元素有 7 种（氮、磷、钾、硫、钙、镁和铁）和微量元素 6 种（锰、锌、铜、钼、硼和氯）。还有一些元素仅为某些植物所必需，如豆科植物必需钴，藜科植物必需钠，蕨类植物必需氯和硅，藻必需硅等。植物所需的无机元素主要来自土壤中的矿物质和有机质的分解。腐殖质是无机元素的贮备源，通过矿质化过程而缓慢地释放可供植物利用的养分。土壤中必须含有植物所必需的各种元素和这些元素的适当比例，才能使植物生长发育良好。

土壤中的无机元素对动物的分布和数量也有一定影响。哺乳动物喜欢在母岩为石灰岩的土壤地区活动，生活在这里的鹿，其角坚硬，体重也大，这是因为鹿角和骨骼的发育需要大量的钙。含氯化钠丰富的土壤和地区往往能够吸引大量的食草有蹄动物，因为这些动物出于生理的需要必需摄入大量的盐。此外，土壤中缺乏钴常会使很多反刍动物变得虚弱、贫血、消瘦和食欲不振，严重缺钴还可引起死亡。

五、土壤生物的生态作用

土壤生物特性是土壤动物、植物和微生物活动所造成的一种生物化学和生物学特性。这个特性对于植物及其他生物的营养及生长发育也有十分密切的关系。而从土壤发生意义上来说，只有通过生物的生活活动，岩石表面的风化物才能转变为土壤。

(一) 土壤微生物的生态作用

土壤微生物是土壤生态系统中的分解者和还原者，它们使有机质腐烂，释放出养分，促成了养分的循环。土壤微生物直接参与土壤中的物质转化，能分解动植物残体，使土壤中的有机质矿质化和腐殖质化。矿质化作用是复杂的有机物分解为简单无机物的过程。矿质化的结果，释放出无机养分，供植物吸收利用。

腐殖质化作用是动植物残体经微生物分解为多元酚、氨基酸和糖类等中间产物，这些产物又在微生物分泌的酶的作用下进行缩合作用，再重新合成为含氮的高分子化合物——腐殖质，这就是腐殖化过程。腐殖质在土壤中比较稳定，利于养分积蓄。但在一定条件下（改善通气条件），它又会缓慢分解，释放出养分供植物利用。

此外，微生物的分泌物和微生物对有机质的分解产物如CO_2、有机酸等，还可直接对岩石矿物进行分解，如硅酸盐菌能分解土壤里的硅酸盐，并分离出高等植物所能吸收的K；磷细菌、钾细菌能分别分解出磷灰石和长石中的磷和钾。这些细菌的活动，也加快了K、P、Ca 等元素从土壤矿物中溶解出来的速度。

土壤中的固氮微生物有近 50 个属，主要包括细菌、放线菌和蓝细菌，目前研究最多的是与豆科植物共生的根瘤菌，主要有豌豆根瘤菌、三叶草根瘤菌和苜蓿根瘤菌等。在人工固氮工艺产生之前，土壤氮的主要来源是生物固氮，而固氮菌是其最主要的生力军。

微生物生命活动中产生的生长激素和维生素类物质，也直接影响植物的生长。如维生素 B_1、B_2 能促进根系生长，赤霉素能促进作物生长。

某些微生物在不同程度上，也具有抑制病毒和致病性细菌、真菌的作用，在一定条件下成为植物病原菌的拮抗体。

土壤中某些真菌还能与某些高等植物的根系形成共生体，称为菌根。菌根，即“真菌—植物根”，是专化的根生真菌和活植物形成的互生联合体，森林树木根和菌根根际是最重要的生物作用带。形成菌根的真菌称为根菌，具有菌根的植物称为菌根植物，植物供给根菌以碳水化合物。根菌帮助根系吸收水分和养分，尤其是林木对磷的吸收，不同的根菌作用也不同。有些真菌有固氮性能，有的根菌分泌酶，能增加营养物质的有效性；有的根菌能形成维生素、生长素等物质。

有些菌根真菌耐干旱、高温和酸碱，耐土壤瘠薄和有毒物质，从而提高林木的抗逆性。菌根结构像机械屏障，阻止、分隔病原菌的侵入，提高了林木的抗病性。

但是，土壤微生物对土壤肥力和植物营养也有不利的一面，如有些土壤微生物是引起植物致病的病原菌；在某些条件下，有些微生物的活动又能引起养分损失，如上述反硝化细菌，在通气不良的条件下，可引起氮的挥发损失；还有些微生物分解活动所产生的有毒物质或还原性物质，则有害植物生长。

(二) 土壤动物的生态作用

土壤动物是最重要的土壤消费者和分解者，种类多、数量大，除其残体作为土壤有机质的来源外，还参与了土壤腐殖质的形成和养分的转化，在土壤中起着重要的作用。在土壤中生存的动物种类有上千种，很多是节肢动物。非节肢土壤动物主要有线虫和蚯蚓。线虫是土壤中比较丰富的动物，主要生活在土粒周围的水膜中或植物根里。当土壤干燥或其他环境恶化时，它就形成包囊；当环境适宜后又重新活动。土壤中寄生性线虫寄生于许多植物，包括小麦、番茄、豌豆、大豆、胡萝卜、苜蓿、果树等根部。植物根部被寄生的反应是多种多样的，可形成虫瘿，或成为结节，或为畸形根。蚯蚓是定居在土壤中最著名的类群。这类生物喜欢湿润的环境和丰富的有机质。因此，通常蚯蚓多居住在黏质、有机质含量高和酸性不太强的土壤里。显然，蚯蚓的数量和作用在不同的地块是有差异的。它们打洞，夜晚出来吃植物有机质。有的蚯蚓靠吞食土壤中的有机物质而生活。它们的活动使土壤与有机物紧密混合。此外，孔道的形成、粪粒的产生，也使得土壤更疏松多孔。

土壤动物中很多是节肢动物，其中最重要的有螨、蜈蚣、马陆、跳虫、白蚁、甲虫和蚂蚁等。在所有的土壤动物中，分布最广、种类最多的是螨类和弹尾目昆虫。

螨类是中型土壤动物的代表，土壤螨类多属于 4 个亚目，即隐气门亚目、前气门亚目、中气门亚目和后气门亚目。大多数隐气门亚目的螨类是植食性的，取食粪肥和分解的植物残体，有的是尸食者。其他各亚目的螨类食性极杂，有的捕食线虫、昆虫卵和其他小动物，有的取食真菌菌丝体和孢子，还有的是寄生。螨类在土壤中的种群数量有明显的季节性，它们粉碎和分解有机物质，并把有机物质运到较深的土层中去，起到了维持孔隙、改善土壤性质的作用。

在森林土壤表层里栖居着许多原生动物，如鞭毛虫、变形虫、纤毛虫和根足虫等，它们靠噬食细菌生活，其中包括固氮菌。这样就削弱了土壤中氮元素的积累，但是这些动物的分泌物对土壤却又有肥化作用。

（三）植物根系的生态作用

土壤不仅是动物和微生物生活的重要场所，也是植物固着生活的场所。成千上万的植物根系，尤其是庞大须根系增加了土壤的空隙度和通透性，增加了土壤腐殖质，促进了良好土壤结构的形成，有利于其他植物、好气性微生物和其他土壤小型动物的生长。植物根系在生长代谢过程中产生的许多能量物质和生长物质，是土壤微生物生活的物质来源，因此植物根系附近生长着很多土壤微生物，即所谓的根际生物群，有的根际微生物与根系形成了典型的共生体，如根瘤和菌根。土壤微生物又有利于植物对矿质营养的吸收，促进根系的生长。另外植物根系可分泌一些活性次生代谢物质，可促进或抑制其他植物或土壤动物、微生物的生命活动。

第六节　生物与大气因子

一、空气主要组成成分的生态作用

大气是指地球表面至高空 1100 千米或 1400 千米范围内的空气层，在大气层中，空气的分布是不均的，越往高空，空气越稀薄。地面以上指平流层的 12 千米范围内的空气层，其重量约占空气总重量的 95% 左右，这一层的温度上低下高，产生活跃的空气对流，形成风、云、雨、雪、霜、雾等各种天气现象，通常把这层空气称作对流层，与生物关系非常密切。这层空气的成分比较稳定，按容积计算，在标准状态下（0℃，760 毫米汞柱，干燥），氮约占 78%，氧约占 21%，氦、氖、氩、氪、氙、氢、氨、甲烷、臭氧、氮氧化物等约占 0.94%，CO_2 约占 0.03%，影响生物生长的主要大气成分为 N_2、O_2、CO_2，它们与生物的关系密切。

(一) 氧气 (O_2) 的生态作用

大气中的氧气主要来自于植物的光合作用，只有少部分来源于大气层的光解作用，即在紫外线的照射下，从水汽中分离出氧。氧是生物生存必需的物质，生物所需要的能量，主要靠氧化代谢产物，有氧呼吸是真核生物发展壮大和加快进化速度的重要条件之一。没有氧，一切生命活动都很难进行下去，尤其是高等生物。

空气中氧的数量，一般来说是能够满足生物生长需要的。但在土壤中，由于植物根和其他土壤生物的呼吸作用，消耗了大量的氧气，积累了很多的 CO_2（表 2-2)，如果土壤板结、通风不良，氧气得不到及时的补充，就会使植物无氧或缺氧中毒，导致烂根，削弱能量和物质的交换，影响生长，对其他土壤生物的生长也会造成危害，如刺槐的根系，当土壤氧气低于 10%时，则不发新根。为了保持土壤中氧的充分供给，要经常采取科学的耕作管理措施，培肥土壤，培育良好的土壤结构，提高土壤的通透性，有利于土壤和大气间的气体交换，改善土壤大气质量。在水产养殖上，往往用增氧设备来改善养鱼池溶氧不足的问题，促进鱼类的生长。

表 2-2　土壤空气与大气组成的差异（容积比）

气体	O_2（%）	CO_2（%）	N_2（%）	其他气体（%）
近地表的大气	20.94	0.03	98.05	0.98
土壤空气	18.0~20.23	0.15~0.65	78.8~80.24	0.98

氧的另一个重大作用，就是在太阳紫外线的作用下，大气层中的氧分子和具有高度活性的氧原子结合成臭氧分子（O_3），在大气上空形成一个臭氧层，臭氧层能吸收过滤掉紫外辐射中破坏性最强的波段（0.22~0.32μm)，保护地面生物免受紫外线的伤害。

(二) 二氧化碳 (CO_2) 的生态作用

CO_2 是光合作用的主要原料，CO_2 浓度的高低是影响植物初级生产力的重要因素。植物的光合强度与 CO_2 浓度密切相关，随着空气中 CO_2 浓度的升高，光合作用强度也随之加大，直至达到光合作用的 CO_2 饱和点。如欧洲山毛榉、欧洲云衫、欧洲冷衫、欧洲赤松等，当 CO_2 浓度加大到 5~8 倍时光合强度达到高峰，再增加 CO_2 浓度则光合强度下降，主要是由于 CO_2 浓度过大，迫使气孔关闭，光合强度开始下降。农业生产中增加土壤有机肥是提高土壤和地表 CO_2 浓度的有效方法，在大棚生产中，可人工施放 CO_2。

在 CO_2 饱和点时的光合速率叫作潜在光合能力，与 CO_2 饱和点相比，大气中的 CO_2 浓度很低，一般达不到 CO_2 饱和点，所以 CO_2 缺乏是限制产量的主要因素。C_4 植物的 CO_2 补偿点较低，C_3 植物则较高，C_3 植物的 CO_2 饱和点较高，而 C_4 植物的较低。因此，增加空气中 CO_2 浓度来提高植物对 CO_2 的固定时，C_3 植物提高的效果比 C_4 植物要强。但 CO_2 浓度并不是越高越好，在高浓度 CO_2 环境下，作物的光合速率最初受到促进，经过一定时间后光合速率可能恢复到以前 CO_2 环境下的水平，甚至下降。长期生活在高浓度 CO_2 环境下，可导致植物光合能力下降，这种现象称为对 CO_2 的光合驯化，导致植物光合能力下降的原因可能是过多的同化产物积累所造成的，这种现象被称为光合产物的反馈抑制。

二、风的生态作用

空气通常是在运动着的，空气在水平方向上的运动现象就是风。风既有速率，也有方向，通常用风速和风向表示。风会促使干冷和暖湿空气发生交换，常是天气变化的重要因素之一，风在作物与大气之间进行热量、二氧化碳和水分的物理交换中起着重要的联系作用，风向的不同，风力的大小，具有不同的生态意义。风级大小不同还会影响植被的形状，同时风还能制约环境中温度、湿度以及 CO_2 浓度，从而间接影响生物的新陈代谢作用。风在一定程度上影响了动植物的地理分布和生活方式。风既是一种重要的自然能源，又是风蚀的动力，风蚀使土壤质地变粗，甚至基岩裸露，是引起沙漠化的主要原因。风还起着风媒、风播作用。但狂风也会刮倒树木、摧毁房屋、毁坏农田和森林等。

因此，风在生态系统中起着重要的作用和影响，是生物生长的重要生态因子。

(一) 风的类型

1. 季风

这种风一年有两次变向，夏季从大洋吹向陆地，冬季则从陆地吹向海洋。季风的成因是大陆和海洋在一年中增温与冷却的差异。夏季时大陆较洋面增热强烈，冬季则大陆较洋面冷却强烈。洋陆之间的温度差异造成了气压分布的差异。大陆上夏季为低压区，冬季为高压区；但洋面上则相反，夏季为高压区，冬季为低压区。因此，夏季气流从洋面流向大陆，成为海洋季风；冬季则从大陆流向洋面，成为大陆季风。冬季风来自干燥寒冷的极地和副极地大陆气团，在该气团控制下，天气晴朗而干燥；夏季风来湿润温暖的热带或赤道海洋气团，在该气团控制的地方则多阴雨天气。夏季季风的强弱及来去的迟早，对一地区的雨量多少、雨季长短影响很大。在夏季季风强盛的年份，我国华北多雨，华中、华南多旱；反之夏季季风较弱的年份，则华北主旱，华中、华南主涝。我国东南部地区有明显的季风。

2. 水陆风

海岸与湖岸上的风称为水陆风。这种风每昼夜变向两次，日间自海中吹向陆地，夜间则相反。在低纬地方全年均有水陆风发生，而在中纬度和高纬度地区通常都发生于温暖的季节中。水陆风对植物的生长发育和分布均有影响。

3. 山风和谷风

在晴朗和干燥的天气里，山中有山风和谷风的正常交替现象。日间风从谷中吹出（谷风），夜间则从山上吹入（山风）。南向的山坡上，谷风最为显著。产生谷风的原因是山坡上空气的增热，比同一高度上自由空气的增热要强烈得多。因此，日间空气顺山坡上升，夜间则空气由于冷却的缘故而变得稠密，顺山坡向下流入谷地中。

4. 焚风

当气团运行中，被山系阻隔，气团被迫沿迎风坡面上升时就产生水汽凝结，而放出凝结潜热。这种空气上升是按湿绝热减温率即气流每上升 100 米，温度减小不到 1℃。当气流翻过山顶在另一面下降时，按绝热增温率即气流每下降 100 米，温度增加 1℃。同时由于气流在迎风面被迫上升凝结降雨后，使空气湿度减少，当气流在背风面下降绝热增温时，形成高温干燥的焚风。

5. 寒露风

寒露风指我国南部地区在寒露节令前后，晚稻扬花期间，北方冷空气南侵带来短时期的风力较大和低温、干燥，或者是低温阴雨天气的偏北风。寒露风带可使平均气温下降 4℃ ~8℃，这种风对晚稻或其他作物是一种灾害性天气，对农作物影响很大。

6. 台风

气旋不仅发生在温带纬度，也发生在热带。产生在热带的气旋称为热带气旋。热带气旋面积小，压力梯度大。因为压力梯度大，所以风速很高，能达到 40m/s 以上。热带气旋通常有极凶猛的狂风、暴雨、巨浪和暴潮。热带气旋产生在一定的热带海洋区域内，在移向大陆时很快地消失，在中国南海形成的热带气旋称为台风。

热带气旋在沿海地区有很大的破坏作用。摧毁庄稼，拔树倒屋，引起山洪暴发，海水倒灌，是农业上灾害性天气之一。特别是 6~7 月份早稻抽穗成熟期和 9 ~ 10 月份晚稻抽穗开花期，台风影响更大，减产严重。但台风也是当地的主要降水来源之一，它对全年降雨量和减轻夏秋干旱有明显的作用。

7. 干燥风

在温暖季节里有一种风带来热而干燥的空气，这种空气能够在短时间内就使植物受害。植物受到这种风的影响后，它蒸发所损失的水分超过它根系所吸收的水分，因而破坏了植物体内的水分平衡。这种风称为干燥风。植物受干燥风危害的表现是迅速地凋萎，叶子发黄和枯干，以及由于种子提早干燥而变成瘦瘪的种子。

(二) 风对区域环境的影响

台风、寒露风和干热风都是大尺度气团引起的，对大范围的空气交换、热量交换、降水、水分蒸发、温度、湿度等进行调节和影响，制约着区域环境的变化。

在我国季风区，冬季气流来自蒙古高压带，形成冬季偏北的冬季风，气温低，天气晴朗而干燥，往往形成寒潮，是我国冬半年常见的天气。夏季风来自湿润温暖的海洋，在季风控制的区域温暖多阴雨天气。夏季风来得早迟、强弱，对这一带地区的降雨量和降水时间影响很大。海风和台风带有水蒸气，可以增加雨量，而陆风和谷风则比较干燥。

（三）风对生物的影响和生物的适应

1. 风对植物的影响和植物的适应

风对植物的作用是多方面的。风对植物生长的影响，主要表现在多风的生境中。某些正常情况下能直立的植物，往往会变得低矮、平展。若受强风、干风的影响，植株还会变矮。例如，风速为 10 米/小时区的树木生长量要比 5 米/小时区的少 1/2，比静风区生长的植物少 2/3。玉米试验的结果也证明，风速增加，会引起叶面积的减少，节间缩短，茎的总量减少，造成植物的矮化。强风还会使农作物倒伏、折断、遭受机械损伤；造成落花、落果、落铃和落荚。强风还会造成植株摩擦损伤，致使病菌易于侵入产生病害，如水稻的白叶枯病。

在高山、风口常可看到由于风力的作用，有些树木形成畸形树冠，常称为“旗形树”。这是因为树木向风面生长的叶芽受到风的袭击、摧残或过度蒸腾而引起局部伤损。背风面由于树干挡风，枝叶生长较长。这种旗形树枝条的总数都比正常树的枝条少得多，光合作用也随之下降。植物在强风的影响下，又常形成树皮厚、叶小而坚硬的特点，以减少水分的蒸腾。所以，风严重地影响了这些树木的生长。

风同时也蕴藏着巨大的动力，是人类可利用资源之一。风是许多植物的花粉和种子的传播者。许多禾本科作物和森林树种的传粉是靠风作媒介的，这类植物称为“风媒植物”。这类植物花的数量很多，一般色泽并不鲜艳，花粉小，数量很大。如每株玉米平均花粉数约有 6000 万个之多。果树虽大多数是虫媒花，但也能借助风力进行授粉。

有些植物借助风力传播种子和果实。有的种子或果实很轻，如兰科、列当等植物的种子重量大约只有 2×10^{-6}克。有的具有冠毛、翅翼或特殊的风滚型传播体，借助风力扩散到很远的地方。

风可以调节农田和其他植被层的小气候状况，影响空气中 CO_2 等成分的物流交换，增强地面空气的热量交流，有利于光合作用的进行；在强光高温下，微风可加速蒸腾降低植物叶面的温度，促进根系吸收养分和水分。

2. 风对动物的影响和动物的适应

（1）风影响动物的地理分布。主要表现在能飞行的类群上，在经常大风的地区，飞行动物的种类往往贫乏，只有最擅长飞行或根本不会飞的动物才能保存下来。在风势强劲的地区，不仅昆虫数量少，而且以昆虫为食料的蝙蝠的种类也贫乏，数量也较少。例如，有宽阔翅膀的蝙蝠、菊头蝠鼠耳蝠等主要分布在风力较小的森林里，只有长翼蝠等飞行较快的种类才能到风力强劲的地区生活。由此可见，风也是一个选择动因，在一定程度上直接影响动物区系的组成。

（2）风对动物形态和行为的影响。在多风的沿海地区、海岛、高山等多风地带的昆虫，大多数无翅，如西藏多风高山草甸上的蝗虫都是无翅的，而生长在低海拔和弱风上的都属有翅型。栖于开阔多风地区的鸟兽常有致密外皮保护，羽毛较短、紧贴体表。生活在强风地区的动物，经常在挡风处营巢。许多昆虫专门选择晴朗无风天气，在空中交尾，如遇有风天，则无法完成交尾。用诱虫灯诱扑昆虫，无风比有风天捕获量大，风级越大，诱扑数量越少。

(3) 风影响动物的传播和迁移。风是许多无脊椎动物的传播动力，可把昆虫和小动物传播很远。1949 年 10 月 23 日，美国路易斯安那州某镇曾降鱼雨，长 5~23 厘米的鱼从天而降，这是暴风和龙卷风从附近湖里把鱼吹送上天的。恒风常是害虫向一定地区传播的媒介。风能将侵染中心的害虫，吹至很远的地区，引起虫害大发生，原受害区，由于吹走了大量雌虫而减低了危害程度。许多昆虫的迁移决定于风和天气特征，其飞行方向与风向一致，则风速大小决定其迁徙距离的远近。

三、植被的防风作用

(一) 植被的防风固沙

植被的防风固沙作用是非常明显的，一方面它增大了地面的粗糙度，降低、减缓了风的强度和局地小气候，减小了风的破坏力；另一方面增加了地面的覆盖度，保护地面免遭风蚀破坏。如森林的枝叶可以挡风，据观测表明，如果森林高度较高，在迎风面 100 米内，背风面 500 米甚至1000米内，风速都会减小。风速降低减轻风蚀危害，同时根系可以固沙，因此森林能起到防止农田被风蚀、沙压等作用。我国“三北”防护林带的建设，有效地防止了风沙内侵，对保护和发展“三北”农牧业产生了明显的效益。

近年来，我北部地区沙化日趋严重，风沙危害越来越频繁和猛烈，沙尘暴经常出现，强度和范围也越来越大，其重要原因之一就是森林的乱砍滥伐、草地乱垦过度放牧造成的。这也从另一个方面证明了森林、草地等植被的重要生态意义。因此，人类对森林草地等植被开发利用必须合理，必须提倡退耕还林、还牧。无论是南方或北方草场，必须注意放牧不能过度。在南方坡度较大、水土流失的地方，必须造林，实行以林为主，农、牧、林结合，防止水土流失，做到资源永续利用。

(二) 农田防护林

防护林有防御自然灾害、防风固土、涵养水源、净化大气、减少污染等作用。农田营造防护林的目的是改善农田生态环境，提供木材和燃料资源，促进农业持续增产。防护林有防护林带和防护林网两种类型。

农田防护林带是在农田基本建设的基础上，根据沟、渠、路设计和营造，尽量做到不减少耕地，又兼收防护效果，这是平原农业造林的方向。

农田防护林网是由防护林带、间作林和片林（果林等）所组成的农田防护林体系。

1. 农田防护林的效应

(1) 防风效应。防护林带的最大效应是防风。防风林能减弱风力，降低风速，减少风害。其效应主要决定于林木植物的排列、植物体形的大小和枝叶的茂盛程度等。

防风林减低风速的一般作用，在距林缘几百米处，风就开始减速。一般来说，距其200米处为旷野风速的85%，100米处为旷野风速的68%，5米处只有旷野风速的32%。当风进入林带后，风速立即减小。在林内30米处风速减少一半，90米处只有原来风速的20%，到200米处只有3%~5%。

林带的防风效应与植物群落结构、紧密程度、个体的排列、高度、宽度、横断面形状以及风速、风向、近地层的热层结构和地表等因素有关。在防护林的研究中，常把疏透度（林带孔隙总面积与林带高度所占的总面积之比）作为林带防风效果的主要参数。它不仅反映林带结构的直观特征，而且能有规律地反映林带的动力效果。同时，还能反映生产上的作用。

防风林的效应还与树高成正比。防风林愈高，防风的范围愈广，效果愈好，但防风效率最大限于树高的10倍处；在25倍树高的范围内，防风效率仍很显著；其后随着距离的增加逐步恢复原风速。

防风林有三种不同林带类型，即紧密林带、疏透林带及通风林带。其中以紧密林带效果较差，疏透林带防风效果较好，而以通风林带防风效果最佳。

（2）温度效应。林带对温度的影响比较复杂，与林带的结构、天气类型、风速等因子有关。大量资料表明：在林带间隔很大的情况下，网格内（林带附近除外）温度状况和旷野差异不大。晴朗的天，林带网格的上下层之间交换较弱，气温稍高于旷野。夜间，林带的存在加强了辐射冷却作用，阻碍了上下层空气交换，林网内气温稍低于空旷地。

在冷平流天气条件下，林带网格内任何时候的温度均比空旷地高。据测定：在冷空气入侵时，林网内一般增温0.3~1.0℃，尤其是白天更明显，中午前后几小时增温达2.4~2.8℃。在暖平流天气条件下，林带有降温作用。不论是最高、最低还是日平均温度都比空旷地低，特别是在干热风天气条件下，林带可降低温度1.0~2.0℃。

（3）湿度效应。由于林带有效地减弱了风速和乱流交换，网格内农田里作物蒸腾和土壤蒸发出来的水分较长时间停留在近地气层中，稳定了空气中的含水量，因此，近地面的绝对湿度和相对湿度通常比旷野高。尤其是在干热风出现时，这种作用效果就更加明显。此外，林带能够涵养雨水，增加积雪的厚度，减少地面径流，降低地下水位等。

（4）胁地效应。林带对农田小气候的改善是明显的，对农业的高产稳产和农林环境的改善都有着很重要的作用。但林带也有有弊的一面，这就是胁地效应。林带的胁地效应与林带的大小、疏密、树种结构、作物种类等都有直接的关系。但据研究，一般除林缘四周有一狭窄的减产区外，总体看还是增产的。据河北对小麦产量调查后认为，从整个林网面积看，减产面积占23%，平产区占22%，增产区占55%。

2. 防风林的具体效益

防风林有多种效益，其主要有以下几种。

（1）变沙荒为绿洲。新疆维吾尔自治区火焰山南麓，原是“炎风吹沙不生草”的地方，经过植树造林，逐渐形成了一片 4×10^3 平方公里（6000 亩）的沙中绿洲。

（2）减轻台风危害。台风是风速大、破坏性强的害风。我国沿海一带常受其害。营造防风林可明显减轻其危害。

（3）提高农作物产量。林木的阻挡，使风速大降。一方面减少了风对农作物的损伤，免除倒伏和折断；另一方面也减少了土壤和农作物过量的蒸发、蒸腾等作用，增加了农作物的产量。

第七节　生物与地形因子

地形是间接因子，它不直接提供物质和能量，但可以通过对光照、温度、水分和养分等的重新分配而起作用。在山地条件下，地形对生物的影响更为明显。

地形是地球表面各种形态的总称，通常和地貌是同义语。大陆与海洋是地球上最大的地形或地貌单元。大陆地貌的类型，一般分为山地、丘陵、平原、高原和盆地五种类型。

一、主要地形要素的生态作用

平原的气候因子符合地带性规律，只有地理纬度的改变才会发生根本性的变化。一种植被类型过渡为另一种类型，一种物候期过渡为另一物候期，常有数千米到数百千米的距离。但山地的情况不同，中小地形的综合配置，地形错综复杂，导致综合环境条件的多样性，各气象要素及其综合状况都随着海拔高度、坡向、坡位和坡度等地形因子的变化而变化。结果，在山地条件下，在不大的范围内就会出现气候、土壤和植被的差异，可以看到不同的植物组合或同种植物的不同物候期。

（一）坡向

一般坡的方向分四向，即北坡（阴坡）、南坡（阳坡）、东坡（半阴坡）和西坡（半阳坡）。不同坡向太阳辐射强度和日照时间不同，在北半球，北坡日照时间短，辐射强度也较小。在一定坡度范围内，南坡所获得的辐射总量比水平面多，其所获得的总光量为北坡的 1.6~2.3 倍。就广大中纬度地区来说，南坡较北坡有温度高、湿度小、蒸发量大、土壤风化强的特点，因而，一般土壤有机质少，也较干燥和瘠薄，是喜光、旱生生物种的适生环境。北坡则多耐寒、耐阴、喜湿的生物种。但是，在低纬度地区，南北坡生境的差异随着纬度的降低而变小，以至消失。

在山的迎风面，由于气流的强烈上升，造成大量的降水，成为“雨坡”，而在背风面，又会产生焚风效益，对植物生长影响更大。

南北坡综合环境条件的差异，还使生物种的垂直分布发生一定的变化。如同一树种和森林类型的垂直分布在北坡常低于南坡，而在同一海拔高度，南坡的植物成分中常有较南

（喜暖）的植物成分，北坡的植物种则常有较北（耐寒）的植物分布。在植物种分布区内，北方的植物种在其南界可分布到山的北坡，南方的植物种在其北界可分布到山的南坡，南坡是南方植物种的北界，北坡是北方树种的南界。这种现象在地形起伏较小而植被破坏不大的平原孤山表现最为突出。

东坡和西坡的生态条件界于南坡和北坡之间，但东坡较接近于北坡，常称为半阴坡，西坡接近于南坡，常称为半阳坡。

（二）坡位

坡位是指山坡的不同部位。一般将山坡区分为上坡（包括山脊）、中坡（即山腹）和下坡（包括山麓）三部分。有时还将山脊与上坡分开，下坡与山麓分开，把一个山坡划分为山脊、上坡、中坡、下坡和山麓五部分。坡位体现了相对高度的差异。

山坡有凸形的、凹形的和直形的三种形态。凸形山坡易受强风侵袭，容易产生侵蚀和风化，土壤较干燥，也较浅薄；凹形坡比较挡风，易于积聚土壤而少受侵蚀，土壤较湿润，土层也较厚。在一个山坡上，山脊和上坡常是凸形的，中坡则可能是凹凸相间的复式坡面。下坡通常是平直的，因此，坡位的变化使得阳光、水分、养分和土壤条件也呈规律性的变化：从山脊到山麓，坡面的光照不断减少，水分和养分则逐渐增多，整个生境向阴湿的方向发展，土壤逐渐由剥蚀过渡为堆积，土层厚度、有机质含量、含水量以及各种养分的含量，都随着相对高度的降低而增加。因此，在天然植被很少受干扰的坡面上，可以看到从上坡到山谷分布着对水肥条件要求不同的一系列树种。喜肥沃湿润的树种分布于坡的下部，耐瘠薄干旱的树种分布于坡的上部，这种情况在陡坡尤为突出，在其上部往往只能生长杂草和灌木。

（三）坡度

坡度是指坡面的倾斜度。一般分为六级，即平地（5°以内）、缓坡（6°~15°）、斜坡（16°~25°）、陡坡（26°~35°）、急坡（36°~40°）和险坡（41°以上）。不同坡度的山坡，因太阳投射角不同，其所得到的太阳辐射也不同，气温、土温及其他生态因子也随之发生变化。但是坡度主要影响还是水土流失：坡度愈大，水土流失愈多，从而使土壤变得浅薄而贫瘠。实验证明，水的流速与坡度、坡长成正比，即坡度愈大、坡面愈长，水的径流速度也越大，它所能带走的泥沙量也就越多。这样，在凸形坡面上，坡长与坡度同时增加时，下坡将会受到强烈的侵蚀；在凹形坡面上，因上坡陡而下坡较平缓，中坡受侵蚀最剧烈，下坡较轻。

一般说来，平坦地土壤深厚，宜于农作物和喜水肥的树种生长，但在高纬度地区，如地下水位高或排水不良，则易于沼泽化。缓斜坡一般土壤肥沃，排水良好，宜于林木生长。陡坡土层薄、石砾多、水分供应不稳定，只有少数树种能生长，一般生长较差，林木生产率低。在急险坡上，常发生滑坡，基岩裸露，林木稀疏而低矮。

(四) 海拔高度

海拔高度也叫绝对高度，是山地地形变化明显的因子之一。气温、降雨等生态条件，随海拔高度的变化而呈明显的规律性变化。气温随海拔高度的增加而降低，一般海拔每升高 100 米，温度降低 0.6℃；在一定高度范围内，空气温度和降水量也随海拔高度而增加，但超过一定范围后，降水量又有所下降。由于山地气候的垂直地带性变化，土壤在山地也呈垂直带状分布，生物和农业生产也呈垂直带状分布。

但应该指出的是，纬度的气候带里，这种垂直地带性的变化是有差别的。

二、以地形为主导因素的特殊环境对生物的影响

(一) 山脉走向对生物的影响

焚风是气流越过山岭时，在背风坡绝热下沉形成的干而热的风。我国许多地区都会出现焚风，如石家庄位于太行山东麓，当偏西气流越过太行山时，就会出现焚风。据统计，焚风出现时，石家庄的日平均温度提高 10℃左右。

焚风对生物生长有利也有弊，焚风出现时，在短时间内气温急剧升高，湿度迅速下降，蒸腾加快，引起植物脱水甚至枯萎死亡，造成农作物减产甚至绝收。另外，还能引起森林火灾、高山雪崩等。但焚风能提高温度，促使初春融雪，提早春耕，有利于作物生长。在秋季，焚风还能使作物早熟。

在山区出现的随昼夜交替而转换方向的风。白天风由山谷吹向山顶，称为谷风；夜间风由山顶吹向山谷，称为山风，总称为山谷风。山谷对当地的小气候会产生一定的影响，白天谷风可将谷地的水汽带到山顶附近成云致雾，这就是山坡云雾多的主要原因；夜间山风把山上的冷空气带到谷地，引起谷地气温降低，冷空气在谷底堆积，而出现霜冻。

(二) 河流走向对生物的影响

海岸附近，在晴稳天气时，白天风由海岸吹向陆地称为海风，夜间风由陆地吹向海洋称为陆风。这种在沿海以日为周期随昼夜交替而变风向的风，称为海陆风。在内陆大型水域附近，如湖泊、水库以及大的江河附近，也有类似的水陆风。

海陆风，通常是海风强陆风弱，海风最大时速可达 5~6 米/小时，可深入陆地 50~100 千米，影响范围大；陆风只有 1~2 米/小时，深入海洋仅 10 千米，影响范围小。海风可以从海上带来大量水汽，使陆上空气湿度增大，温度降低，故夏日滨海地区不十分炎热，有利于生物的生长。而在大型水库水域附近，由于水陆风的出现使得夏季成为避暑胜地，冬季有利于作物安全越冬。

(三) 高原气候对生物的影响

高原气候是因高原地形影响而形成的气候。高原大气层厚度薄、密度较小，空气较干洁，光照强度，尤其是紫外线辐射较强烈，白天和夏季强烈增温，往往成为一个巨大的热

源，夜间和冬季有效辐射强烈，成为冷源。所以，高原的气温日变化显著。大部分地区地面温度日较差比同纬度地区大 1~2 倍。如青藏高原的昌都，1 月和 7 月的气温日较差分别为 18. 7℃和 14. 4℃，而成都则为 5. 4℃和 7. 0℃，气温年较差也大。但在低纬度高原上夏季气温不高，冬季也不寒冷，四季如春，如我国的云贵高原。

此外，高原上阳面和阴面的气温也相差悬殊，对降雨也有明显的影响，一般在迎湿润气流的高原边缘有一个多雨带，而高原内部和背湿润气流的一面雨量较少。如青藏高原南麓印度的乞拉朋齐，平均年降水量 11 429 毫米，而高原腹地和西沿、北沿的年降水量都只有 100 毫米以下。另外，青藏高原还具有光照强、风力大、多大风、雷暴和冰雹等气候特点。

高原气候的垂直带状分布对动植物的生长和分布有很大影响。我国川西高地东侧，在海拔 200~400 米的江河两岸为副热带雨林；400~1500 米为常绿林；1500~2000 米为半常绿或落叶林；2000~3000 米为阔叶针叶混交林；3800~4000 米为针叶林；4000~4500 米为高山灌木；4500~4800 米为高山草原；4800~5300 米为地衣冻原；5300 米以上终年积雪。

第八节　生物对环境的综合适应及影响

一、生物对环境的综合适应

生物为了适应环境的变化，从形态、生理、生化等方面做出有利于生存的改变叫生态适应。生物的生态适应性是生物在生存竞争中为适合环境而形成的特定性状表现，是生物与生态环境长期相互作用的结果。生物有机体或它的各部分，在环境的长期相互作用中，通过生态适应形成了一些具有生存意义的特征。依靠这些特征，生物能免受各种环境因素的不利影响和伤害，同时还能有效地从其生境获取所需的物质、能量，以确保个体发育的正常进行。生态系统中各种生物有机体，通过适应性的长期积累，越来越有效地利用着地球上的资源。适应现象在生物中普遍存在。

（一）生态适应方式及机制

1. 形态适应

地球上生物形形色色，有肉眼看不到的单细胞细菌，有复杂有序的组织器官构成的高大的植物和动物，有的生物外表光滑，有的生物体表革质或被覆体毛。生物的外貌和内部结构是生物长期进化适应环境的结果，具有重要的生态学意义。特定环境下的生物都有自己特定的形态结构。如生物从海洋向陆地转移进化的过程中，动物骨骼和植物维管系统的形成具有重要意义，一方面支撑动物能在陆地上自由运动，使植物直立于陆地上，并能有效地吸收和输送土壤中的水分和养分；另一方面有利于生物各器官在空间上合理配置，扩大对空间资源和其他资源的占有能力。动物的基本外貌是器官内卷，外表光滑，以利于整体运动，从而获取高质量、不匀质的资源，或者方便逃避敌害。植物及其他一些获得分散资源的生物的器官是外展的，它们尽量分杈以占据更多空间，获取尽可能多的资源。高山、冻原植物呈匍匐状或莲座状是对低温的适应；沙漠植物叶片退化为针状或刺状是对高温干旱环境的适应。外貌不仅指生物体的外部形状，还包括颜色、质地、图案等。许多动物体表颜色和花纹通常是种内个体间相认或者种间关系的重要信息，特别是有相当一部分生物有保护色、警戒色及拟态等。不同植物种类的体表质地往往也不一样，适于干旱环境下生长的植物叶片往往是革质或蜡质的。

2. 行为适应

生物各种行为的共同特征是具有适应性，即这些行为通常有利于生物的生存和繁殖。行为最常见于动物，是动物应付环境变化的主要手段。植物中也有一些行为，如向光性、趋肥性、落叶休眠等，是对非均匀性环境资源利用和低温、干旱等不良环境条件的适应。动物的行为相当复杂，如觅食行为、生殖行为、社会行为、防卫行为、领域性行为、迁徙行为等都有重要的生态意义。觅食行为是动物最常见和最基本的行为。自然选择总是使动物在觅食过程中，能够以最小的能量消耗和最小的风险得到最丰盛的食物，这种行为即是最合适的摄食行为。动物所采用的最佳觅食对策通常包括选择最适食谱、最有利的生态小区或最好的食物处理方式。如北极冻原的北极狐在夏季将猎获的食物（北极熊吃剩的动物残体和海鸭蛋）留存一部分，埋在冰雪下以备食物缺乏而漫长的冬季享用。有些鸟类、鱼类、哺乳动物、昆虫等的迁移是为了躲避不良的环境条件，寻找更好的觅食地。如飞蝗、旅鼠在食物缺乏而种群密度特别高的年份，就会大规模向外迁出。动物为了延续后代，往往选择能够适应环境的生殖策略。如许多蚜虫营兼性孤雌生殖，在春夏季，它们营无性繁殖，连续数代产生的全是雌虫，这是回避进行减数分裂消耗能量的对策；而当秋季不良气候来临时，就产生有性世代，通过两性个体的交配、产卵，以度过不良气候的冬季。动物的适应行为在自然选择进化过程中可积累遗传给后代。

3. 生理生化适应

环境胁迫首先会影响生物代谢过程的协调，因此生物在进化适应过程中，在组织、细胞甚至分子水平上形成了许多生理生化的适应机制。如在干旱、高温、低温环境中，有些生物通过增加细胞液中可溶性蛋白、脂肪、氨基酸、色素、无机盐离子等浓度，增强细胞的渗透势，来防止机体水分的散失，或降低细胞的冰点提高对低温的抵抗能力。有些生物在遇到环境胁迫时会合成一些新的蛋白质或其他物质，如热击蛋白、冷击蛋白、脯氨酸等可提高生物的耐热性、耐寒性和抗旱性。生物体内合成的保护酶系统如超氧化物歧化酶（SOD）、过氧化物酶（POD）、过氧化氢酶（CAT）等可增强生物对不良环境的综合抗性。

4. 适应组合

由于生态因子之间相互作用的关联性、协同性和增效性，生物对环境的适应通常并不仅仅表现在形态适应或生理生化适应或行为适应一种单一的机制，往往要涉及一组（或一整套）彼此相互关联的适应性，这一整套协同的适应特性称为适应组合。生活在极端环境条件下的生物，适应组合现象表现得最为明显。动物对沙漠生活的适应主要涉及热量调节和水分平衡，这两个问题彼此是密切相关，沙漠动物对此环境的适应是靠一系列适应组合来完成的。例如，骆驼于清晨取食含有露水的植物嫩枝叶或者靠吃多汁的植物获得必需的水分，同时靠尿的浓缩最大限度地减少水分输出。贮存在驼峰中和体腔中的脂肪在代谢时会产生代谢水，用于维持身体的水分平衡。骆驼身体在白天也可吸收大量的热使体温升高。一个体重为450 kg的骆驼体温只要升高几度就会吸收大量的热。体温升高后会减少身体与环境之间的温差，从而减缓吸热过程。当需要冷却时，皮下起隔热作用的脂肪会转移到驼峰中，从而加快身体的散热。不过，骆驼体温的变动范围要比长角羚和瞪羚小，它的体温不能超过40.7℃，一旦到这一温度，骆驼就会开始出汗。出汗会增加水分的散失，造成保水的困难。对大多数哺乳动物来说，失水就意味着血液浓缩，血液变得黏稠就会增加心脏的负担，当动物因失水减重20%时，血流速度就会减慢到难以将代谢热及时从各种组织中携带出来，就会很快导致动物热死亡。但骆驼不会发生这种情况，它的失水主要是来自细胞间液和组织间液，细胞质不会因失水而受影响（若总失水量为50 L，只有1 L是来自细胞原生质）。另外，即使是在血液失水的情况下，红细胞的特殊结构也可保证其不受质壁分离的损害，同样的适应结构也能保证红细胞在血液含水量突然增加时不会发生破裂。因此，骆驼只要获得一次饮水的机会，就可以喝下极大量的水分。

（二）生态适应的类型

1. 趋同适应与生活型

不同种的生物，由于长期生存在相同的自然生态条件和人为培育条件下，发生趋同适应，并经自然选择和人工选择而形成的，具有类似形态、生理和生态特性的物种类群称为生活型。生活型着重从形态外貌上进行区分。生活型是种以上的分类单位，亲缘关系甚远的生物种也可能属于同一生活型，亲缘关系近的生物种也可分属于不同生活型。如生活在沙漠干旱区的仙人掌（仙人掌科）与生活在相同条件下的霸王花（大戟科）、非洲沙漠浆草（萝藦科）、仙人笔（菊科）等植物有相似的外部特征（图2-6），属同一生活型。蝙蝠属哺乳动物，但它和大多鸟类一样是通过飞行来捕捉空中的昆虫，它的前肢不同于一般的兽类，而形同于鸟类的翅膀。鲸、海豚、海象、海狮、海豹均属哺乳动物，但它们却长期生活在水生环境之中，身躯呈纺锤形，它们的前肢也发育成类似鱼类的胸鳞（图2-7）。

植物的生活型分类，有多种不同的方法，一般的是按植物的大小、形状、分枝以及生命周期的长短等，将植物分为乔木、灌木、半灌木、木质藤本、多年生草本、一年生草本、垫状植物等。丹麦植物学家瑙基耶尔认为地球上的各个地区，冬季和旱季是植物生活中严酷的临界期，并以温度、湿度、水分作为指示生活型的基本要素，以植物度过生活不利时期对恶劣条件的适应方式为基础，以休眠芽或复苏芽所处的高低和保护方式为依据建立了生活型系统（图 2-8）。

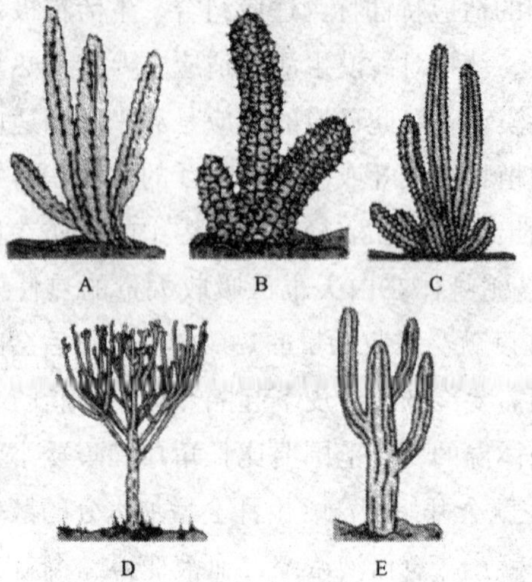

A~C. 非洲沙漠浆草（萝藦科）；D. 霸王花（大戟科）；
E. 仙人掌（仙人掌科）

图 2-6　不同科、种植物在高温干旱条件下的趋同

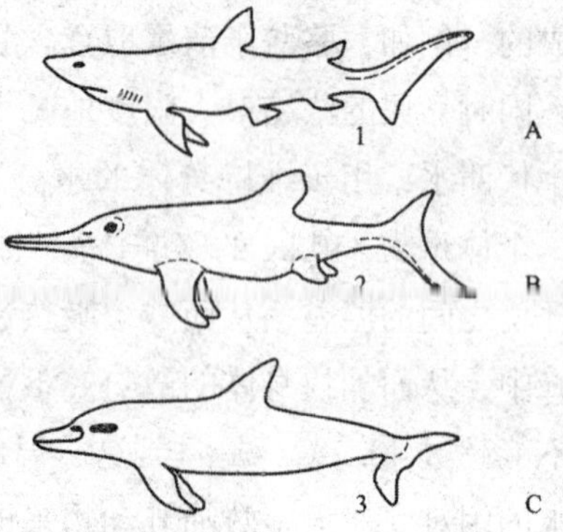

A. 鲨鱼；B. 鱼龙（中生代爬行类）；
C. 海豚（哺乳类）

图 2-7　动物的趋同

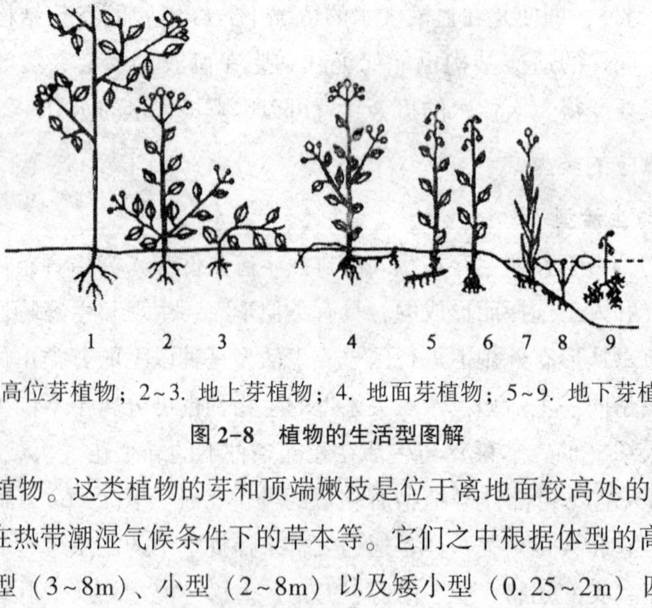

1. 高位芽植物；2~3. 地上芽植物；4. 地面芽植物；5~9. 地下芽植物

图 2-8　植物的生活型图解

（1）高位芽植物。这类植物的芽和顶端嫩枝是位于离地面较高处的枝条上，如乔木、灌木和一些生长在热带潮湿气候条件下的草本等。它们之中根据体型的高矮又可分为大型（30m 以上）、中型（3~8m）、小型（2~8m）以及矮小型（0.25~2m）四类。然后又根据植物是常绿还是落叶，以及是否具有芽鳞这两类特征，进一步划分为 15 个亚类。

（2）地上芽植物。这类植物的芽或顶端嫩枝位于地表或接近地表处，一般都不高出土表 20~30m，因此它们受土表的残落物所保护，在地表积雪地区也受积雪的保护。

（3）地面芽植物。这类植物在不利季节，植物体地上部分死亡，只有被土壤和残落物保护的地下部分仍然活着，并在地面处有芽。

（4）地下芽植物。这类植物度过恶劣环境的芽埋在土表以下，或位于水体中。

（5）一年生植物。一年生植物只能在良好季节中生长，在恶劣的气候条件下，它们以种子形式度过不良季节。

瑙基耶尔的生活型系统只包括有花植物，后来法国的布朗—布朗喀把生活型系统扩大到所有植物，将植物生活型分为十大类：浮游植物、土壤微生物、内生植物、一年生植物、水生植物、地下芽植物、地面芽植物、地上芽植物、高位芽植物及树上附生植物。

动物的生活型按其栖息活动地可分为水生动物、两栖动物、陆生地面动物、陆生地下动物、飞行动物等生活型。

2. 趋异适应与生态型

同种生物的不同个体或群体，长期生存在不同的自然生态条件或人为培育条件下，发生趋异适应，并经自然选择或人工选择而分化形成的生态、形态和生理特性不同的基因型类群，称为生态型。把不同的植物种群栽培在相同的条件下，在相当长的时间里其差异还继续存在，这说明这些差异是可以遗传的，是基因型的差别，因此，将生态型定义为“一个物种对某一特定生境发生基因型反应而产生的产物”，种内适应不同生态条件或地理区域的遗传类群。生态型应包括三个方面的内容：一是绝大多数广布的生物种在形态学上和生理学的特性上表现出空间的差异；二是这些种内变异与特定的环境条件相联系；三是生态学上的相关变异是可以遗传的。

从以上的定义中可以看出生态型和分类学中的亚种是两个完全不同的概念。亚种是形态的、地理的和历史的分类学概念，多型种中的不同亚种，在分布上存在有地理隔离，每一亚种包含有一系列具有共同起源的种群和完整的地理分布，有形态学上的明显区别。

生态型是纯粹的生态适应的概念，在同一地区中，当生境存在差异时，通常可以发现不同的生态型，生态型的区别在于它对环境的反应不同，有时反应在形态上，但也可以不表现在形态上。另外，一个亚种可以包含一个生态型，也可以包含多个生态型。

生态型分化以及新生态型的产生是通过遗传变异和自然选择完成的。遗传变异的出现提供了生态型形成的基础，生态因子的作用与自然的选择是不同生态型形成的必要条件。

就植物来说，可以根据形成生态型的主导因子，将植物生态型分为三类。

（1）气候生态型。依植物对不同的光周期、气温和降水量等气候因子而形成的各种生态型。例如，水稻品种中的不同光温生态型以及耐热性、抗寒性和抗旱性等不同的类型。对一般作物而言，春播秋收的各种作物多为喜温短日生态型，秋冬播春收的作物多为耐寒长日生态型。同为春播秋收的作物品种，则南方品种对于短日的要求比北方品种严格。而春播夏收的各类作物品种，一般对光周期要求不严格。

（2）土壤生态型。在不同土壤的水分、温度和肥力等自然和栽培条件下，形成不同的生态型。水稻和陆稻（旱稻）主要是由于土壤水分条件不同而分化形成的土壤生态型。又如，各种作物的耐肥品种或耐瘠品种，则是与一定的土壤肥力相适应的土壤生态型。

(3) 生物生态型。同种生物的不同个体群，长期生活在不同的生态条件下分化形成不同的生态型，各种作物都有对病、虫不同抗性的品种群，同样病原菌在不同类型寄主上生存也分化出不同生理小种。

在动物中，同样有生态型的分化。如我国的黄牛在不同的自然区域，分别形成不同的生态型：北部地区草地黄牛，中部华北农区黄牛，西南与南部亚热带及热带地区黄牛。

二、生物对环境的影响

生物与环境之间的作用是相互的。生物在时刻受到环境作用的同时也对其生存环境产生多方面的影响，使环境条件不同程度地得到改善。生物对环境的改造作用使环境变得更有利于生物生存，也可对环境资源和环境质量造成不良影响。

(一) 森林植被的生态效应

绿色植物是进行光合作用将太阳能转化成生物化学能的主要执行者，森林是生物圈内数量最大的植物群落，故是地球上的最大初级生产者。在陆地生态系统中具有强大的生态效应，对其他植物、动物和人类的生态条件形成与改善具有重要影响。其生态效应主要有如下方面。

1. 涵养水源，保持水土

林冠可以截留10%～30%的降水，枯枝落叶层及植被物可使50%～80%的降水渗入林地土层，形成地下水，减少了地表径流和表土冲刷。每公顷森林植被含水总量可达200～400 t，每公顷森林地比无林地每年至少可多蓄水300 m^3 以上。降水通过林冠截留和林地的渗透贮存，实际流出林地的水量极少。

2. 调节气候，增加雨量

大片森林有强大的蒸腾作用，观察表明，有林地区一般比无林地区降水量要多17.4%。我国雷州半岛过去林少，荒凉易旱；后来森林覆盖率增大到36%，年降雨量因之增加32%。森林上空空气的相对湿度比无林区上空高12%～25%，高温季节林区气温较低，寒冷季节气温则较高。这样森林对周边地区的气候特征起到明显调节作用，对区域气候也有重要影响。

3. 防风固沙，保护农田

森林的枝叶可以挡风，根系可以固土固沙，防止农田被风蚀沙压和防止或减轻作物倒伏。国内外农田基本建设、江河堤坝及交通沿线都注重防风林网、防沙林带和防浪林带的设置。据各地观测，当主风方向和农田防护林带垂直时，在背风面相当于树高15～20倍范围内及迎风面1～3倍范围内的风速降低30%～50%，10 hm^2 防风林，可保护农田100 hm^2，高温期温度降低0.2～1.8 ℃，低温期温度升高0.3～0.6℃，相对湿度提高2%～4%。这些生态因子的改善有利于作物的产量提高和稳产性加强。

4. 保护环境，净化空气

1 hm^2 阔叶林在正常生长季节进行光合作用每天约吸收1000 kg二氧化碳，同时释放出730 kg 氧。森林每累积 1000 kg 干物质，能产生 1393 ~ 1428 kg 氧。森林对烟尘和粉尘有明显过滤和阻滞作用，枝叶降低风速，且叶片表面不平、多绒毛、分泌黏性物质等特性可使粉尘沉降并吸附。每年每 1 hm^2 树冠可吸尘 30 ~ 70 t。森林内多种植物能分别吸收空气中的二氧化硫、氟化氢、氯和臭氧等有毒气体。如柞树、柏树、梧桐、冷杉等能分泌植物杀菌素，杀死空气中的白喉、肺结核、伤寒、痢疾等疾病的病原菌。植物根部能吸收或分泌次生代谢物质，分解地面有毒污染物质，分解有机物，使地面土壤和水源净化。

5. 减低噪音，美化景观

噪音在 60 dB 以上就干扰工作，95 ~ 100 dB 就影响听力，森林和树木可显著减低噪音。各种林木形状、色彩丰富多样，森林使水源充足、气候宜人、空气清新，形成了大地的自然景观，往往森林地区就是理想的旅游区。

6. 提供产品和燃料，增加肥源

有助于发展畜牧业，增加有机肥。培肥土壤，同时还有助于从根本上解决我国农村能源缺乏问题，进而解决生态平衡失调问题。

对森林，不但可以计算其直接经济效益和社会效益，同时也可以计算其间接生态经济效益。据日本学者计算，日本森林在涵养水源、防止泥沙流失、防止土壤崩塌、保健旅游、保护野生动物和供给氧气与净化大气等方面带来的间接经济效益，相当于全国财政支出总额。由于森林对环境的良好影响，许多国家都十分重视森林的保护和建造。

(二) 海洋生物的生态效应

海洋面积占地球表面积的 70% 以上。海洋是原始生物的起源地，现代陆地生物多是由水生向陆地进化而来的。海洋与陆地一样，也是一个丰富多彩的生物世界。由于海洋分布广阔，海域类型多样，海洋本身的深度不同，海洋与陆地接合部各具特征，形成了海洋生物的多样性及与陆地生态系统多种密切联系。这些海洋生物对陆地生物和整个生物圈都产生重要作用，具有较大的生态效应。

海洋生物包括海滨湿地及近海生物（如红树林群落）、浅水海岸带的海草群落、浅海生物群落及大洋深海生物群落等。浅海区及深海区表层生活着大量水生植物和浮游生物，能进行光合作用，是海洋生物的初级生产者。在远离陆地的大洋区，海水营养贫乏，具有光合作用的自养浮游生物则是主要初级生产者，是其他海洋动物的生存基础，如蓝细菌和固氮蓝藻等。在海洋深处，是光线不能透射到达的黑暗场所，没有初级生产力，但也有大量种类的动物依赖水表转入的食物而生存，这些动物形成了特殊的适应能力，如形成发光器官、弱光区则有特别发达的视觉、捕食器官的增大、雌雄共生等。总之，海洋生物在海洋和陆地周围形成了一个完善的立体分布、能量利用体系。

海洋生物是地球上最大的环境净化者。陆地生物产生的有机物、代谢产物和环境释放物都要经江河或大气进入海洋，沉淀于近海底部和溶于水中，海洋生物则是这些物质的捕获者，使海底沉积层稳定，清除水体的富营养化，增加水体透明度。如果没有海洋生物，海水的有机污染就会不断积累，地球生态就不能保持平衡，陆地生物也不能生存。

海洋生物给陆地生物提供了丰富的产品。大量海洋植物和动物产品补充着陆地生物食物链，在有的地区海洋经济是人类的主要依靠。随着人口增加，陆地资源的不足，开发海洋资源将显得愈加重要。沿海岸陆地动物依靠海洋生物生存，如红树林是鸟类的重要分布区，海洋的鱼类、贝类及爬行类动物和海草、海藻等植物是鸟类和陆地动物的食物源。

海洋生物非正常生长造成的危害。由于人类活动的加快，陆地资源的快速消耗，大量有机物和有毒污染物排入海洋，使近海动物减少，而浮游生物增多，或海草生长过多，造成海洋生物的发展不平衡，因此出现了大区域的赤潮、黄潮现象，从而影响了陆地生物的生存环境。保护海洋生态和海洋生物是21世纪的又一艰巨任务。

(三) 淡水生物的生态效应

淡水浮游生物包括浮游植物和浮游动物，其主要生态作用是：浮游植物能吸收水中各种矿质养分和有机物，保持水体一定的清洁度，增加水体的溶氧量，对水质理化特性的变化起主导作用，同时形成水域生态系统的初级生产力。渔业生产上所讲的培养水质或肥水，实质上就是繁殖浮游生物。浮游植物生产力的大小，预示着池塘鱼类产量的高低。浮游生物是鲢、鳙和罗非鱼等鱼类的主要饵料，浮游动物是幼鱼的饵料。

多种鱼类共同对水体环境发生影响。草食性鱼类的粪便可以促进浮游生物的繁殖，为鲢、鳙鱼提供饵料。鲢、鳙鱼等滤食性鱼类取食浮游生物和细菌，使水质变清，有利于草食性鱼类的生活。鲤、鲫、罗非鱼等摄食有机碎屑，也可保护水质。这样，各种水生生物之间以及水生生物与环境之间就连接成了一个合理的、具有良性循环的生态系统，既具有较好的生产性能，又具有较强的自净能力。

湖泊中，水生植物常占重要地位，大量植物有机残体沉积湖底，积极参与湖盆的填平作用。据分析，云南省天然湖泊底泥中有机质含量，洱海为2.69%，滇池为6.34%，草海最高可达27%，这就为湖泊的沼泽化和泥炭形成提供了丰富的物质基础。其次，水生植物具有过滤泥沙、减缓水流的作用，促使湖水透明度增大。在氧化塘中利用水生植物（如凤眼莲）处理污水，也是水生生物净化、改造水域环境的实例之一。

(四) 土壤生物的生态效应

土壤中的生物是多种多样的，其中土壤微生物（包括细菌、放线菌、真菌、藻类和原生动物等）是土壤中重要的分解者，在土壤的形成和发展过程中起着重要的作用。在土壤形成的初级阶段，能利用光能的地衣类微生物参与岩石的风化，再在其他微生物的参与下，形成腐殖质使土壤性质发生变化。

土壤动物是最重要的消费者和分解者。在土壤中生存或栖居的动物有上千种，多为节肢动物。非节肢土壤动物主要有线虫和蚯蚓。线虫是土壤中存在比较丰富的动物，生活在土粒周围的水膜中或植物根内。土壤中寄生性线虫寄生于许多植物根部。蚯蚓是土壤中常见的生物，喜欢湿润的环境和丰富的有机质，常生活在黏质、有机质含量高和酸性不太强的土壤里，每公顷可达200~1000kg。蚯蚓靠吞食土壤中的有机物质生活，它们使土壤与有机物紧密混合，并通过孔道的形成、粪粒的产生，使得土壤疏松多孔。

土壤动物中很多是节肢动物，最重要的有螨类、蜈蚣、马陆、跳虫、白蚁、甲虫、蚂蚁等。而以螨类和弹尾目昆虫的种类最多、分布最广。螨类在土壤中粉碎和分解有机物质，并把有机物质运到较深的土层中去，起到维持土壤通气性、改善土壤的作用。弹尾目昆虫俗名叫跳虫，它们多取食正在分解中的植物。蚂蚁也是土壤动物中比较活跃的动物之一，虽然它的食物在地表，对枯枝落叶的分解作用很小，但它是重要的土壤搅拌者。蚂蚁筑的窝丘分布广泛，携带了大量下层土壤至地面。

植物的根系对改良土壤有重要作用，根系表面能分泌代谢产物，促进矿物质溶解，促进根际微生物活动；根残存于土壤中增加有机质含量，增加土壤通透性；有些植物（如豆科）根部与固氮微生物共生，增加土壤氮素水平。

活动于土壤中的动物、扎根于土壤中的植物和土壤中数量众多的微生物对土壤有多方面的作用和影响。

促进成土作用：母岩风化的矿化物质并不是土壤，还要加入有机物质，经过生物的作用才能形成土壤，生物对土壤的形成起着关键作用。

改善土壤的物理性能：种植于土壤中的深根植物、挖掘土壤的动物和数量巨大的微生物的活动大大改善了土壤的结构、孔隙度和通气性。土壤动物打洞疏松了土壤，加速了土壤的风化作用，改善了土壤的水热状况。

提高土壤质量：经蚯蚓作用的土壤在有效磷、钾、钙含量等多方面都有明显增加。动植物残体经微生物分解和合成含氮的高分子腐殖质化合物，使土壤腐殖质化。

对土壤覆盖层的影响：动物的活动改变了土表的局部形态，如从土层中掘出大量土壤堆积成丘状增加土表面积，排泄物还增加了土壤腐殖质。

（五）草原植被的生态效应

草原植被主要由各种天然杂草或人工牧草及分散生长的树木组成。牧草特别是豆科牧草能改良草原土壤。豆科牧草根部与固氮根瘤菌共生，能将大气中的氮合成含氮化合物，具有生物固氮功能。如每年每 1 hm^2 草木樨能固氮 127.5 kg，苜蓿 330 kg。草原植被每年产生的大量有机物残体经微生物分解增加土壤有机质和腐殖质积累。

草原植被与森林植被一样，具有涵养水分，保持水土，净化、美化环境的作用，还有一个重要作用是固定流沙。据测定，北方牧场、农闲地与庄稼地土壤冲刷比林地和草地大 40~110 倍。在降水较多地区，牧草地的保土力为作物地的 300~800 倍，保水力为作物地的 1000 倍。我国南方亚热带草山牧场，降雨量大且多暴雨，容易发生水土流失，故牧场只能设在缓坡。近年国家推行草场实行围栏分区轮放，控制适宜的放牧强度和轮放周期，促进牧草再生，实现持续利用，同时防止水土流失与沙漠化。

本章同步训练

一、选择题

1. 决定生物的分布范围的因子是（　　）

A. 限制因子　　B. 主导因子

C. 生态幅较窄的因子　　D. 生态幅较宽的因子

2. 很多鸟类迁徙和开始生殖的时间取决于（　　）

A. 食物的丰缺变化　　B. 降水的变化

C. 日照长短变化　　D. 温度的变化

3. 恒温动物身体的突出部分，如四肢、尾巴、外耳等在低温环境中有变小变短的趋势，是减少散热的一种形态适应，这一适应被称为（　　）

A. 阿伦规律　　B. 贝格曼规律

C. 高斯定律　　D. 阿利氏原则

4. 下列现象中，不属于植物对极端高温适应的表现的是（　　）

A. 有密茸毛　　B. 有厚木栓层

C. 细胞含水量降低　　D. 发达的根系

5. 水生植物适应环境的特征表现在（　　）

A. 原生质渗透压特别高　　B. 通气组织发达

C. 机械组织发达　　D. 输导组织发达

6. 在下列哪种条件下，土壤养分有效性最好，最有利于植物生长（　　）

A. pH4~6 酸性　　B. pH6~7 微酸

C. pH7~8 微碱　　D. pH8~9 碱性

7. 在温暖季节里，有一种风带来热而干燥的空气，受这种风的影响后，植物体内的水分平衡受破坏。这种风称为（　　）

A. 焚风　　B. 台风

C. 寒露风　　D. 干燥风

8. 在大棚生产中，施放下列选项中的哪一种气体可以提高光合作用（　　）

A. 氧气　　B. 二氧化碳

C. 氮气　　D. 水汽

9. 植物对高原生态环境的适应方式是（　　）

A. 细胞内叶绿体大、数量少　　B. 气孔导度减小、数目增多

C. 光合作用量子效率升高　　D. 形成 CO_2 的储存

10. 地形因子对生物的作用主要是（　　）

A. 直接作用　　B. 间接作用

C. 能量交换作用　　D. 物质交换作用

11. 生长在热带潮湿气候条件下的植物，具有相似的外在形态特征，其芽位于离地面较高处的枝条上，这类植物的生活型称为（　　）

A. 地面芽植物　　B. 地上芽植物

C. 高位芽植物　　D. 地下芽植物

12. 下列植物中防风能力最强的是（　　）

A. 常绿阔叶树　　B. 落叶阔叶树

C. 针叶树　　D. 灌木

二、填空题

1. 按环境性质可将环境分为________、________和________。

2. 人类大量开采并燃烧古代动植物遗体变成的煤和石油，使地层中经过千百万年积存的碳元素在短期内释放，对环境产生的影响主要是________。

3. 生物对昼夜交替周期性变化的适应形成的节律变化叫________。

4. 在光照不足时，植物的光合作用量刚好与植物的呼吸消耗相平衡之处，称为光________。

5. 一定生育期内有效温度的总和叫________。

6. 生物的潜伏、蛰伏或不活动状态叫________。

7. 陆生动物对环境中水因子的适应一般表现在形态结构上的适应、________和________。

8. 最有利于植物生长的土壤结构是________。

9. 土壤微生物是生态系统中的________。

10. 由于光照的差别，常把南坡称________，北坡称________。

11. 丹麦植物学家瑙基耶尔的植物生活型系统包括________、________、________、________、________。

12. 某些植物如冬小麦、油菜等一定要经过一个低温阶段，才能诱导进入生殖期，进

行花芽分化，这个低温阶段称为________。

13. 旱生植物在形态结构上的特征，一方面表现为________；另一方面表现为________。

14. 植物花芽的分化和形成的过程中，起主导作用的是________。

三、简答题

1. 简述减缓二氧化碳增多的关键的措施。
2. 简述利比希最小因子定律。
3. 简述昼夜变温对生物的影响。
4. 简述土壤微生物对植物的影响。
5. 简述森林植被的生态效应。

参考答案

第三章 种群生态

学习目标及要求

1. 掌握种群的概念及其基本特征。
2. 掌握种群数量变动的类型及相关概念。
3. 掌握种内、种间关系的主要类型及相关基本原理。
4. 理解生态对策与协同进化。
5. 了解种群调节及其机制。
6. 了解物种形成与灭绝的基本知识。

生物是生态系统中最活跃的成分。在系统内，生物与生物、生物与环境之间相互影响、相互作用，对能流、物流和信息流进行着调节，维持着系统的平衡与稳定。生物都是以群体的形式存在的，种群是物种在自然界中存在的基本单位，也是生物群落的基本组成单位，作为生态系统中的一个组分，种群有自身的发生、发展及调节规律。种群生态学研究种群内部成员间、种群与其他生物种群间，以及种群与周围的非生物环境之间的相互作用规律。核心是研究种群动态，即研究种群数量在时间和空间上的变动规律及变动原因。正确认识种群发展的规律，人类可以科学地利用自然界中存在的有利机制，合理利用和保护生物资源，保护濒危物种免遭灭绝，求得人与大自然和谐共存与持续发展。

基础知识复习

第一节 种群的概念和基本特征

一、种群的概念

占据特定空间的同种有机体的集合群叫种群。也可以定义为同一物种占有一定空间和一定时间的个体的集合体。种群具有一定的结构、一定的遗传特征，其内部能够进行自然交配并产生有生殖能力的后代。种群是物种具体的存在单位、繁殖单位。一个物种通常可以包括许多种群，不同种群之间有时存在着明显的地理隔离，长期隔离的结果又可能发展为不同的亚种，甚至产生新的物种。从进化的角度来看，种群又是物种的演化单位。自然界中每种生物都是由许多个体组成的，这些个体都占据着一定的分布区，形成大大小小的个体群，因此种群可以很大，大到全世界都有同种生物的分布，如世界分布极广的车前草。但也可以小到具体研究时所涉及的一小片地上一个很小的实验种群。而且种群的空间界限和时间界限并不是十分明显的。所以，种群的大小及时间与空间的界限，往往随研究者的方便结合具体情况确定。

生活在某一特定环境中的种群，个体之间相互依存，在形态、生理、遗传等许多方面都有一定的相似性，但又各不相同。种就存在于种群中，以种群的形式存在，以种群的形式延续。种群中的个体通常只和同一种群中的个体交配，不同种群中的个体之间也偶尔发生基因交流，但也只能在同一物种的不同种群之间进行。种的个体可以随时间的推移死亡而消失，但物种却可以通过新生个体而保留下来，所以种和种群不是一个概念。种群虽然由同种个体组成，但个体与种群的关系是局部与整体的关系，种群内各个体间密切联系成有机整体，彼此之间有着生理、遗传等多方面的关系，所以种群具有许多个体不具备的群体属性。从生态学观点看，种群不仅是构成物种的基本单位，而且也是构成群落的基本单位。任何一个种群在自然界都不能孤立存在，而是与其他物种的种群一起形成群落。这说明种群不仅是物种的具体存在单位，而且也是群落的基本组成成分。

种群的动态是种群生态学研究的核心内容，包括种群数量在时间和空间上的变化规律及其原因。种群数量决定着该种群对生态系统的作用大小。对于经济生物，种群数量反映着其可利用程度；对于有害生物，则反映着其危害程度；对于濒危物种，则反映着其濒危程度。因此，种群生态学的研究对于合理保护和利用生物资源，科学有效地防治和控制有害生物，及时拯救面临灭绝的濒危生物有着重要的指导意义。

二、种群的基本特征

种群是由个体组成，但决不等于个体数量的简单相加，从个体到群体，是一个质的飞跃，它具有个体所不具备的一些群体特征。个体只是一个生物体，所以它只有出生、死亡、寿命、性别、年龄、基因型，以及各种生理状况等特性；而种群的特性是个体特性的统计，所以种群有出生率、死亡率平均寿命、性比例、年龄结构、基因频率等。

总的来讲，种群的主要基本特征表现在以下三个方面。

第一，种群有一定的空间特征，即种群有一定的分布区域和分布方式。

第二，种群有一定的数量特征，即种群有一定密度、出生率、死亡率、年龄结构、性别结构等。种群在单位面积上个体数量的变动受整个生态系统自我调控能力的控制，这是种群最重要的属性。

第三，种群有一定的遗传特性，即种群有一定的遗传组成，而且随着时间的进程而改变其遗传性，即进化、适应能力。尽管种群是同一物种组成的个体群，却具有遗传的异质性，通过基因的重组和突变，可使遗传性出现变异。

(一) 种群密度

种群全部个体数目的多少称为种群大小，而单位面积或容积内某种群的个体数目多少，则称为种群密度。但在很多情况下，种群密度很难用个体逐一计算，而是采用相对密度来表示种群数量的丰富程度。如每小时所看到的鸟数或看到的动物粪便量等，其相对密度可用公式表示为：

$$D = n/(a \cdot t)$$

式中，D 为种群相对密度，n 为个体数目，a 为地区面积，t 为时间。

种群密度有粗密度（或叫原始密度）和生态密度（或叫经济密度）之分。粗密度是指单位空间内的个体数（或生物量），生态密度是指单位栖息空间（种群实际所占据的面积或空间）内的个体数（或生物量）。例如，鹌鹑只栖息在灌木树篱中，因此便采用每千米长灌木树篱中的个体数来表示鹌鹑的密度，而不是用面积表示。

种群密度的高低在多数情况下取决于环境中可利用的物质、能量，及该种群对这种物质和能量的利用效率及其他内在因素，如同化能力等。在环境中拥有的可利用物质和能量丰富、环境条件适宜时，某种群可达到该环境条件下的最大密度，称为“饱和点”。维持种群最佳状况的密度。为最适密度。最高密度与最适密度是栽培各种植物、饲养动物（包括放牧与舍饲）、养殖鱼类等应首先加以考虑的问题，也是人类自身生存所必须考虑的问题。种群密度过大时，每一种生物都会以其特有的方式做出反应。另一方面，种群密度也有一个最低限度。种群密度过低，使两个异性不能相遇和正常繁殖，这个种就会绝迹。如果种群因某种环境的突变，使其密度低于某一最低限度，就可能导致该种的消失。

(二) 种群的内分布型

各类生物在自然界中生存都占据着一定的空间，鱼在水里游，鸟在空中飞，鼹鼠在土中穴居。组成种群的个体在其生活空间中的位置状态或布局，称为种群内分布型或空间格局。了解种群的内分布格局，有助于了解种群的行为特征，为能对种群进行正确抽样与统计分析提供科学依据。

种群的栖息场所取决于该种生物的习性，而种群内的个体，其分布大体有三大类型，即均匀分布、随机分布和集群分布（图 3-1）。

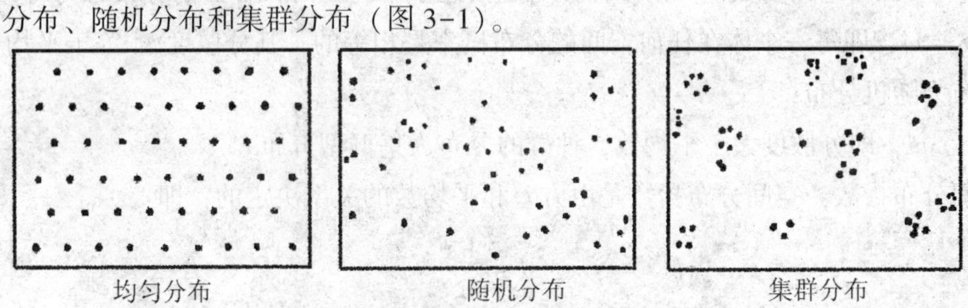

图 3-1 种群的三种分布型

1. 均匀分布

均匀分布是指种群的个体等距分布，或个体之间保持一定的均匀的间距。均匀分布产生的原因，主要是在资源分布均匀的条件下由于种群内个体间的竞争。自然界中均匀分布比较少见，而人工植物群落一般为均匀型。

2. 随机分布

随机分布比较少见，只有当环境均一，资源全年平均分布，生境条件对于很多种的作用都差不多时，种群内成员间的相互作用并不导致任何形式的吸引与排斥，任一个体的分布不受其他个体分布的影响，每个个体在种群分布空间内各个位置出现的机会相等。如生活在森林底层的某些无脊椎动物、一些特殊的蜘蛛、纽芬兰中部冬季的驯鹿和某些森林树种等常呈随机分布。农业生产中玉米地中玉米螟卵块的分布也是随机分布的。

3. 集群分布

集群分布是最常见的分布型，是动植物对生理差异产生反应的结果，同时也是受气候和环境的日变化、季节变化、生殖方式和社会行为的影响而形成的。种群个体的分布极不均匀，常成群、成簇、成块或成斑点地密集分布。如鱼群、鸟群、兽群及人群等。形成集群分布的主要原因包括：①环境资源分布不均匀，富饶与贫乏相嵌；②植物传播种子方式使其以母株为扩散中心；③动物的社会行为使其结合成群。但种群总是避免过分分散和过分拥挤，使种群内个体能获得最佳的生活和生存条件。人类的人口分布就是集群分布，这主要是由社会行为、经济因素和地理因素决定的。

种群内的分布型与物种的地理分布是两个不同的概念，后者是指物种内种群的分布。一个物种具有许多种群，这些种群的空间位置可能是连续的、间断的或地方性的，所有种群的区域分布的总和构成物种的地理分布区。

检验和判断种群的空间分布型对于固着生活的生物和不活跃的生物（如植物和软体动物）是很重要的。检验空间分布的方法有分散度法和空间分布指数法。

分散度法：假设取 n 个样方，x 为各样方实际的个体数，每个样方中个体平均数为 m，则其分散度 S^2（方差）可由下式求得：

$$S^2 = \sum (x - m)^2 / (n - 1)$$

若 $S^2 = 0$，即绝大多数样方的个体数稳定接近于平均数时，种群的分布为均匀分布；

若 $S^2 = m$，即每一个体在任何空间的分布概率是相等的，其分散度 S^2 等于平均数，种群的分布为随机分布；

若 $S^2 > m$，即分散度大于平均数，种群的分布为集群型分布。

空间分布指数：空间分布指数是由方差和平均数的关系决定的，即：

$$I = \frac{V}{m}$$

式中，I 为空间分布指数，V 为方差，m 为平均数

若 $I=1$，为随机分布；

若 $I<1$，为均匀分布；

若 $I>1$，为集群分布。

（三）种群的出生率与死亡率

出生率和死亡率是影响种群增长的最重要因素。

1. 出生率

出生率是个广义的术语，泛指任何生物产生新个体的能力，而不论这些新个体是通过分裂、出芽、结籽、胎生等哪一种方式。出生率常以单位时间内产生的新个体数来表示：

绝对出生率 $Ba=\Delta N/\Delta t$；相对出生率 $Bs=\Delta N/N\cdot\Delta t$

N 为种群个体数，ΔN 为种群产生的新个体数，Δt 为单位时间。

出生率又可用生理出生率和生态出生率表示。生理出生率又叫最大出生率，是种群在理想条件下（即无任何生态因子的限制作用，生殖只受生理因素所限制）所能达到的最大出生率，对某个特定的种群，是一个常数；生态出生率又叫实际出生率，是指在某个真实的或特定的环境下种群的实际出生率，这是在自然条件下经常出现的出生率，不是固定的，是随着种群大小、组成和物理环境条件的不同而变化。

出生率一般以种群中每单位时间（如年）每 1000 个个体的出生数来表示。如 1983 年我国人口出生率为 18.62‰，即表示平均每 1000 个人出生了 18.62 个人。

出生率的高低在各类动物之间差异很大，主要取决于性成熟速度、每次产仔数量、每年繁殖次数、性别比例等。

2. 死亡率

死亡率是用来描述种群中个体死亡的速率，是种群内数量衰退的因素，像出生率一样，死亡率可以用特定时间中死亡的个体数（单位时间死亡数）来表示：

绝对死亡率 $Da=\Delta N/\Delta t$；相对死亡率 $Ds=\Delta N/N\cdot\Delta t$

其中 N 为生物个体数，ΔN 为死亡的生物个体数，Δt 为特定的时间。

和出生率一样，死亡率也可用生理死亡率或最小死亡率表示，它是种群的常数，表示在理想的或无限制的条件下死亡的个体数。也就是说，在适合条件下，个体将死于由生理寿命决定的“老年”。种群的生理寿命是指种群处于适宜条件下的平均年龄，而不是某个特殊个体可能具有的最大寿命。生态死亡率或称为实际死亡率，是在自然条件下真正的死亡率，它也像生态出生率一样不是常数，是随着种群状况和环境条件而改变，即种群内的个体达到生态寿命长度。种群的生态寿命是指种群在特定环境条件下的平均寿命。

死亡率通常用单位时间内（年等）每 1000 个个体的死亡数来表示，其大小与生物的遗传特性、年龄组成和生活环境有密切关系。

种群大小的变化，主要因出生率和死亡率的关系及迁入或迁出关系而变化。一般来说，出生和迁入是使种群增加的因素，死亡和迁出是使种群减少的因素。相对来说，死亡率对种群大小的影响更大一些，因为高出生率可因高死亡率而失去意义。相反，低出生率可因低死亡率而使种群持续扩大。在实际应用中，常常用存活率代替死亡率。假如用 D 表示死亡率，那么存活率就是 $1-D$。

(四) 种群的迁出率与迁入率

迁出是指种群内个体由于种种原因而离开种群的领地，迁出率指离开种群领地的个体数占该种群总个体数的比率；迁入则是个体由别的种群进入领地，迁入率指进入该领地的个体数占该领地总个体数的比率。增长率指单位时间内种群数量增加的比例（增长率）和增长的个体数（增长速率）。迁出是使种群减少的因素，迁入是使种群增加的因素。

(五) 种群的年龄结构

种群的年龄结构（或称年龄分布）是指不同年龄组的个体在种群内的比例或配置情况，它是种群的重要属性之一，对出生率和死亡率都有很大影响。种群中不同年龄组的比例，对种群的繁殖能力和可能发展的前途起着决定性作用。因此，研究其内容对深入分析种群动态发展趋势和进行预测预报具有重要价值，并为指导生产和合理开发利用生物资源提供科学依据。

种群的年龄结构可能改变，而种群大小却不变。事实上，种群具有一个“正常”的或“稳定”的年龄分布，即各年龄个体的比例多少是恒定的。如果这种稳定状态由于环境的暂时性改变或是从其他种群而来的暂时性流入或流出而受到暂时性的破坏，一旦正常条件恢复时，就会通过自我调节机制恢复到原来的稳定状态；当然，比较持久的破坏性影响将导致新的稳定分布。

种群的年龄结构可用年龄金字塔来表示。年龄金字塔（又称年龄锥体）是以不同宽度的横柱从上到下配置而成的图。横柱高低的位置表示由幼年到老年的不同年龄组，宽度则表示各年龄组的个体数或百分比。

从生态学角度出发，可根据生物的繁殖状态把一个种群分成生殖前期、生殖期和生殖后期三个年龄组。动物的生殖前期常常被称为幼年期。每个时期相对时间的长短，主要取决于有机体的生活史。一年生动植物中的某些种类生殖前期的长短，对于种群潜在增长率的意义不大，而多年生植物和动物生殖前期的长短，对于增长率有着显著的影响，即有机体因生殖前期短，一般增长迅速，世代之间间隔短；有机体因生殖前期长，一般增长慢，其世代之间间隔长。

根据种群的增长趋势将种群分为增长型、稳定型和下降型三种年龄结构类型（图 3-2）。

增长型种群：锥体成典型金字塔形，基部宽、顶部窄，表示种群中有大量幼体，而老年个体较少，种群的出生率大于死亡率，是迅速增长的种群。

稳定型种群：锥体形状和老、中、幼比例介于增长型和下降型之间，出生率与死亡率

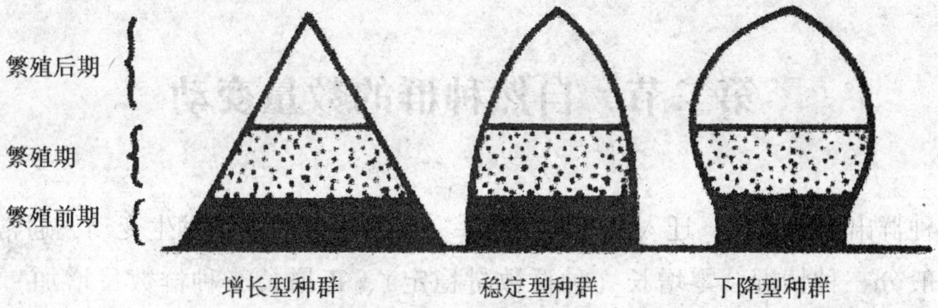

图 3-2　种群年龄结构的三种基本类型

大致相平衡，种群稳定。

下降型种群：锥体基部比较窄，而顶部比较宽，种群中幼体比例减少而老体比例增大，种群死亡率大于出生率。

一般来说，种群中不同年龄组的比例，对种群的繁殖能力和可能发展的前途起着决定性作用。在迅速扩张的种群中，青年组占的比例大；在停滞的种群中，各年龄组常处于平均分配状态；而在衰退的种群里，年老的个体占大多数。如美洲雪兔，当种群迅速增长时，有 76% 的夏季种群是一龄兔，只有 4% 是三龄或更老的兔；相反，当种群下降的年份，有 35% 是三龄或更老的兔，一龄兔只有 35% 左右。所以，研究种群的动态不能离开种群的年龄结构，从年龄结构可以判断生殖力的强弱，预测种群的兴衰。

(六) 种群的性比

性比率一般指种群中雌体、雄体所占的比例，通常用每 100 个雌体的雄体个数来表示，也是影响种群数量的重要因素。植物界有许多是雌雄同株，不存在性比，雌雄异株的较为少见而且差异很大。动物界多为有性生殖，且性比很少相等。即不同物种种群具有不同的性比特征，大多数倾向使雌雄性比率保持 1:1，即雌雄个体在种群中各占一半。

种群的性比往往会随着其个体发育阶段而发生改变，如动物出生时的性比率大多数倾向于 1:1，但在较老的年龄组则雌性多于雄性。因此，性比率又常根据不同发育阶段，即配子、出生和性成熟三个时期，可相应分为三级，即受精卵的性比叫初级性比率或第一性比；从幼体成长到性成熟这段时间，雌雄性比因种种原因会发生变化，此期间的性比率为次级性比率或第二性比；以后到个体充分成熟时的性比，叫第三性比。

自然界某些生物种群性比的变化是一个十分有趣的现象。如裂唇鱼种群，通常由一条雄鱼和若干条雌鱼组成，如雄鱼不幸死去，或人工将雄鱼取走，又没有邻近雄鱼加入，种群中最大的雌鱼就会迅速变成雄鱼。人类也有类似现象，在出生时男婴多于女婴，但随着年龄的增长，性比率逐渐向有利女性方向转变。产生这种现象的原因目前还不十分清楚，部分原因可能跟性别的遗传特性、生理学和两性的行为等因素有关。

第二节　自然种群的数量变动

由于种群出生、死亡、迁入、迁出的结果，使得种群的数量发生变动，通常称为种群增长。一般分三种情况：零增长（种群数量稳定）、正增长（种群数量增加）和负增长(种群数量减少)。种群数量的增长受环境容量和内禀增长率等多种因素的影响，有其特定的规律。研究和掌握这些规律，趋利避害，对于维护生态平衡、保证可持续发展具有重大的理论和实践意义。

一、环境容量

种群的调节功能是通过种群的增长潜势和环境阻力共同作用的。任何种群在不受限制的条件下均可无限制地进行指数增长，但事实上，环境对当地的种群有一定的容纳量，环境因素决定了某地某生物种群的最大数量。某种群在一个生态系统中，即一个有限的环境中所能稳定达到的最大数量或最大密度，称为该系统或环境对该种群的容纳量，也即环境容量，常用 K 来表示。

环境容量是在一定条件下，一个种群的出生率与死亡率达到平衡的密度水平，是种群的相对平衡点。当种群的密度水平高于或低于 K 值，种群数量就会趋向于减少或增加，使其回到 K 值附近。K 值的大小，取决于资源条件即环境因素，包括光、温、水、气、养分、空间等。种群的遗传特性，包括食性、行为、适应能力等。资源条件包括再生和不可再生的，不可再生是指有限的活动空间、居住地点、矿产和石油等，因为可能被一次用完而规定了种群的上限。可再生资源指食物、水、养分、光等，它们可以持续供应以满足种群的需要，但再生的速度不是无限的，当利用速度超过再生速度时会导致 K 值下降。所以，一定的环境可能支持的种群的大小，也不是固定的，即 K 值也会变化。尤其在现在的情况下，许多时候人的干预起决定作用，如草原过度放牧会减少产草量和载畜量，而合理地管理草原又可以增加 K 值。

二、内禀增长率

内禀增长率是指在环境条件（食物、领地和邻近其他有机体）没有限制性影响时，由种群内在因素决定的最大相对增殖速度，其单位为其时间的倒数。

种群的出生率、死亡率、年龄结构等，每个都对种群的数量有影响，但它们却不是单因素而是综合在一起发生作用。所以，种群整体数量在适宜的条件下会增加，在不适的条件下会减少。一个种群在单位时间内的增长百分率称为种群的增长率，可用 r 来表示。种群在自然条件下的实际增长率称为自然增长率。自然增长率＝出生率－死亡率。计算种群增长率时，还要考虑其迁移因素的影响，因此，增长率=自然增长率+迁入率-迁出率。

内禀自然增长率 r_{max}，又称为“生物潜能”或“生殖潜能”，是环境无限制时，由种群内在因素决定的稳定的最大相对增殖速度或潜伏在种群中的最大的生殖能力或最大产卵量、种子量、孢子量等，即最多产的个体所生产的数量，它反映的是一种理想状态。即种群在不受空间、食物的限制，并排除了天敌、疾病、其他种生物危害，以及温度、湿度等物理因素的不利影响，具有最适密度和稳定年龄分布时表现出的最大增殖速度，其单位为时间的倒数。但由于环境阻力，多数种群的全部个体，不可能连续不断保持最大生产率，如一对苍蝇，在无任何限制的条件下，经过几年，其产生的后代重量将超过地球。内禀增长率是物种固有的，是由物种遗传特性所决定的，是种群增长固有能力的唯一指标。因此，可用来与实际条件下的各种增长率进行比较，其差值可看作是环境对生物增殖阻力的量度，称为环境阻力。

三、种群增长型

生物种群内部都有巨大的生物潜力，但在外界环境中有种阻止生物达到或保持生物潜力的因素，包括生物因素（如天敌）或非生物因素（如资源、恶劣环境）。因此，种群增长的过程是生物潜力和环境阻力共同作用的结果，是十分复杂的过程。若用增长曲线来描述，根据图形的形状，可分为两个基本型：J 型增长和 S 型增长，即指数增长和逻辑斯谛型增长。在此基础上，因生物和环境特点的不同，又有各种综合的或过渡的类型。

（一）指数增长

J 型增长中，种群在无限制环境条件下，即假定其所处的食物和空间是无限的，种群的增长率不受密度制约，种群密度开始增加缓慢后迅速，呈指数形式，然后突然地停止。指数增长是种群增长的最简单形式，又称海尔—马尔萨斯增长。它又可分为离散增长和连续增长两大类。

1. 种群世代不重叠的增长模式——离散增长

世代分离指种群的增长是一代一代地增长，呈离散型。一个世代只生殖一次，时代间没有重叠。

假定种群的平均每个个体出生 λ 个后代，那么，λ 就是每个世代的净生殖率，因此

$$\lambda = \frac{N_{t+1}}{N_t}$$

即 t+1 世代个体数量与 t 世代个体数量的比值，或写为：

$$N_{t+1} = N_t \lambda$$

由此我们可以看到，第一世代的种群数量（N_1）是：

$$N_1 = N_0 \lambda$$

第二世代的种群数量是：

$N_2=N_1\lambda$ 或 $N_2=N_0\lambda^2$

如此类推，到第 t 个世代的种群数量是：

$N_t=N_0\lambda^t$

式中，λ又叫周限增长率。

若 $\lambda>1$，种群的数量呈增长趋势；

若 $\lambda=1$，种群的数量不增不减；

若 $\lambda<1$，种群数量呈下降趋势。

2. 在种群世代有重叠的情况下的模式——连续增长

若种群的增长与种群密度无关，种群内的个体都具有同样的生态学特性，且世代间有重叠，环境没有限制性影响，种群数量以连续的方式改变，其增长的规律可以用微分方程式来表达，即该种群仍表现指数式增长：$dN/dt=rN$

其积分式： $N_t=N_0e^{rt}$

其中 N 为种群数量，r 为种群的相对增长率，e 为自然对数的底。不论是离散增长，还是连续增长，以种群数量 N_t 对时间 t 作图，种群增长曲线呈 J 型，故又称 J 型增长。如以 $\ln N_t$ 对时间作图，则成为直线，见图 3-3。

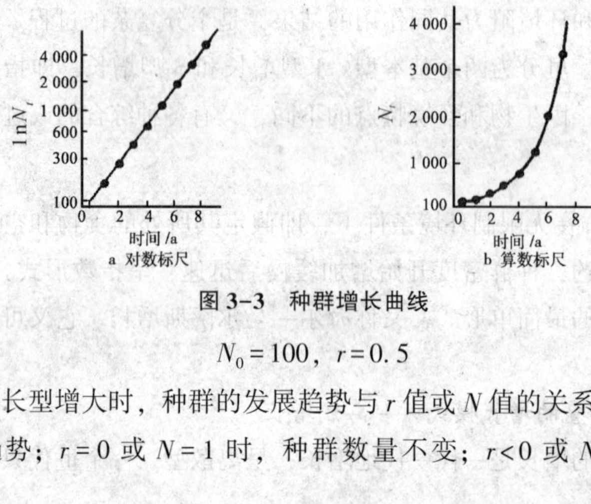

a 对数标尺　　b 算数标尺

图 3-3　种群增长曲线

$N_0=100$，$r=0.5$

当种群按该增长型增大时，种群的发展趋势与 r 值或 N 值的关系密切。当 $r>0$ 或 $N>1$ 时，种群呈上升趋势；$r=0$ 或 $N=1$ 时，种群数量不变；$r<0$ 或 $N<1$ 时，种群数量逐渐下降。

实际上 r 和 N 是随时间而变化的，但在较短的时间内可视为不变值，可通过种群数量先后两次的观测值加以计算。

$$r=(\ln N_2-\ln N_1)/(t_2-t_1)$$

$$N=(N_2/N_1)(1/t_2-t_1)$$

如果 $t=1$，则 $N=e^r$ 或 $r=\ln N$

一个种群如果按指数增长，就可以利用指数增长模型来预测种群的数量动态，在实践上有一定的应用价值。

（二）逻辑斯谛增长

种群不可能长期连续地呈指数增长，因为在自然条件下，环境条件总是有限的。在有环境阻力的情况下，种群的增长是另外一种模型，即开始时种群数量小，增长缓慢，随后逐步加快，随着环境阻力的增加，增长速度下降，直至种群数量达到一定的平衡水平即环境容量时维持或波动，这个增长过程的曲线是 S 型（图 3-4），所以称之为 S 型增长。其数学模型为逻辑斯谛方程（或译为阻滞方程）。

$$\frac{dN}{dt}=rN\left(1-\frac{N}{K}\right)=rN\left(\frac{K-N}{K}\right)$$

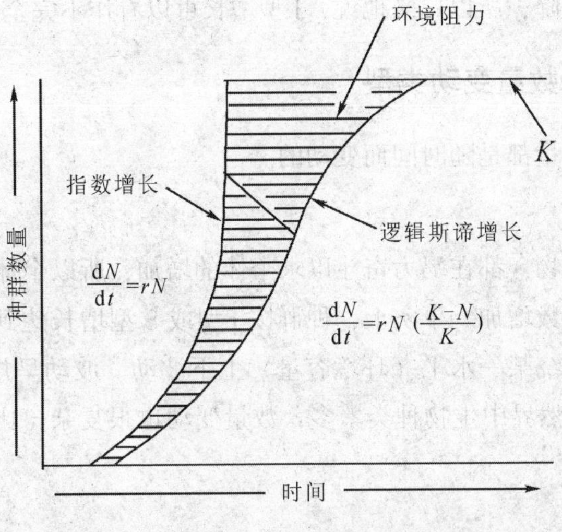

图 3-4　逻辑斯谛增长与指数增长的曲线比较

实际上，S 型曲线就是在前述指数增长方程（$dN/dt=rN$）上增加了一个新项（$1-N/K$）所得出的。奥德姆曾用文字表达这种关系为：

种群增长率=〔最大可能增长率种群个体数〕×〔最大增长率的实现程度〕-〔不能实现的增长〕

式中：N 为种群数量；K 为环境容量；$1-N/K$ 表示环境阻力，即允许度，其值在0~1之间，当 $N=K$ 时，允许度为零，种群停止生长。

逻辑斯谛方程的积分式为：

$$N_t=\frac{K}{1+e^{a-rt}}$$

其参数 a 取决于 N_0，是表示曲线对原点的相对位置。

逻辑斯谛曲线常被划分为五个时期：

（1）开始期，也可称潜伏期，由于种群个体数很少，密度增长缓慢；

（2）加速期，随着个体数增加，密度增长逐渐加快；

（3）转折期，当个体数达到饱和密度一半（即 $N=K/2$ 时），密度增长最快，即 dN/dt

最大；

（4）减速期，个体数超过 $K/2$ 以后，密度增长逐渐缓慢；

（5）饱和期，种群个体数达到环境容量 K，处于饱和状态。

应该指出的是，J 型和 S 型增长模型是一种典型化的情况，只有当少数个体引入或进入未栖息的区域才能观察到种群增长型的特征。况且，J 型或 S 型不是截然不同的，而只是环境阻力影响的有无而已，如小昆虫蓟马在有利的年代增加迅速，呈现 J 型增长，而在不利的年代，其增长型接近于 S 型。

典型的 S 型增长的生物，如酵母菌，最初的 3 个小时呈现指数增长，然后增长速度按逻辑斯谛增长型明显下降，所以广义地说，J 型增长可以看作不完全的 S 型增长。

四、自然种群的数量变动类型

任何一个种群的数量都是随时间而变动的。

(一) 种群增长

自然界中每一种生物，都在竭力奋斗以求个体的增加，所以个体数目在没有任何限制因素时，可能呈几何级数增加。事实上，种群按 J 型或 S 型增长达到最大数量后，密度并不是保持不变，而是围绕某一水平（环境容量）上下波动。波动呈规则、缓和曲线的是 S 型，剧烈的是 J 型，自然界中生物种类繁多，数量变动也很复杂，比较而言，呈规律性周期波动的较多。

(二) 季节消长

季节性消长指种群数量在一年四季中的变化规律，是自然种群数量变动很常见的情况。如昆虫、鸟类、一年生植物、海洋浮游生物等种群大小呈季节性消长，春季时种群开始增大，冬季减小，这是种群对外界环境变化的适应，与温度、水分等有一定的关系，变化有一定的规律性。季节性消长主要是一年内随季节变化和生物生活史的适应性变化。

(三) 不规则波动

种群数量的年间变动，有的是规则的（周期性波动），有的是不规则的（非周期性波动）。引起不规则波动的重要原因，通常是环境条件，尤其是气候异常。如英国两个地区的苍鹭，在通常年份的年波动不大，但若遇严冬以后数量均有下降，尤其是几个连续严冬后，数量降得更低，气候恢复正常后，其种群数量又恢复到原来水平。

(四) 周期性波动

种群数量除季节消长外，在年间也有波动，这种波动称为年波动。有规则的年波动为周期性波动，不规则的年波动则称为非周期性波动。由于种群在数量上非周期性的变化及少见的数量变动常常是不能预测的，所以有规律的周期性的变化常引人关注。国际上最经典的例子当数美洲兔和加拿大猞猁的周期变动，根据毛皮公司自 1800 年以来 100 多年毛皮收购数量统计表明，每隔9~10年都可以见到一个数量高峰年，而且每一高峰过后，便是一个迅速的下降，大约回到原来的水平。

关于种群数量周期性起落的原因，有种种解释，如气候学说、随机变动学说、种群内因学说、生态系统调节学说，概括起来，种群数量的变动可能是内因，也可能是外因。但迄今为止，还未真正取得一致的认识。但是有一条最基本的原理，即群落组织越高级、成熟，环境越稳定，种群数量随时间变动的波动越低。

还有两点值得注意：其一是周期性波动常见于比较简单的生物群落，如北方的寒漠、针叶林；其二是数量高峰往往在广大区域同时出现。

(五) 种群爆发或大发生

凡不规则或周期性波动的生物都可能出现种群大发生。最闻名的大发生见于害虫和害兽，例如蝗灾，我国古籍和西方圣经都有记载，“蝗飞蔽天，人马不能行，所落沟壑尽平……食田禾一空”。索马里1957年一次蝗灾估计有蝗虫约1.6×10^{10}只之多，总量达5万多吨。1967年，我国新疆北部农区小家鼠大发生，估计造成1.5×10^{8}千克的粮食损失。2002年，我国部分地区发生的蝗灾是种群爆发的一个最近的实例。

沿海“赤潮”现象从种群数量变动的角度来看也属种群爆发。所谓赤潮是指水域中一些浮游生物（如腰鞭毛虫、裸甲藻、棱角藻、放光藻类）爆发性增殖引起水色异常的现象，主要发生在近海，又称红潮。主要成因是近海海水污染和富营养化。赤潮的主要危害是：其一由于藻类死体的分解，大量消耗水中的氧气，会使鱼贝等窒息而死；其二是有些赤潮生物会产生直接杀害鱼贝的毒素，在风的作用下，毒素会使距海岸64千米的人感到呼吸和皮肤不适。此外，一些水生植物如凤眼莲等也具有种群爆发现象。

(六) 种群平衡

种群较长期地维持在几乎同一水平上，称为种群平衡。大型有蹄类、食肉类、蝙蝠，多数一年只产一仔，寿命长，种群数量一般是很稳定的。在昆虫中，如一些蜻蜓成虫和具良好种内调节机制的营社会性昆虫（如红蚁、黄墩蚁)，其数量也是十分稳定的。

从辩证唯物主义的观点来看：种群的变动是绝对的，稳定与平衡是相对的。种群中始终有出生、死亡、迁入、迁出，总是处在永恒不断地变化之中。只有在特定的环境下，种群才能保持或恢复到相对稳定状态。

(七) 种群的衰退与灭绝

当种群长久处于不利的条件下，或在人类过度捕猎或栖息地被破坏的情况下，其种群数量会出现持久性下降，即种群衰落，甚至灭亡。个体大、出生率低、生长慢、成熟晚的生物，最易出现这种情形。例如，由于二次世界大战后捕鲸船吨位上升，鲸捕获量节节上升，结果导致先是蓝鲲鲸种群衰落，并濒临灭绝，继而长须鲸日渐减少。目前就连小型的，具有相当“智慧”的白鲸、海豚和鼠海豚等也面临着相同的厄运。

种群衰落和灭亡的速度在加快，其原因不仅是人类过度捕杀，更严重的是破坏野生生物的栖息地，剥夺了物种生存的条件。杜绝滥捕滥杀行为，保护或恢复栖息环境，是生物物种保护的关键。

(八) 生态 (或生物) 入侵

由于人类有意识或无意识地把某种生物带入适宜于其栖息和繁衍的地区，种群不断扩大，分布区逐步稳定地扩展，这种过程称生态入侵。欧洲的穴兔于 1859 年由英国引入澳大利亚西南部，由于环境适宜和没有天敌，每年以 112.6 千米速度向北扩展，经过 16 年后澳洲东岸发现有穴兔，即 16 年中向东推进了 1770 千米。由于穴兔种群数量很大，与牛羊竞争牧场，成为一大危害。人们采用许多方法，耗资巨大，都未能有效地控制。直到第二次世界大战以后，由于引入黏液瘤病毒，才将危害制止。

紫茎泽兰原产墨西哥，新中国成立前由缅甸、越南进入我国云南，现已蔓延到 25°33′N 地区，并向东扩展到广西、贵州境内。它常连接成片，发展为单优势群落，侵入农田，危害牲畜，影响林木生长，成为当地“害草”。

五、种群调节

(一) 种群调节的概念

自然界的种群具有一定的稳定性和波动性。当种群受内外因素的影响其数量偏离平衡水平时，使种群数量返回平衡水平的作用，称为种群调节。任何种群的数量在变化时，既有波动，又有相对的稳定性，即种群的变化有上、下限，总是围绕或趋向于某一水平，把波动减到最小限度，种群数量的波动正是种群调节功能的体现。种群调节对避免物种灭绝具有重要意义。正因为有种群调节机制的存在，自然界的种群密度才极少出现极端值。

(二) 种群调节的机制

种群数量变动和调节机制很复杂，但从影响种群数量变动的因素而言，不外乎内因和外因两个方面，或者说是内源性因子和外源性因子，即非密度制约因子和密度制约因子。

非密度制约：指其影响和作用与种群的大小无关；这些因子（包括气候、土壤、pH 值、营养状况、空间体积及污染物等）一般在种类单纯、环境不利或不稳定的生态系统中起主要作用。其作用是突变性的，与种群本身的密度无关，或者说该因素施加的影响不管其种群大小都是一样的，非密度制约往往是引起种群密度变动的原因。

密度制约：指对种群的影响随着密度逐渐接近于上限而加强。密度制约实际是阻止种群数量过剩的主要机制，也是使种群数量达到稳态的主要机制。自然界中还有一种相反的情况，即随密度上升，作用强度下降，这称为逆密度制约，它不能起到调节种群密度的作用（表 3-1）。

表 3-1　密度与非密度制约

密　度（个体数目）	10	50	100	150	500	1000	5000	10000	注
死亡数（个） 死亡率（%）	5 50	25 50	50 50	125 50	250 50	500 50	2500 50	5000 50	非密度制约
死亡数（个） 死亡率（%）	0 0	1 2	10 10	125 50	400 80	900 90	4900 98.0	9950 99.5	密度制约
死亡数（个） 死亡率（%）	10 100	10 20	10 10	10 66	10 2	10 1	10 0.2	10 0.1	逆密度制约

从表中可以看出：非密度制约，即随种群密度的增加，死亡的个体增加，但死亡率不变，说明死亡率与密度无关；密度制约，个体数增加，死亡率增加，与密度相关。对于种群数量的动态变化，密度制约与非密度制约均是引起种群数量减少的两个死亡因素，它们常常彼此相互影响。非密度制约因素能使种群密度发生改变，从而改变环境容量，而密度制约因素则使种群数量维持稳定。

内源性因子是指来自种群内部的调节因子，包括内分泌调节、行为调节和遗传调节；外源性因子是指来自种群以外的调节因子，包括种间生物因子和气候等非生物因子。

关于种群动态的机制，生态学家提出了许多不同的假说：气候学派，认为种群参数受天气条件的强烈影响；生物学派，认为生物间的捕食、寄生、竞争等生物过程对种群调节起决定作用；食物因素学派，认为食物短缺（质和量下降）是生物种群最重要的限制因子；自动调节学说强调研究的焦点应放在动物种群内部，把种群调节看成是物种的一种适应性反应，可分为行为调节、内分泌调节和遗传调节。

1. 外源性调节理论

（1）气候学派：多以昆虫为研究对象。他们认为种群数量的变化受天气条件强烈影响。因为气候影响资源的可获得性，从而改变环境容量，调节种群数量。如以色列昆虫学家 F. S. 博登海默就认为昆虫早期死亡有 85% ~90% 是由于天气条件不良而引起的。他们强调种群数量的变动，否定其稳定性。

（2）生物学派：主张捕食、寄生、竞争等生物过程对种群调节起决定作用。如澳大利亚生物学家 A. J. 尼科森认为只有密度制约因子才能调节种群的密度。他们认为，在同一群落中，各个物种相互影响、相互制约，使种群数量保持相对稳定，某个物种种群的增长，就会加剧种间对食物及空间等的竞争，引起捕食和寄生等作用加强，最后导致该种群数量的下降，使其恢复到原来的平衡。

（3）食物因素：如英国鸟类学家 D. 拉克认为，食物短缺是大多数脊椎动物的限制因子。自然界中松鼠和交嘴鸟的数量与球果产量的关系，猛禽与一些啮齿类动物数目的关系等都是这方面很好的证明。

2. 自动调节学说

自动调节学说是将研究焦点放在动物种群内部，是关于内源性因子调节的学说。其特点是强调种内成员的异质性，异质性可能表现在行为、生理特征或遗传性质等方面；认为种群密度的变化影响了种内成员，使出生率、死亡率等种群参数变化，主张把种群调节看成是物种的一种适应性反应，它经过自然选择带来进化上的利用。自动调节学说又可分为行为调节、内分泌调节和遗传调节等。

(1) 行为调节：英国生物学家爱德华兹认为动物等级和领域性等社群行为是调节种群的一种机制。等级使社群中的一些个体支配另一些个体，领域性则是动物个体（或家庭）通过划分领地而把种群占有的空间及其中的资源分配给各个成员。这两种行为都使空间、资源、繁殖场所在种群内得到最有利于物种整体的分配，既减少了种内个体间因格斗而消耗能量，又限制了环境中的动物数量，保证了食物资源的有效供给。当种群超过限度时，种群中处于低等级的从属个体或迁往他处或生活在不利的地段。

(2) 内分泌调节：美国学者克里斯琴的内分泌调节学说认为，当种群数量上升时，种内个体经受的社群压力增加，中枢神经系统所受的刺激加强，影响了脑垂体和肾上腺的功能，使促生殖素分泌减少和促肾上腺皮质激素增加等，降低了机体的抵抗力，抑制了机体的生殖能力，致使死亡率高，出生率低。这样，种群的生理反馈机制对种群的增长进行了抑制性调节，从而降低了社群的压力。

(3) 遗传调节：英国遗传学家福特认为，当种群密度增加时，种内变异性增加，许多遗传型较差的个体存活下来，当条件恢复正常时，这些低质的个体因自然选择的压力增加而被淘汰，于是种群密度降低，种群内部的变异性也降低。因此，他指出种群密度的增加必然为其减少铺平道路。

生物学家奇蒂认为，种群中的遗传双态现象或遗传多态现象有调节种群的作用。例如，在啮齿类动物中，有繁殖力较强、高进攻性的基因型组和繁殖力较低、较适于密集条件的基因组。当种群数量初上升时，自然选择有利于前者，其种群数量迅速上升；当种群数量达到高峰时，由于社群压力增加，自然选择不利于前者而有利于后者，于是种群数量又趋于下降。这样，种群就可以进行自我调节。

第三节　种内、种间关系

存在于各个生物种群内部个体与个体之间的关系称为种内关系，而生活在同一环境中的所有不同物种之间的关系称为种间关系。生物的种内种间关系除竞争（光、热、水及养分）作用外，还包括多种作用类型，是认识生物群落结构与功能的重要特征。

生物的种内关系包括植物的密度效应、动植物的性行为（植物的性别系统和动物的婚配制度)、领域性和社会等级等。因此，对生物种内关系的研究，既应重视个体水平，也应重视群体水平。

生物种间关系可概括成两大类，即正相互作用和负相互作用。一般来说，正相互作用趋向于促进或增加，从而加强两个作用种的存活；而负相互作用趋向于抑制和减少。对于两个具体的物种来说，相互作用的类型可能会因不同的条件或其生长发育的不同阶段而有所变化。如两个物种在某一时间可能是寄生作用，在另一时间则成为偏利作用，而后来还可能是中性作用。

一、种内关系

植物和动物在种群内个体间相互关系的表现上有着很大的区别。动物具有活动能力，个体间的相互关系主要表现在社群等级制度、领域性、集群和分散等行为上；而植物无活动能力，种群内个体间的关系主要是个体间的密度效应。

（一）植物的密度效应

在一定时间内，当种群的个体数目增加时，就必定会出现邻接个体之间的相互影响，称为密度效应或邻接效应。种群密度效应是由矛盾着的两种相互作用决定的，即出生与死亡、迁入与迁出。凡影响出生率、死亡率和迁移的理化因子、生物因子都起着调节作用，种群的密度效应实际上是种群适应这些因素综合作用的表现。根据影响因素的种类，可将其作用类型划分为密度制约和非密度制约。凡对种群数量的影响和作用与种群的大小无关的因素，如气候因素、大气 CO_2 浓度、土壤 pH 值、营养状况、空间体积及污染物等随机性因素是非密度制约因素；而对种群的影响随着密度逐渐接近于上限而加强，这种影响主要来自于生物因素，如生物种间的捕食、寄生、食物、竞争等则属于密度制约因素。

根据种群密度效应的作用因素类型，还可将其划分为：内源性作用因素，即种群自身内部的作用因素，包括种内竞争所产生的遗传效应、病理效应和领域性效应等各种作用因素；外源性作用因素，即种群外部的作用因素，包括种间竞争、食物和气候等外部作用因素。目前发现的植物密度效应有两个基本规律。

1. “最后产量恒值法则”

按不同播种密度种植三叶草，并不断观察其产量，结果发现，虽然第 62 天后的产量与密度呈正相关，但到最后的 181 天，产量与密度变成无相关，即在很大播种密度范围内，其最终产量是相等的（图 3-5）。

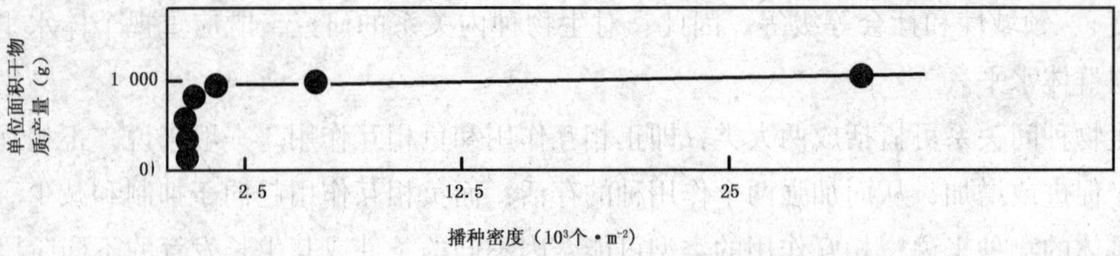

(a)开花后的三叶草

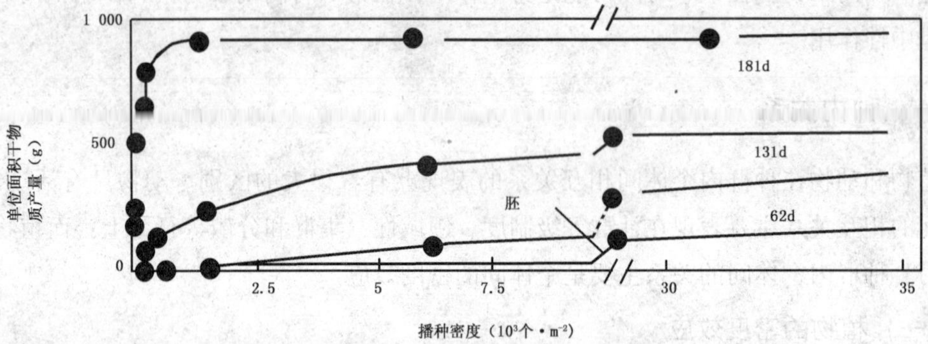

(b)在不同发育阶段上的三叶草

图 3-5　每单位面积干物质产量与播种密度之间的关系

可用公式表达如下：$Y=W\cdot d=C$

其中：Y 为总产量，W 为平均每株重量，d 为种群密度（株数），C 为常数。

“最后产量恒值法则”就是指在相同条件下，一定范围内，不论种群的密度如何，其最终产量总是趋于相同。其原因是不难理解的：在高密度（或者说，植株间距小，彼此靠近）情况下，植株彼此之间竞争光、水、营养物激烈，在有限的资源中，植株的生长率降低，个体变小（包括其中构件数少）。

2. “-3/2 自疏法则”

如果播种密度进一步提高并随着高密度播种下植株的继续生长，种内对资源的竞争不仅影响到植物生长发育的速度，而且进而影响到植株的存活率。在高密度的样方中，有些植株死亡了，于是种群开始出现“自疏现象”。例如，黑麦草在最高播种密度的样方中首先出现自疏。密度较低的，自疏现象出现较晚。由此可以得到黑麦草的“自疏线”，其斜率为-3/2。可用公式 $W=Cd^{-3/2}$ 表示。

其中：W 为平均每株重量，d 为种群密度，C 为常数。

如果种群密度很低，或者在人工稀疏的种群，自疏现象可能不出现。“最后产量恒值法则”和“-3/2 自疏法则”都是经过经验的法则。对许多种植物进行的密度试验中，证实了-3/2 自疏现象。

（二）动物的领域性和社会等级

1. 领域性

领域是指由个体、家庭和其他社群单位所占据的，应积极保卫不让同种其他成员侵入的空间。保卫领域的方式很多，如以鸣叫、气味标志和特异的姿势向入侵者宣告据领主的领域范围，或以威胁和直接进攻驱赶入侵者等。动物占有领域的行为就称为领域行为或领域性。具领域性的种类在脊椎动物中较多，尤其是鸟兽最为常见。因为这些动物的高级神经活动最复杂。猿猴类是其中非常典型的例子。但某些节肢动物，特别是昆虫也具领域性。如蜻蜓、蝶类、蝇类和各种膜翅目以及蟋蟀、朝潮蟹等。保护领域的目的主要是保证食物资源和营巢地，从而获得配偶和养育后代。

领域有暂时性和永久性之分。如大多数鸟类只是在繁殖期间才建立和保卫领域，其领域为暂时性的；而有的动物一旦建立其领域，就会终生占有，其领域是永久性的。

根据领域的性质，又可将领域划分为交配、觅食和繁殖的领域，交配和筑巢的领域，交配领域，筑巢领域，非繁殖领域如觅食领域等五种类型。

在动物领域性的研究中，还总结出了以下几条规律：

（1）领域面积随领域占有者的体重而扩大，因为领域大小必须以能保证供应足够的食物资源为前提，动物越大，需要资源越多，领域面积也就越大；

（2）食物品质的影响，食肉性种类的领域面积较同样体重的食草性种类大，并且体重越大这种差别也越大；

（3）领域行为和面积往往随生活史，尤其是繁殖节律而变化，例如，鸟类一般在营巢期中领域行为表现最强烈，面积也最大。

2. 社会等级

社会等级是指动物种群中各个个体的地位具有一定顺序的等级现象。社会等级形成的基础是支配行为，或称支配—从属关系。

社会等级在动物界中相当普遍，包括许多鱼类、爬行类、鸟类和兽类。社会等级和领域性这两个重要的社会性行为，与种群调节有密切联系。爱德华兹提出的种群行为调节学说的基础就是这种社会性行为和种群的数量关系。社会等级具有的重要生态学意义就在于：其一，有利于种群数量的调节；其二，有利于非争斗性获得资源。一个具有较稳定等级制的动物群体，会因争斗的减少而降低内耗，使有限的资源得到最大限度的合理利用。一旦资源不足，种群内通过等级关系优胜劣汰，保证种群后代的生存与延续。

动物社会等级主要有三种类型：一长式，或称独霸式，由一个优势个体来支配社群中的所有其他个体，其他个体之间无等级差别，多见于灵长类中的一些猴类；单线式，又称系列式，如家鸡的啄食等级，猕猴和短尾猴的社会等级均属此类，群体中每个个体都有一定的社会地位，甲支配乙，乙支配丙……；循环式，或称三角式，甲支配乙，乙支配丙，丙又支配甲，常见于多雄群体的灵长类，如猩猩。

动物的社会等级现象还有以下一些特点：排他性，社会惰性（在一个较长时间内保持已形成的社会等级），权力欲，雌雄等级分开（雄性有雄性的等级制，雌性有雌性的等级制并且只在雌性中存在），优势个体的利他性（有保护整个群体的责任）。

二、种间关系

（一）竞争（生态位与竞争排斥原理）

种间竞争是指具有相似要求的物种为了争夺空间和资源而产生的一种直接或间接抑制对方的现象。在种间竞争中，常常是一方取得优势，而另一方受抑制甚至被消灭。种间竞争的能力取决于种的生态习性、生活型和生态幅度等。具有相似生态习性的植物种群，在资源需求和资源获得手段上竞争激烈，尤其是密度大的种群更是如此。植物的生长速率、个体大小、抗逆性及营养器官的数目，都会影响竞争的能力。

1. 竞争的类型及其一般特征

竞争可以分为资源利用性竞争和相互干涉性竞争两类。在资源利用性竞争中，两种生物之间没有直接干涉，只有因资源总量减少而产生的对竞争对手的存活、生殖和生长的间接影响。相互干涉性竞争也很常见，例如，动物之间发生的格斗，又如拟谷盗和锯谷盗在面粉中一起饲养时，不仅竞争食物，而且有相互吃卵的直接干扰。某些植物能分泌一些有害化学物质，阻止别种植物在其周围生长，称为他感作用（或叫克生作用），也属于相互干涉性竞争。

种间竞争的不对称性是一个共同特点。不对称性是指竞争各方影响的大小和后果不同，即竞争后果的不等性。例如，潮间带生活的藤壶与小藤壶的竞争。藤壶在其生长和增殖的过程中，常覆盖、压挤和窒息小藤壶，从而剥夺了小藤壶的生存；相反，小藤壶的生长对于藤壶的影响很小。

种间竞争的另一个共同特点是：对一种资源的竞争，能影响对另一种资源的竞争结果。以植物间竞争为例，冠层中占优势的植物，减少了竞争对手进行光合作用所需的阳光辐射。这种对阳光的竞争也影响植物根部吸收营养物质和水分的能力。

2. 高斯原理

高斯原理（高斯假说）又称为竞争排斥原理是苏联生态学家高斯首先发现，其概念为：在一个稳定的环境内，两个以上受资源限制的，但具有相同资源利用方式的种，不能长期共存在一起，也即完全的竞争者不能共存。

高斯于1934年首先以草履虫为材料，用实验的方法观察研究了两个物种之间直接竞争的结果。他选择两种在分类上和生态习性上很接近的双小核草履虫和大草履虫进行试验。各取相等数目的个体，用一种杆菌为饲料，放在基本恒定的环境里培养。开始时两个都有增长，随后双小核草履虫的个体数增加，而大草履虫个体数下降；16天后，只有双小核草履虫生存，而大草履虫趋于灭亡（图3-6）。这两种草履虫之间没有分泌有害物质，主要就是其中的一种增长速度快，另一种增长速度慢，因竞争食物，增长快的种排挤了增长慢的种。这就是当两个物种利用同一种资源和空间产生的种间竞争现象。两个物种越相似，它们的生态位重叠就越多，之间的竞争就越激烈。

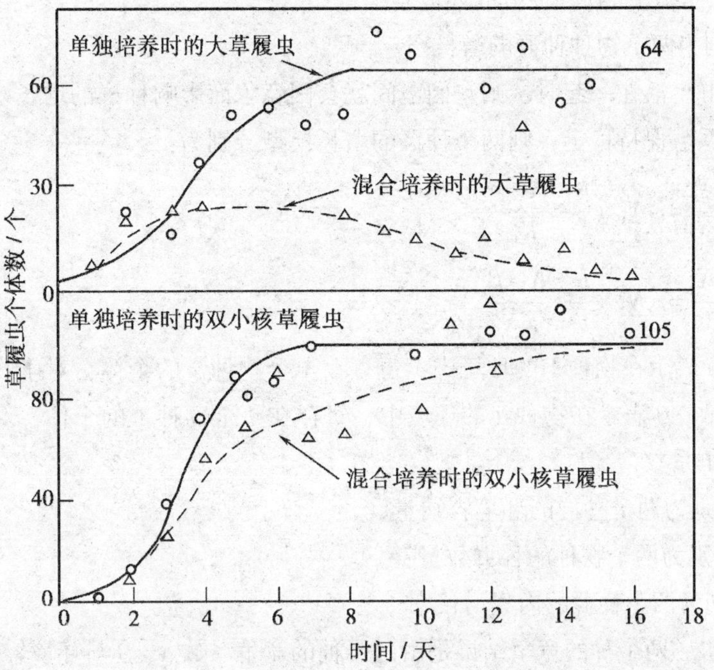

图 3-6　两种草履虫单独和混合培养时的种群动态

根据竞争排斥原理，可以看出：（1）生态学上（更确切地说，生态位上）相同的两个物种，不可能在同一个地区内共存，必将有一个最终被赶出或消灭；（2）如果生活在同一地区，由于竞争激烈，它们之间必然出现栖息地、食性、活动时间或其他特征上的生态位分化。种群之间由于竞争趋于协调。因此，可以利用这种多物种组成的群落更有效地利用环境资源，维持较高的生产力并且有较高的稳定性。

生物种间竞争排斥现象是普遍存在的，如北美灰松鼠进入到英国后，原产在大不列颠岛及其周围大部分地区的栗松鼠由于竞争而灭绝。数十年前有一种欧洲百灵被引入北美，它同本地的草地百灵竞争食物和巢域，结果不到几年时间就取代草地百灵而成为当地的优势种。这些例子说明外来种进入某地时，可能会与当地生态位相似的物种发生竞争。

3. 洛特卡—沃尔特拉模型

该模型是由美国学者和意大利学者分别独立提出的，是描述种间竞争的模型，是对逻辑斯谛模型的引申。

假定物种 1、物种 2，当它们单独生长时，符合逻辑斯谛模型，即分别为：

物种 1：$\frac{dN_1}{dt}=r_1N_1\left(\frac{K_1-N_1}{K_1}\right)$

物种 2：$\frac{dN_2}{dt}=r_2N_2\left(\frac{K_2-N_2}{K_2}\right)$

上两式中：N_1、N_2 分别为两个物种的种群数量；

K_1、K_2 分别为两个物种种群的环境容纳量；

r_1、r_2 分别为两个物种种群的增长率。

当两个种群生活在一起时，则它们之间就会因竞争而影响种群的增长。假定两种竞争者之间的竞争系数保持稳定，则两个种群的增长模型分别为：

物种 1：$\frac{dN_1}{dt}=r_1N_1\left(\frac{K_1-N_1-\alpha N_2}{K_1}\right)$

物种 2：$\frac{dN_2}{dt}=r_2N_2\left(\frac{K_2-N_1-\beta N_2}{K_2}\right)$

上式中：α 表示在物种 1 的环境中，每存在 1 个物种 2 的个体，对于物种 1 种群的效应——竞争系数；β 表示在物种 2 的环境中，每存在 1 个物种 1 的个体，对于物种 2 种群的效应——竞争系数；

K_1、K_2 分别为两个种群的环境容纳量；

N_1、N_2 分别为两个物种的种群数量；

r_1、r_2 分别为两个种群的内禀增长率。

从理论上讲，两个种的竞争结果是由两个种的竞争系数 α、β 与环境容量 K_1、K_2 比值的关系决定的。可能有以下四种结果：

（1）$\alpha>K_1/K_2$ 或 $\beta>K_2/K_1$，两个种都可能获胜；

（2）$\alpha>K_1/K_2$ 和 $\beta<K_2/K_1$，物种 1 将被排斥，物种 2 取胜；

（3）$\alpha<K_1/K_2$ 和 $\beta>K_2/K_1$，物种 2 将被排斥，物种 1 取胜；

（4）$\alpha<K_1/K_2$ 和 $\beta<K_2/K_1$，两个种共存，达到某种平衡。

高等植物种群混合栽培或培养时所表示的竞争结果都可以用洛特卡—沃尔特拉竞争方程来说明。

（二）捕食

捕食指所有前一营养级的生物取食和伤害后一营养级的生物的种间关系。

广义的捕食包括：①传统捕食，指食肉动物吃食草动物或其他食肉动物；②植食，指动物取食绿色植物营养体、种子和果实；③拟寄生，指昆虫界的寄生现象，寄生昆虫常常把卵产在其他昆虫（寄主）体内，待卵孵化为幼虫以后便以寄主的组织为食，直到寄主死亡为止；④同种相残，这是捕食的一种特殊形式，即捕食者和猎物均属同一物种。

理论上，捕食者和被捕食者的种群数量变动是相关的。当捕食者密度增大时，被捕食者种群数量将被压低；而当被捕食者数量降低到一定水平后，必然又会影响到捕食者的数量，随着捕食者密度的下降，捕食压力的减少，被捕食者种群又会再次增加，这样就形成了一个反馈调节。

假定捕食者和被食者共存于一个有限的空间内，那么被食者的种群增长率就会因有捕食而降低，这个降低因素还随捕食者密度而变化，因此被食者的种群方程可描述为：

$$dN/dt=(r_1-\alpha P)N$$

式中，N 为被捕食者密度，r_1 为被捕食在没有捕食者时的瞬时增长率。α 是测量捕食压力的常数，即平均每一捕食者捕食猎物的常数。可以设想如果 $\alpha=0$，那么 $-\alpha PN$ 这一项等于零，那就表示被食者完全逃脱了捕食者的捕食。α 值越大，就表示捕食者对于被食者的压力越大。因此，α 可以被称为捕食压力常数。

同样，捕食者种群的增长率也将依赖于被食者的种群密度，捕食者种群方程可描述为：

$$dp/dt=(-r_2+\beta N)P$$

式中，P 为捕食者密度，r_2 为捕食者在没有被食者时的瞬时死亡率，β 是测度捕食者利用被食者而转化为更多的捕食者的效率常数。这个值越大，捕食效率越大，对于捕食者种群的增长的效应也就越大。因此，β 可以称为捕食效率常数。

在一个生态系统中，捕食者与被捕食者一般保持着平衡，否则生态系统就不能存在。若捕食者和寄生者对猎物和寄主的有害影响过分，则会导致一个和两个种群灭绝。因此，捕食者在进化过程中能够形成自我约束能力，对猎物不造成过捕。它只捕食被食种群中将要死亡的年老个体和生产力小的幼年个体以及由于疾病等原因比较衰弱的个体，而不大可能捕食正当繁殖年龄的青壮年个体，因为这些个体的死亡将会减少被食者种群的生产力，不利于捕食种群自身的后续发展。人类在利用生物资源时，往往利用过度，使许多生物资源面临灭绝。

（三）共生

自然界中，生物之间除了竞争和相互抑制等负相互作用外，还有有意或无意的相互帮助、相互依存，自始至终和谐地生活在一起的形形色色的正相互作用。一般可分为三个类型，即偏利共生、原始合作共生和互利共生。

1. 偏利共生

偏利共生指共生的两个种群中一个明显受益，另一个不受影响。比如，在热带的中美洲和南美洲，一些垂悬的树枝上，一个小的黄蜂巢的周围往往聚集着许多鸟类，如文鸟的巢就在附近，这是因为文鸟没有自卫能力，且敌害很多，文鸟选择最凶狠、最有毒的昆虫——黄蜂作为自己的保护者，而黄蜂不会去蜇自己的邻居。偏利作用在海洋中非常普遍。每一个虫穴、甲壳动物或海绵，都是未被邀请而自来之客，这些生物以宿主为隐蔽场所，但对宿主既无害也无利，如开壳的牡蛎，其外套腔内发现有体弱的小蟹叫“共栖蟹”，它们一般以宿主的残食和排泄物为生。农业上利用这种现象可以进行立体种植，如在玉米地、甘蔗地种植蘑菇可以利用玉米、甘蔗的遮阴以及靠近地面高温、高湿的小气候，提高单位面积的生产力。

2. 原始合作共生

共生的两个种群都受益，但彼此不是非需要对方不可，如海洋中的蟹与腔肠动物之间即是这种关系。腔肠动物附生于螃蟹背上，作为伪装和保护（腔肠动物有刺细胞），又以蟹作为运输工具，当蟹捕捉和吃食其他动物时，还能得到食物颗粒。在新西兰，楔齿蜥与海燕共住在一个洞穴；中亚草原和沙漠上的沙狐与虎鼬合作捕食沙鼠；鸬鹚和鹈鹕一起捕鱼；非洲的响密鸟与蜜獾合作等都是相互取长补短，使双方从合作中得到好处。

3. 互利共生

互利共生指双方在共生中都能得到益处，并且完全相互依赖，不能分开。如高等植物与菌根菌、豆科植物与根瘤菌、反刍动物与瘤胃中的微生物等，如果把这些看成一种寄生性共生的话，那么海洋中的寄居蟹与海葵则是另外一种类型。寄居蟹以空贝壳为家，取个海葵安放在贝壳的入口处，兼作伪装和保护，蟹掉下的食物残渣落入海葵口内，当寄居蟹长大，海葵还会不断分泌一种很快在水中凝固的黏液，给贝壳增加容积。如果取下海葵，寄居蟹会把它放回原处；如果取走寄居蟹，不论喂海葵什么食物都无济于事，海葵很快死亡……它们就这样一起生活到死。自然界的互利共生极为普通，热带地区一群群野生的长颈鹿、大象、河马以至家畜，总有一群群鸟类随从陪伴，如鹳、鹭、鸨、啄虱鸟以及许多小型的雀形目鸟类，连凶猛残暴的鳄鱼也从不伤害进入口中啄食寄生虫的小鸟。

互利共生的数字模型可用以下方程表示：

$$\frac{dN_1}{dt}=r_1N_1\left[1-\frac{N_1}{K_1\alpha N_2}\right]$$

$$\frac{dN_2}{dt}=r_2N_2\left[1-\frac{N_2}{K_2+\beta N_1}\right]$$

式中，N_1、N_2 分别为两个物种的种群数量；K_1、K_2 分别为两个物种种群的环境容纳量；r_1、r_2 分别为两个物种种群增长率；α、β 分别为两个物种的共生系数，即由于共生伙伴的存在，使其环境容纳显得到扩大，因此，K_1 变成了（$K_1+\alpha N_2$），K_2 变成了（$K_2+\beta N_1$），但要求 α、$\beta<1$，以限制互利共尘作用的总量，否则种群将无限增大。

（四）寄生

一种生物寄居于另一种生物的体表或体内，并从后者的体液、组织或已消化物质获取营养并造成对宿主危害，称为寄生。更严格地说，寄生物从较大的宿主组织中摄取营养物质，是一种弱者依附于强者的情况。捕食者通常杀死猎物，而寄生者多次地摄取宿主的营养，一般不“立即”或直接杀死宿主。寄生物为适应它们的宿主表现出极大的多样性。其宿主可以是植物、动物，也可以是其他寄生物。

寄生物可分成微型和大型两类，微寄生物直接在宿主体内增殖，多数生活于细胞内，如疟原虫、植物病毒等；大寄生物在宿主体内生长发育，但其增殖要通过感染期，从一个宿主机体到另一个，多数在细胞间隙（植物）或体腔、消化道里生活，例如，蛔虫。寄生还可分为体外寄生（寄生在寄主体表）和体内寄生（寄生在寄主体内）两类。而营寄生的有花植物可明显地分为全寄生和半寄生两类，前者缺乏叶绿素，无光合作用能力，因此营养全来源于宿主植物，如大花草；后者能营光合作用，但根系发育不良或完全没有根，在没有宿主时停止生长，例如，小米草。

寄生是植物之间相互关系中的一个重要方面，寄生生物以寄主的身体为定居的空间，并完全依靠吸收寄主的营养而生活，因而使寄主植物的生长减弱，生物量和生产量降低，甚至导致寄主植物养分耗竭、组织破坏而致死。因此，寄生生物能抑制寄主植物的生长，而寄主植物则有加速寄生生物生长的作用。寄生生物或致病菌的毒性大小和数量多少，寄主植物对致病菌抗性的强弱以及环境条件等都会影响寄生关系。

寄生生物和寄主之间在长期的寄生关系中，往往形成了一种固定的相互适应性。如营寄生生活的高等植物具有适应寄生生活方式的形态解剖特征和生理特征。首先是生物体简化，如大花草、白粉藤属等仅保留花，身体的其他器官都变成丝状的细胞束，贯穿到寄主植物的细胞间隙中，吸取寄主的养料；其次，几乎所有寄生植物都出现吸盘、小钩等专性固定器官，以便于侵入并固定于寄主植物的体内和体表；第三，很多寄生植物还具有很大的繁殖能力和很强的生命力，一旦碰到寄主植物能立刻生长繁殖。另外，多数的寄生植物具有一定的专性，如菟丝子属和列当属中的很多种，常寄生在三叶草、亚麻等植物上。另一方面寄生生物在宿主体内的生活同样引起寄主的反应，最明显的是引起寄主组织的局部死亡，如植物脱落被感染的叶子或形成特殊的隔离层，使感染局部化，如马铃薯的疮痂就是受到放线菌的侵入而造成的。

其次是宿主的免疫反应。免疫反应是将能为寄生物生活的环境（即活的宿主机体，有别于生态学一般所讨论的环境）变成为寄生物所不能生存的。对寄生生态学而言，免疫反应有两个主要功能：一是使宿主从被感染中恢复过来；二是使宿主有了“记忆”，当寄生物再入侵时得到免疫。

脊椎动物的免疫反应能保护宿主，增加存活率，而无脊椎动物的免疫反应，其保护功能很弱，主要靠疾病流行后存活个体高的繁殖潜能以保持物种延续。

(五) 他感作用

他感作用也称化感作用，是指由植物分泌的化学物质，对自身或其他群发生影响的现象，植物的这种分泌物质称化感作用物质，主要是一些生物碱、酚类、萜类和醌类化合物，是植物界种间竞争的一种表现形式，植物通过挥发、根分泌、雨水淋溶和残体分解等途径释放化感作用物质，对其周围植物的生长产生抑制效应。如冬黑麦对小麦、向日葵和蓖麻、番茄对黄瓜都有抑制作用。美国加州沿海矮灌木丛林，能分泌挥发性萜类化合物，使灌木丛边缘数米内形成无草带，如同微生物培养中常见的抑菌圈。

植物分泌物对种间组合的促进和抑制作用，对于作物的间、混、套作，造林树种的选择、搭配、组合等都有极其重要的实践意义。据研究，榆树与栎树，白桦与松树，松树与云杉是相互抑制，相互对抗的，所以不能种在一起。又如胡桃不能和苹果种在一起，因胡桃叶能分泌大量胡桃醌对苹果起毒害作用，胡桃树周围也不能播种番茄、马铃薯；苹果树旁边不要种玉米，因为玉米对苹果根的分布也产生不利的作用。其他如洋葱和甜菜，芜菁和番茄，番茄和黄瓜，冬黑麦和小麦之间也有抑制作用。

而洋葱和食用甜菜，马铃薯和菜豆，小麦和豌豆种在一起则有相互促进作用。此外，由于某些植物种的分泌物还具有杀菌作用，所以当这些植物种群与另一些植物种群生长在一起时有防治病虫害的功效，如柠檬、葱、蒜就有这种杀菌作用。

第四节　种群的进化与适应

从进化的历史看，一个种群只有那些较为适应环境的个体，才能生存下来并产生后代，它们的遗传特性因而可以保存下来；而那些不能适应环境变化的个体连同相应的遗传特性，都会从种群中消失，这就是自然选择的结果。自然选择使每一个种群在一个较长的历史时期内不断调整对环境的适应性，以求得生存和发展，所以种群的适应与进化，是生态系统的重要稳态机制。

一、物种的形成与灭绝

物种是生物分类的基本单位，是具有一定的形态和生理特征以及一定的自然分布区、能相互交配产生后代的小种群（类群）。物种是生物进化过程中从量变到质变的一个飞跃，是自然选择的结果。

（一）物种的形成

选择进化的关键阶段是形成新物种，即物种的形成。物种形成过程实质上就是物种进化产生新种的过程。一个物种，不同的种群拥有共同的基因库，即使形成了不同的生态型，仍然可以杂交，进行基因交流，一旦它们之间出现生育隔离，也就产生了新的物种。对大多数动物和植物来说，物种形成是遗传变异，自然选择和基因交流障碍（生殖隔离）共同作用的结果。

1. 物种形成过程

根据目前广为学者们所接受的地理物种形成说，物种形成过程大致分为三个步骤。

（1）地理隔离。由于地理屏障，将两个种群彼此隔离开，阻碍了种群间个体交换，从而使基因交流受阻。

（2）独立进化。在地理上和生殖上隔离的种群各自独立的进化，适应各自特殊的环境。

（3）生殖隔离机制的建立。即使地理隔离屏障消失，两个种群的个体可以再次相遇和接触，但由于生殖隔离机制的建立，两种群间不可能再进行基因交流，因而成为相互独立的两个物种，物种形成过程完成。

形成生殖隔离的因素很多，大致可划分为两类：一是合子前隔离，即发生在合子形成之前，阻碍受精和合子的形成。造成隔离的原因：①栖息地隔离，两个种群虽分布于同一地理区域，但各有自己的栖息地生境；②时间隔离，两个种群虽有共同的分布区域，但性成熟时间不同，如在不同季节成熟；③行为隔离，交配前的行为，如雄性动物的求偶炫耀方式、炫耀行为（颜色、声音、性引诱剂等）的不同，使彼此不能相容或交配；④生殖器官隔离，动物的生殖器官不同，植物的花结构不同，均可阻止两个种群间的交叉受精，即使出现种间杂种，也会因为花结构的不协调结合而丧失其功能。

二是合子后隔离，即发生在合子形成以后，虽然两性配子可以受精并形成合子，但合子没有生活能力，或只能发育为不育的杂种。这是因为：①杂种的生活能力极弱，或完全不能生活；②发育过程中的杂种不育，如性腺发育异常，减数分裂中断或破坏；如马和驴杂交后代骡子，就没有生育能力；③F_2代受损，F_1代虽然能正常生活和生育，但F_2代具有很多生活能力弱和不育的个体。

2. 物种形成方式

物种的形成方式，一般可分为以下三类。

（1）异域性物种形成。即地理物种形成。往往又可分为两类：一类是通过大范围的地理分割，分开的两个种群各自演化，形成生殖隔离机制；如猫科、犬科等大型肉兽、鸟类等。其二是通过种群中少数个体从原种群分离出去，到达它地并经地理隔离和独立演化而成新种。与母群隔离的种群通常规模不大，是处于半孤立状态的边缘小群，这种新种形成方式多见于啮齿类、灵长类、昆虫等。

（2）邻域性物种形成。出现在地理分布区相邻的两个种群间的物种形成。在一个分布区很广的物种，由于边缘栖息地环境上的区别，使种群内的次群分化、独立，成为基因流动的障碍，在自然选择的作用下，逐渐形成生殖隔离机制而形成新种。多见于活动性少的生物，如植物、鼹鼠、无翅昆虫等。邻域形成显然不如异域普遍。

（3）同域性物种形成。在母种群分布区内部，由于生态位的分离，逐渐建立若干子群，子群间因逐步建立的生殖隔离，形成基因库的分离而形成新种。在自然界中，同域性物种形成的可能性很少，一般认为寄生生物中最有可能出现同域性物种形成。因为寄生生物常具有宿主的特异性，又多在宿主体内交配，所以比较容易形成与母群的生殖隔离。

（二）物种的灭绝

物种的灭绝与物种形成相对应，即一个种群或整个物种，完全丧失了通过繁殖（有性、无性）来维持生存的能力。物种灭绝是一个非常复杂的现象，产生的原因既有内部原因，也有外界环境的原因。因此灭绝既有偶然性，也有必然性。物种灭绝，从短时间来看，是对物种多样性的破坏。但长远来看，不能适应新环境的旧的种的灭绝，为新种的产生腾出了生态位，提供了必要的条件和良好契机。因此物种灭绝是生物和环境相互作用的必要环节。从整个生物圈来看，物种灭绝不仅维持了全球的生物多样性，而且更加有利于生物的发展和进化。

物种受灭绝威胁的主要原因：生境的破坏、资源过度开发、环境质量恶化、物种的入侵，这些统称为物种灭绝的“灾害四重奏”。

当种群长久处于不利条件下，或被人类过度捕猎，或栖息地（生境）被破坏的情况下，其种群密度会出现持久性下降，即种群衰落，甚至灭亡。个体大、出生率低、生长慢、成熟晚的生物最易出现这种情形。目前许多濒危动物和植物就属于这种情形。

物种种群的持续生存，不仅需要有良好的栖息环境，而且要达到最低种群个体数量。导致种群灭绝的直接原因是：环境改变、自然灾变、遗传同质化作用和种群统计学上的改变。如果生境遭破坏而破碎，种群的大量死亡或外迁等，形成数量过低的小种群；在小种群内，由于个体数量少，种群内因近亲繁殖而使种群的生育力和生活力衰退；同时由于种群过小，不能充分随机交配，基因不能充分自由分配与组合，基因频率和基因型频率就易发生偏差，某个基因或基因型可能从种群中消失，发生所谓的遗传漂移。种群越小，遗传漂移的速度越快。由于上述的共同作用小种群就会逐渐走向灭绝。例如，美洲的草原鸡在种群内个体数量降低到 50 对以后，即使采取有力措施也未能使其恢复，还是灭绝了。

由以上分析可见，为了保存一个种群的长期生存，必须使其个体数目高于一个最低数，即临界个体数。这个临界个体数又叫最小可生存种群。在这个数量以上，种群就可以应付个体出生和死亡的偶然变化、遗传漂变、环境的改变等灾难性事件而维系自身的生存与发展。

二、生态对策

生态对策是指各种生物在进化过程中形成各种特有的生活史，人们把它形象地称为生物在生存斗争中获得生存的对策。

（一）K 对策

在长期恒定的生境中生活的种群尽可能地均匀利用生境，把符合这一种情况的生物称为 K-对策者。K-选择的生物，通常出生率低，寿命长，个体大，具有较完善的保护后代机制，一般扩散能力较弱，但竞争能力较强，即把有限能量资源较多投入于提高竞争能力上。K-对策者的种群密度通常处于逻辑斯谛模型的饱和密度 *K* 值附近。其种群稳定而少变，所以称为 K-对策者。从大的分类单位来看，脊椎动物和种子植物属于 K-对策生物，K-对策者以提高竞争能力获得优胜。

（二）r 对策

在迅速出现，随后又消失的生境中，生物能够迅速地迁入，迅速地完全占有生境，并且能迅速地寻找新的有利地点，把符合这种情况的生物称为 r-对策者。r-对策者通常出生率高，寿命短，个体小，一般缺乏保护后代机制，竞争力弱，但一般具有很强的扩散能力，一有机会就入侵新的栖息生境，并通过高增长率而迅速增殖。r-对策者通常栖息于气候不稳定，难以测定天灾的地方，因为其种群数量变动较大，经受经常的低落、增大、扩展，是高生产率的，所以称为r-对策者。大多数昆虫、细菌、藻类等都属于r-对策生物，比较这些生物的主要特征，就能清楚地看到这两类进化对策的主要区别，在进化过程中，r-对策者是以提高增殖能力和扩散能力求得生存。

两种对策的比较如下（见表3-2）：

表3-2 r-选择和K-选择结果

	r-选择	K-选择
适应气候	多变、不能预测、不确定	较稳定、可预测、比较确定
死亡情况	多灾难性的，随机的，非密度制约的	较有选择性，密度制约的
群体大小	随时间变化，无平衡点，通常处在环境的 *K* 值以下，属未饱和的生态系统，有生态真空，每年需要生物重新定居	随时间变化不大，平衡点处在或接近于环境的 *K* 值上下。属于饱和的生态系统，无需生物重新定居
种内和种间竞争	强弱不一，一般较弱	通常较强烈
选择有利的方面	种群迅速发展；提高最大增长率；繁殖早；体重小	种群发展缓慢；增强竞争能力；降低资源阈值；繁殖晚；体重大
生活史	短，通常不到一年	长，通常长于一年

每一类生物在进化中力图占有所有可利用的生态位，从极端的r-对策者到极端的K-对策者之间，中间有很多过渡的类型，有的更接近r-对策，有的更接近K-对策，这是一个连续的谱系，可称为r-K连续体。如鸟类中的虎皮鹦鹉、鹌鹑，多数雀形目鸟类，个体小，出生率高，属r-选择，而鹫是最大的捕食性鸟类，每年只产一卵；信天翁翅展3米，未成熟年龄长达9~11年，隔年繁殖，数量稳定，属于K-选择。

r-K两类对策，在进化过程中各有其优缺点，k-对策的种群数量较稳定，一般保持在 *K* 值附近，但不超过它，所以导致生境退化的可能性较小，具有亲代关怀行为，个体大和竞争能力强等特征，保证它们在生存竞争中取得胜利，但其缺点是一旦受到危害而种群数量下降，由于其低 *r* 值而不易恢复，容易走向灭绝，如大熊猫、虎豹等珍稀动物，在物种保护中尤应注意。相反，r-对策者虽然由于防御力弱，无亲代关怀等原因而死亡率甚高，但高 *r* 值能使种群迅速恢复，种群灭绝的危险较少，同时因其具有较强的扩散迁移能力，当种群密度大，环境恶化时，可以离开原来环境，到别的地方建立新的种群。r-对策者的特性可能使其成为物种形成的丰富源泉。

从种群增长曲线（图3-7）可见，K-对策者种群有一个平衡点S，还有一个灭绝点X，种群数量高于或低于S时，都会自动趋向于S，恢复到平衡状态；而当种群数量高于灭绝点X时，种群能增长，一旦低于X时，则必然走向灭绝。这正是地球上目前很多珍稀动物所面临的问题，即K-对策者生物的种群数量一旦低于某一个临界值时，该种群就很难保存而灭亡。

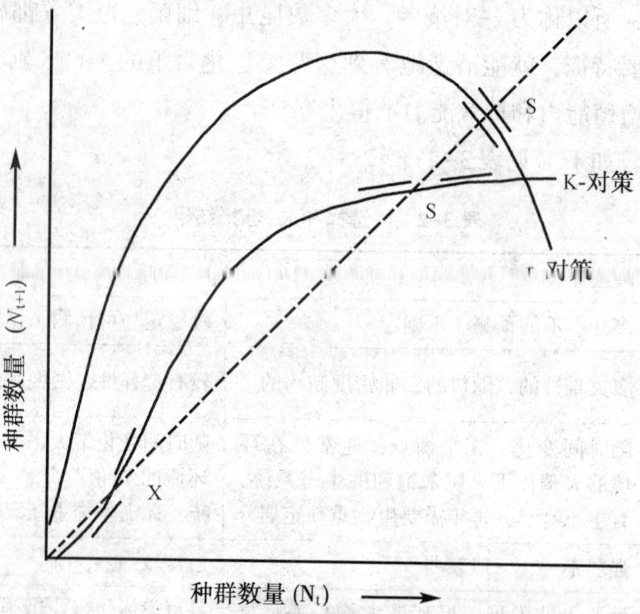

增长曲线S-平衡点，X-灭绝点

图3-7 r-对策和K-对策种群的种群数量

而r-对策种群的增长曲线，只有一个平衡点S，而没有灭绝点。意味着，它们在密度极低时，只要环境条件合适，也能迅速回升到稳定平衡点S，并在S点上下波动。这就是许多农业的病虫害很难消灭的原因之一。

三、协同进化

进化的基本单位是个体或种群，但个体的进化过程是在其环境的选择压力下进行的，环境不仅包括非生物因素，而且也包括其他生物。

在生态系统中，物种之间相互影响，共同构成一个相互作用的协同适应系统。一个物种的进化必然会改变作用于其他生物的选择压力，引起其他生物也发生变化，这些变化反过来又会引起相关物种的进一步变化，这种方式称为协同进化，在很多情况下，两个或更多个物种的单独进化常常互相影响，形成一个相互作用的协同适应系统。

（一）捕食者与猎物的协同进化

协同进化是一个物种的性状作为对另一物种性状的反应而进化，而后一物种的这一性状本身又是作为对前一物种性状的反应而进化。因此物种间的协同进化，可产生在捕食者与猎物之间、寄生者与寄主之间、竞争物种之间等。

捕食者和猎物之间的相互作用可能是这种协同进化的最好实例。捕食对于捕食者和猎物都是一种强有力的选择力：捕食者为了生存必须获得狩猎的成功，而猎物的生存则依赖逃避捕食的能力。

在捕食者的压力下，猎物必须靠增加隐蔽性、提高感官的敏锐性和疾跑来减少被捕食的风险。所以，瞪羚为了不成为猎豹的牺牲品就会跑得越来越快，但瞪羚提高了奔跑速度反过来又成了作用于猎豹的一种选择压力，促使猎豹也增加奔跑速度。捕食者或猎物的每一点进步都会作为一种选择压力促进对方发生变化，这就是协同进化。

（二）昆虫与植物的协同进化

昆虫与植物间的协同进化同捕食与猎物间非常相似。食植昆虫可给食料植物造成严重的损害，是植物的一个最大的选择压力，植物会发展自身的防卫能力来对这种压力做出反应。对于一年生植物来说，主要靠植物体小、分散分布和短命来逃避被取食；对长命植物来说，必须发展其他防卫方法，以避其更容易受到昆虫的攻击。如很多植物靠表皮加厚变得坚韧、多毛和生有棘刺等物理防卫，还有一些植物则发展了化学防卫。

植物一旦获得了一种化学防卫能力，就会对食植动物形成一种选择压力，在这种压力下，动物会逐渐适应并克服这种化学防卫手段，反过来对植物造成新的压力，并迫使植物产生新的适应性变化。例如，新大陆热带低地森林中的一种常见的蝴蝶—纯蛱蝶属，大约有 45 种蛱蝶，其中每一种都只吃西番莲科植物中的少数几种，生活在同一地点的蛱蝶，都有自身独特的寄主西番莲植物。但是纯蛱蝶的雌蝶是靠视觉来选择西番莲属植物进行产卵寄生，迫使西番莲属植物叶片的形状，明显多样性。西番莲属植物的叶片形状差异越大就越不易被可能以它们为食的纯蛱蝶所发现（以它们为专有寄主的除外）。实验已经证明：许多种类的纯蛱蝶用非专食的西番莲饲养也能产卵。

（三）食草动物与植物的协同进化

在草原生态系统中，牧草和以草为食的有蹄类动物在共同进化过程中形成了相互作用、相互依赖的复杂关系。食植动物的适当的采食淘汰了那些对啃食敏感的植物，践踏等也能抑制一些植物的生长，从而减弱植物的种间竞争，使某些植物能得以在此定居。因此，食植动物对保持物种多样性起着一定的作用。适当的采食活动可去掉衰老的部分和刺激再生，也能使植物的生长加速，净生产力提高，如人们对某些植物进行打叶处理，在一定程度上也能刺激植物的生长。但是，过度的采食会破坏植被，破坏草场。可见，食植动物和植物间的共同进化已发展到密不可分的地步，因此，人类在对自然生态系统进行干预时，必须认真研究它们之间的复杂而微妙的关系，要掌握好适当的放牧强度，当然放牧强度又是随土壤的含水量、营养物质的丰富度、气候条件等因素而变化的。

食植动物（包括昆虫及大型食植动物）与被它们所吃的植物之间的相互作用也存在着协同进化。食植动物对其饲料植物产生危害，这对于植物来说是一种选择压力。作为对这种选择压力的反应，植物就会产生特定的物理化学防御或耐受途径，食植动物也有一系列对获取和消化食物的适应。

（四）寄生者和宿主的共同进化

寄生者和宿主的共同进化，也有类似的有害作用减弱的情况。寄生者在侵入宿主机体中形成了致病力，致病力的发展同样受到进化上的限制。假如致病力过强，将宿主种群消灭，那么寄生者也将随之消灭。寄生者的致病力还遇到了来自宿主的自卫能力，如免疫反应的抵抗。因此，寄生和宿主的共同进化中，有害作用渐趋减弱，由寄生关系变成双方有利的共生关系。例如，引起森林脑炎的病毒，对它们的保护者往往是没有致病力的，疟原虫对于蚊也是这样。当然也有另一种情况，即寄生物具有高致病力和毒力的，例如某些细菌（如鼠疫菌、土拉伦斯菌），这些细菌往往通过吸血昆虫传递，使致病菌大量地出现在宿主的血液中，然后再通过中间宿主传递。即使如此，这些致病因子的毒力也是有变动的，关于弱毒病原体在这些疾病的生物群落中的保存作用日益受到重视。

本章同步训练

一、选择题

1. 种群生态学研究的对象是（　　）

A. 种群　　B. 群落　　C. 生态系统　　D. 有机个体

2. 具体的生物个体和群体生活地段上的生态环境称为（　　）

A. 环境　　B. 生境

C. 内环境　　D. 地球环境

3. 用方差/平均数比率检测生物分布型时，以下比值为均匀分布的是（　　）

A. $s^2/m=0$　　B. $s^2/m=1$

C. s^2/m 显著大于 1　　D. S^2/m 显著小于 1

4. $dN/dt=rN\ (K-N/K)$ 这一数字模型表示的种群增长情况是（　　）

A. 无密度制约的离散增长　　B. 有密度制约的离散增长

C. 无密度制约的连续增长　　D. 有密度制约的连续增长

5. 两种生物生活在一起时，对二者都必然有利，这种关系为（　　）

A. 偏利作用　　B. 互利共生

C. 原始合作　　D. 中性作用

6. 寄生蜂将卵产在寄主昆虫的卵内，一般要缓慢地杀死寄主，这种物种间的关系属于（　　）

A. 偏利作用　　B. 原始合作　　C. 偏害作用　　D. 拟寄生

7. 沿海地区出现的“赤潮”从种群数量变动角度看是属于（　　）

A. 季节性消长　　B. 不规则波动　　C. 周期性波动　　D. 种群的爆发

8. 在渔业生产上为获得持续最大捕捞量，海洋捕捞时，应使鱼类的种群数量保持在（　　）

A. $K/2$　　B. K　　C. $K/4$　　D. $K/3$

9. 土壤固氮菌和豆科植物的根系所形成的共生体称为（　　）

A. 菌根　　B. 根瘤　　C. 菌丝　　D. 子实体

10. 在下列哪种竞争方式下，个体不直接相互作用（　　）

A. 干扰性　　B. 资源利用性　　C. 种间　　D. 种内

11. 竞争激烈时，生物可通过下列哪种方式离开种群密度高的地区（　　）

A. 流动　　B. 扩散　　C. 死亡　　D. 隐藏

12. 以下生物中，属于兼性互利共生的是（　　）

A. 地衣　　B. 菌根　　C. 蜜蜂与月季　　D. 珊瑚

13. 杜鹃将蛋下在别种鸟的巢中，让这种鸟饲育其幼鸟，这一现象称为（　　）

A. 社会性寄生　　B. 寄生　　C. 潜在寄生　　D. 真寄生

14. 雄孔雀美丽的尾巴形成的原因在于（　　）

A. 竞争　　B. 攻击　　C. 性选择　　D. 适应环境

15. 下列哪项是生态学的一种主要影响力，是扩散和领域现象的原因，并且是种群通过密度制约过程进行调节的重要原因（　　）

A. 种间竞争　　B. 种内竞争　　C. 个体竞争　　D. 竞争

16. 蜜蜂螫敌时，会释放出一种外激素，促使其他蜜蜂一起向敌害进攻，这种现象在生物学上称为（　　）

A. 种间斗争　　B. 种内斗争　　C. 捕食　　D. 种内互助

17. 分布在我国新疆和东北的雪兔、分布在华北的草兔和分布在华南的华南兔颅骨长分别为95~97 mm、85~89mm 和67~86mm，这种颅骨的变异可以用下列哪项解释（　　）

A. 贝格曼规律　　B. 阿伦规律

C. 约旦规律　　D. 高斯假说

18. 年龄锥体左右不对称的原因是（　　）

A. 各年龄组的个体数差异　　B. 各年龄组的死亡率不同

C. 各年龄组的出生率不同　　D. 各年龄组的性比不同

19. 若 $\lambda = R_0$，则该生物种群可能为（　　）

A. 种子植物　　B. 动物

C. 一年生植物　　D. 高等动物

20. 遗传漂变通常发生在（　　）

A. 小种群　　B. 大种群　　C. 隔离的大种群　　D. 岛屿化种群

21. 地球上生物多样性最高的生态系统通常在（　　）

A. 极地苔原　B. 热带雨林　C. 寒温带森林　D. 温带草原

二、填空题

1. 次级种群参数有________、________、________和分布型等。

2. 种群自动调节的3个学说是________、________和________。

3. 因过渡捕捞而处于资源衰退的鱼类种群，一般在年龄结构上会出现________；性别比例上会出现________的现象。

4. 从种群调节的角度，可将生态因子分为________和________两类。

5. 种群的分布格局可以分为3种类型：________、________和________。

6. 根据 $r_m = ln(R_0)/T$ 可知，内禀增长力决定于________、________和________。

7. ________、________是物种进化的两种动力。

8. 根据生物因子作用强度与种群密度的关系，可将其分为________和________。

三、问答题

1. 种群具有哪些不同于个体的基本特征。

2. 年龄金字塔有几种类型，各具什么特点？

3. 简述捕食对种群的调节作用。

4. 简述自然种群数量波动的类型。

5. 简述社会等级和优势等级的概念，并说明优势等级的作用。

6. 简述逻辑斯谛增长曲线的形成过程及各阶段的特征。

7. 比较在无限环境中世代不相重叠两类种群的增长模型，简要说明其生物学意义。

8. 高斯假说的中心内容是什么？

四、论述题

1. 解释与比较 r、r_m、R_0 的概念，逻辑斯谛模型中的 N/K 的意义何在？

2. 试举例说明生物如何通过调节其耐性限度来渡过不良生境的。

参考答案

第四章 群落生态

学习目标及要求

1. 掌握生物群落的基本概念和基本特征。
2. 掌握生物群落的种类组成、数量特征及结构特征。
3. 理解生物群落发生与演替的基本过程。
4. 理解生物群落的主要类型及其地理分布的基本规律。
5. 了解中国植物群落的分类体系。

群落是生态系统中高于种群的层次，是有一定结构、功能和动态变化的生物集合体。群落的概念是生态学思想和应用中最为重要的原则之一，对群落的研究也是生态学重要的实践和内容。

基础知识复习

第一节 生物群落的概念与特征

一、生物群落

（一）生物群落的概念

群落的概念是生态学思想和应用中较为重要的原则之一，对群落的研究也是生态学研究的重要内容。

1890年，丹麦植物学家瓦尔明出版了其经典著作《植物生态学》，副标题为“植物群落研究引论”。该书认为：一定的种所组成的天然群聚即群落；形成群落的种实行同样的生活方式，对环境有大致相同的要求，或一个种依赖于另一个种而生存，有时甚至后者供给前者最适之所需，似乎在这些种之间有一种共生现象占优势。同一时期，俄国对植物群落的研究有了较大发展，并形成一门以植物群落为研究对象的学科——地植物学（植物群落学的同义语）。他们对植物群落下的定义是“不同植物有机体的特定结合，在这种结合下，存在植物之间以及植物与环境之间的相互影响”。

另一方面，有些动物学家也注意到不同动物种群的群聚现象。1877 年，德国生物学家莫比乌斯在研究海底牡蛎种群时，注意到牡蛎只出现在一定的盐度、温度、光照等条件下，而且总与一定组成的其他动物（鱼类、甲壳类、棘皮动物）生长在一起，形成比较稳定的有机整体，莫比乌斯称这一有机整体为生物群落。之后，生物群落生态学的先驱者谢尔福德对生物群落定义为“具一致的种类组成且外貌一致的生物聚集体”。美国生态学家奥德姆在他的《生态学基础》一书中，对这一定义做了补充，除种类组成与外貌一致外，还“具有一定的营养结构和代谢格局”，“它是一个结构单元”，“是生态系统中具生命的部分”，并指出群落的概念是生态学中重要的原理之一，因为它强调了这样的事实，即各种不同的生物能在有规律的方式下共处，而不是任意散布在地球上。比利时的 P. 迪维诺在他的《生态学概论》中对群落做出了相似的定义：“群落（或生物群落）是在一定时间内居住于一定生境中的不同种群所组成的生物系统；它虽然是由植物、动物、微生物等各种生物有机体组成，但仍是一个具有一定成分和外貌比较一致的组合体；一个群落中的不同种群不是杂乱无章的散布，而是有序而协调的生活在一起”。

虽然生态学家们认识到生物都以多种形式的有机集合群存在，但对于群落单元的划分及群落的客观实体性仍有争议。生态学界存在两派决然对立的观点，一派认为群落是客观存在的实体，是一个有组织的生物系统，像有机体与种群那样，被称为机体论观点；另一派认为群落并非自然界的实体，而是生态学家为了便于研究，从一个连续变化着的植被连续体中，人为确定的一组物种的集合，被称为个体论观点。

机体论的理论依据是：任何一个植物群落都要经历一个从先锋阶段到相对稳定阶段的成长过程，如果时间充足的话，森林区的一片沼泽最终会发展为森林植被，这个成长过程类似于一个有机体的生活史。因此，群落像一个有机体一样，有诞生、生长、成熟和死亡的不同发育阶段，而这些不同的发育阶段，可以解释成一个有机体的不同发育时期。在植物群落中，有些种群具有强烈的依附性，只能在一定的群落中而不能在别的群落中生长，群落的组成和结构有稳定的模式（图 4-1）。因而他们强调，植物群落在许多方面是表现为整体性的，认为群落是自然单位，它们和有机体一样具有明确的边界，而且与其他群落是间断的、可分的，它们独立存在，可重复出现。因此，可以像物种那样进行分类。

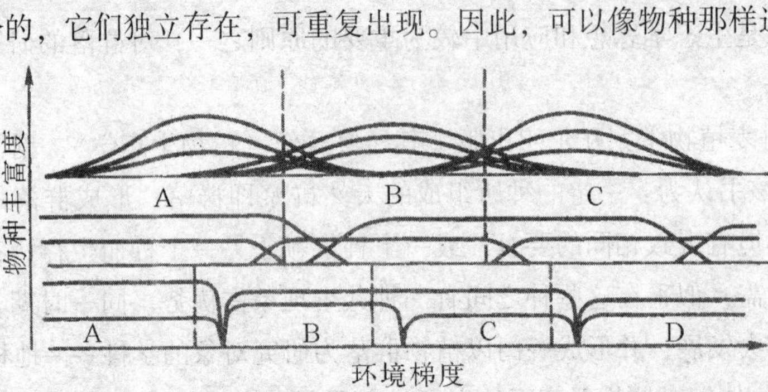

图 4-1　机体论的群落沿环境梯度的分布（A、B、C、D 分别为不同群落类型）

个体论认为群落的存在、组成及结构依赖于特定的生境与物种的选择性。但环境条件在空间与时间上都是不断变化的，由于环境变化而引起的群落的差异性是连续的。所以，群落是连续的，群落之间不具有明显的边界，而且在自然界没有任何两个群落是相同或相互密切关联的，人们研究的群落单元是连续群落中的一个片段。不连续的间断情况仅仅发生在不连续的生境上，如地形、母质和土壤条件的突然改变，或人为的砍伐、火烧等的干扰，在通常情况下，生境与群落都是连续的，因此他们认为应采取生境梯度分析的方法来研究连续群落变化，而不采取分类的方法。并用梯度分析与排序等定量方法研究植被，证明群落并不是一个个分离的有明显边界的实体，多数情况下是在空间和时间上连续的一个系列（图 4-2）

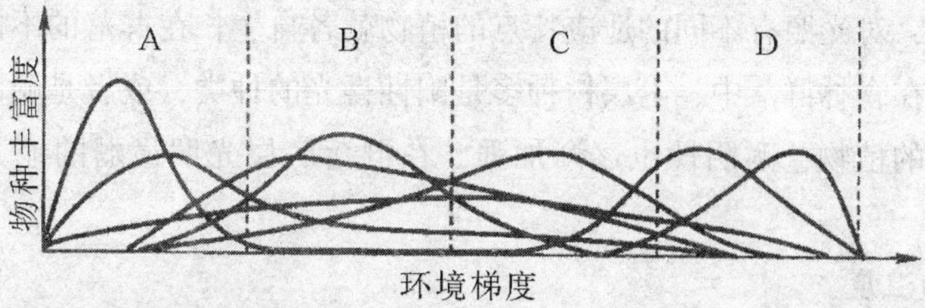

图 4-2　个体论的群落沿环境梯度的分布（A、B、C、D 分别为连续群落的片段）

综上所述，生物群落可定义为在特定空间或特定生境下生物种群有规律的组合，它们之间以及它们与环境之间彼此影响，相互作用，具有一定的形态结构与营养结构，执行一定的功能。也可以说，一个生态系统中具生命的部分即生物群落。生物群落的概念具有具体和抽象两重含义，说它是具体的，是因为确实很容易找到一个区域或地段，在那里可以观察或研究一个群落的结构和功能；它同时又是一个抽象的概念，指的是符合群落定义的所有生物集合体的总称。

群落和生态系统究竟是生态学中两个不同层次的研究对象，还是同一层次的研究对象。这个问题，目前还存在着不同的看法，大多数学者认为应该把两者分开来讨论。但也有不少学者把它们作为同一个问题来讨论。但是，群落和生态系统这两个概念是有明显区别的，各具独立含义。

群落是指多种生物种群有机结合的整体，而生态系统的概念是包括群落和无机环境。生态系统强调的是功能，即物质循环和能量流动。但谈到群落生态学和生态系统生态学时，确实是很难区分。群落生态学的研究内容是生物群落和环境相互关系及其规律，这恰恰也是生态系统生态学所要研究的内容。随着生态学的发展，群落生态学与生态系统生态学必将有机的结合，成为一个比较完整的，统一的生态学分支。

（二）群落与环境的相互影响与制约

群落在时间上和空间上的变化都与其环境紧密相关，群落中生物生活所必需的能量和物质，就是其环境的组成部分，群落不得不受到环境的影响，而群落也在变化发展的过程中不断改变其周围的环境条件。群落环境是指在群落内部由于群落本身作用而形成的特殊环境，它是群落的一个组成部分。也就是说，群落在正常的情况下，都能形成本身所固有的环境。当然，群落离不开它所处的环境条件，群落环境总是受到当地环境条件的影响。

1. 群落内的光照

在植物群落内部，由于植物群落对光辐射的吸收、反射和透射作用，植物群落中的光照情况与单株植物的光照有所不同。照射在群落中的太阳光，可以分为三部分：一部分被主要层的植物所吸收；一部分被主要层的植物所反射；还有一部分则穿过枝叶间隙射入群落内部。随着构成群落的植物种类不同，群落的结构不同，以及季节的不同，群落中的这三部分光所占的比例也不相同。经过植物群落对光的吸收和反射，到达群落内部的光的强度和成分都大大改变了，所以群落内部的光照特点是光照度减弱，光质成分改变。由于群落内的光照特点，对光照有不同的适应特点的植物就各自生长在群落的不同部位或是出现于不同的季节。在森林群落中，上层树种多是阳性喜光的种类，或者是耐阴性程度较弱的种类，越到下层的植物，耐阴性也逐渐加强，在群落底层光照最弱的地方则生长着阴性植物。

2. 群落内的温度

群落内的温度与太阳辐射以及植物群落本身的特征有密切的关系。在森林群落内，白天和夏季的温度要比空旷地面要低，夜间和冬季的温度比空旷地面高，林内温度变化缓和。林内外温度差别是因为在空旷地上太阳辐射直接达到地面，“作用面”是裸露的地表，而在群落中，这个“作用面”抬高到树冠层。炎热的季节，在强烈阳光照射下，群落上层的枝叶一方面能阻挡阳光向下层照射，同时林冠层吸热蒸腾，不断消耗热量，而植物体吸热散热缓慢，导热效果较差，所以使群落内部温度变化减缓。加上植物相互遮盖，阻滞林内空气流通使群落内部热量不易损失。群落的地面还有枯枝落叶层，它能缓和土壤表面的温度变化速度，并能影响群落内气温变化。群落结构愈复杂，林内外温度差异愈显著。森林群落的作用远比灌木、草本群落显著，大面积森林不仅林内外温度差异很大，而且还可以影响一定范围的地方气候。

3. 群落内的水分

群落能截留降水，保蓄水分，使降落在群落中的水分进行再分配，因而能创造群落内部特殊的空气和土壤湿度条件。群落截留水分的能力，与群落类型以及主要种类的生物学特征有关。以森林群落为例，耐阴性树种由于树冠枝叶茂密，截留的雨水要比阳性树种为多。如云杉林冠能截留总雨量的30%，松林为18%，桦木林仅9%。森林截留雨量也和森林的层次结构有关，群落结构愈复杂，林内的层次愈多，则截留的雨量也愈多。森林所截留的水分，一部分被林冠阻留，直接蒸发返回大气，降水的大部分到达地表，这到达地表的水分，大部分渗入土壤，被土壤保持或渗入地下形成潜流，只有一部分成为地表径流。土壤水分被植物吸收，经蒸腾和蒸发而保留在群落内。由于群落能阻挡降水，增加土壤水分的入渗，大大减少地表径流，减少了对表土的冲刷。群落中植物根系交织成网，对土壤有固结作用，可提高群落内土壤抗冲刷的能力。利用群落保持水土，涵养水源，调节小气候。

4. 群落内的空气状况

空气的流动在群落内发生很大变化。群落本身对气流发生摩擦作用，抑制风速，甚至使其完全停止，其能力与群落的结构有关。层次结构复杂和郁闭的热带雨林，其内处在静风状态。在一个具有一定高度的森林内，近地面处往往呈无风状态，在中部变化较大，而在林冠上层变化微弱。群落内的空气成分，由于植物的生理活动过程，表现出一定的规律。二氧化碳的含量在一天内的变化颇为显著，其吸收量有几个高峰，而且在最高层处的吸收量最大；但在夜间，由于光合作用减弱，二氧化碳含量比较稳定。

5. 群落内的土壤

植物群落是土壤形成的重要因素。土壤是在一定的地形条件下，植物与母岩、气候相互作用经过漫长的发育时期形成的。从植物群落学的观点看，群落内的土壤是不断变化着的群落的植物环境。群落中各种不同的植物对土壤中的化学元素是选择吸收的，各种植物从土壤中吸收的化学元素的数量也不同。植物所吸收的化学元素一部分聚集在体内，一部分则通过枯枝落叶分解，返回到土壤中去。群落中植物的根系的巨大活动，对于土壤的影响更为强烈。根系与土壤溶液中各种离子发生作用，根系还分泌一些物质，来影响土壤成分和土壤结构。

植物群落地上和地下部分的结构状况，影响到土壤温度和湿度的变化，影响到向下渗透的水流和通过毛细管上升的水流。因此，在不同的群落作用下，土壤中溶解物质的运行都有不同的表现，并形成了土壤的各个层次中土壤成分差异。因此，随着土壤养分、水分、结构和温度等变化，在一定的群落下，具有一定的土壤剖面特点，具有一定的土壤肥力。就总体而言，植物群落具有改良土壤，维护和提高土壤肥力的作用。

植物群落能改变群落内部的环境，形成群落特有的群落环境。同时，群落的存在对周围环境也产生一定的影响，也就是说群落对外界环境有改造作用，如防止风害，调节水分，改良土壤，保护环境，减弱水分蒸发，增加土壤湿度，增加积雪，减弱土壤的风蚀，减弱空气湿度的变化等。

二、生物群落的基本特征

（一）种类组成

在自然界中，任何一个生物群落总是由一定数量的植物种类和动物种类组成。植物种类成分是形成群落的基础，不同的群落，有不同的种类组成。某些生物种总是以一定的概率共生在一起，其中植物部分可划分为建群种、优势种、亚优势种和附属种。每个群落有其特有的物种多样性、优势度和相对丰度，这些特征取决于群落结构的复杂程度及生态条件的优劣。一般来说，环境条件越优越，群落的结构越复杂，组成群落的高等、大型的动植物种类越多；群落发育的时间越长，生物种类越多。

（二）结构特征

群落中生物的空间分布总是按照最能充分利用非生物环境提供的各种生存条件的原则来进行的，各物种的分布关系是建立在竞争的基础之上的，主要的结构特征决定于优势种植物。所以生物群落具有一定的空间结构（成层现象）和时间结构（物候期）。比如所有的森林群落都有自养层及异养层两个基本的层次，植物有垂直分层现象，动物也占据不同高度的空间，海洋中的鱼也是分层的。此外，群落的水平结构表现为不同种群或群落在平面的不同分布及其镶嵌，形成不同的景观。

（三）动态特征

即群落随时间和空间的变化而变化，群落随时间的推移而发生的变化叫群落演替，演替有一定规律和一定方向。同时群落也会随空间环境梯度的变化而变化。

第二节　生物群落的种类组成与数量特征

群落的物种组成是决定群落性质的重要因素，是区别不同群落类型的基本特征，对群落的研究，一般都是从分析其物种组成开始。

一、种类组成

（一）优势种与建群种

优势种是对群落的结构和群落环境形成起主导作用的物种。在一个群落中生活的多种生物种中，只有一个或少数几个的种或类群，它们个体数量多、生物量大、生产量高，占据的空间也大，从而对群落的能流或其他种类的环境有强烈的影响或起主导作用，这种类群被称为生态优势种。

优势种主要是体现群落中有机体的实际重要程度，一般是指植物（生产者）。有时候，动物（消费者）也能控制群落，尤其是在植物矮小的地方，但这种情况是少数。

一个群落中的大多数物种，个体数相对较少，生物量、生产量也较小，对群落环境和功能不起主导作用，被称为稀有种。稀有种在群落中并不是不重要，只是当移去优势种时，会在生物群落和自然环境中引起重要的变化，而移去非优势种时产生的变化较小。在一个生物群落中，正是多种稀有种的存在决定了群落物种的多样性，并影响到群落的稳定性。

群落在其发展过程中，优势种与稀有种的数目不是一成不变的。一般来说，在外界压力下，如环境变坏、污染等，稀有种数目会减少，有些种会消失，而少数优势种或抗性强的稀有种数目会增多。

建群种生物群落中的优势层的优势种起着构建群落的作用，常被称为建群种，如森林群落中的乔木层、灌木层、草本层和地被层分别存在着各自的优势种，其中乔木层的优势种，即为建群种。如果群落中的建群种只有一个，则称该群落为“单建群种群落”或“单优种群落”；如果有两个或两个以上同等重要的建群种，就称该群落为“共优种群落”或“共建种群落”。热带森林，几乎全是共建种群落，北方森林和草原，则多为单优种群落。

（二）亚优势种与伴生种

亚优势种是指个体数量、盖度及作用都仅次于优势种，但在决定群落性质和控制群落环境方面仍起着较大作用的物种。

伴生种在群落中时常出现，与优势种伴存，但不起主要作用，有时又称附属种。

（三）偶见种

偶见种是那些在群落中出现频率很低的物种，多半数量稀少，如常绿阔叶林或南亚热带雨林中分布的观光木，这些物种随着生境的缩小濒临灭绝，应加强保护。偶见种也可能偶然地由人们带入或随着某种条件的改变而侵入群落中，也可能是衰退中的残遗种，如某些阔叶林中的马尾松。有些偶见种的出现具有生态指示意义。

二、生物群落组成的数量特征

（一）多度

多度或密度是指群落内各物种的数量。多度可以是生物个体的绝对数量，也可以用各物种的个体在群落中的比率即相对多度来表示。植物确定多度值除直接记名记数外，还常用目测的方法估计，即预先确定多度的等级，再来估计单位面积上个体的多少。等级的划分和表示方法大同小异（表 4-1）

表 4-1　几种常见的多度等级

德鲁提			克列门茨		奥斯汀		布朗-布朗喀	
Sco		极多	D	优势	5	很丰富	5	非常多
cop	cop3	很多	A	丰盛			4	多
	cop2	多			4	丰富		
	cop1	尚多	F	常见			3	较多
Sp		少	O	偶见	3	偶遇	2	较少
Sol		稀少	r	稀少	2	稀少	1	少
Un		个别	Vr	很少	1	很稀少	+	很少

无论采用哪一种，都应注意以下原则：

① 多度的估计，可以在样地范围内进行，也可以不受样地的限制，以群落为整体作全面考虑；

② 多度是植物个体数量多少的相对概念；

③ 只能在属于同一生长型的植物之间进行比较，不能将不同生长型的植物进行比较；

④ 多度的目测估计，易出现误差，应进行校对。

密度是单位面积或单位空间内的个体数。一般对乔木、灌木和丛生草本以植株或株丛计数，根茎植物以地上枝条计数。样地内某一物种的个体数占全部物种个体数之和的百分比称作相对密度或相对多度。用公式表示为：

$$d = N/S$$

式中，d 表示密度；N 表示样地内某种植物的个体数目；S 表示祥地面积，密度的倒数即为每株植物所占的单位面积。

在群落内分别求算各个种的密度，其实际意义不大。重要的是计算全部个体（不分种）的密度和平均面积。在此基础上，又可推算出个体间的距离：

$$L = \sqrt{S}/N - D$$

式中，L 为平均株距；N 为样地内某种植物的个体数目；S 为样地面积；D 为树木的平均胸径。密度的数值受到分布格局的影响，而株距则又反映了密度和分布格局。在规则分布的情况下，密度与株距平方成反比。

（二）盖度

盖度，指的是植物地上部分垂直投影面积占样地面积的百分比，即投影盖度。后来又出现了“基盖度”的概念，即植物基部的覆盖面积。对于草原群落，常以离地面 2.54 cm 高度的断面积计算；对森林群落，则以树木胸高（1.3 m 处）断面积计算。盖度可分为分盖度（种盖度）、层盖度（种组盖度）和总盖度（群落盖度）。林业上常用郁闭度来表示林木层的盖度。通常，分盖度或层盖度之和大于总盖度。群落中某一物种的分盖度占所有分盖度之和的百分比，即相对盖度。某一物种的盖度与盖度最大物种的盖度比称为盖度比。盖度和多度的关系非常密切，通常可出现 3 种情况：a. 植物个体数量多，则盖度大，灌林多半如此；b. 有些植物多度大，盖度并不大，如草本植物；c. 有些植物多度小，但盖度却大，如乔木树种。

（三）频度

频度即某个物种在调查范围内出现的频率。常按包含该种个体的样方数占全部样方数的百分比来计算，即：

$$频度 = 某物种出现的样方数 / 样方总数 \times 100\%$$

种群的频度不仅与密度有关，而且受到分布格局、个体大小的影响，还受到样方数目和大小的影响，一般是样方数目多，面积小所得结果比较真实地反映群落内种的个体的分布情况。

丹麦植物学家瑙基耶尔在欧洲草地群落中，用 0.1m² 的小样圆任意投掷，将小样圆内的所有植物种类加以记载，就得到每个小样圆的植物名录，然后计算每种植物出现的次数与样圆总数之比，得到各个种的频度。瑙基耶尔根据 8000 多种植物的频度统计（1934）编制了一个标准频度图解（图 4-3）。

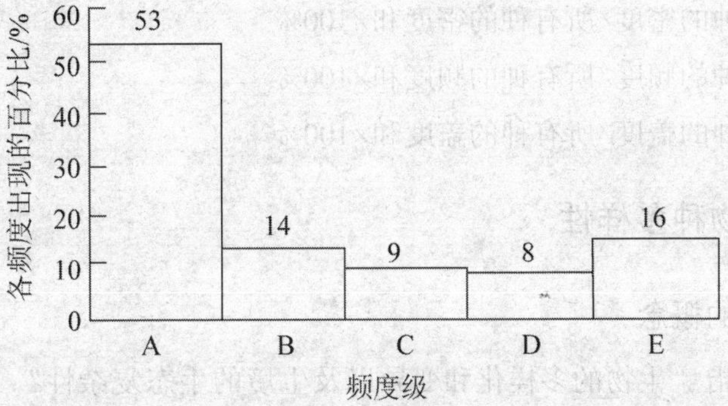

图 4-3 瑙基耶尔根据 8000 多种植物的频度统计编制的标准频度图

在这个图中，凡频度在 1%～20% 的植物种归人 A 级，21%～40% 者为 B 级，41%～60% 者为 C 级，61%～80% 者为 D 级，81%～100% 者为 E 级，在他统计的 8000 多种植物中，频度属于 A 级的植物种类占 53%，属于 B 级者有 14%，C 级有 9%，D 级有 8%，E 极有 16%，这样按其所占比例的大小，五个频度级的关系是：A>B>C>=<D>E。此即所谓的瑙基耶尔频度定律。这个定律说明：在一个各类分布比较均匀一致的群落中，属于 A 级频度的各类通常是很多的，它们多于 B、C 和 D 频度级的种类。这个规律符合群落中低频度种的数目较高频度种的数目为多的事实。E 级植物是群落中的优势种和建群种，其数目也较大，因此占有较高的比例，所以 E>D。

实验证明，上述定律基本上适合于任何稳定性较高而种数分布比较均匀的群落，群落的均匀性与 A 级和 E 级的大小成正比。E 级越高，群落的均匀性越大。如若 B、C、D 级的比例增高时，说明群落中种的分布不均匀，暗示着植被分化和演替的趋势。

(四) 优势度

优势度用以表示一个种在群落中的地位与作用，但其具体定义和计算方法各家意见不一。

布朗-布朗喀主张以盖度、所占空间大小或重量来表示优势度，并指出在不同群落中应采用不同指标。苏卡乔夫提出，多度，体积或所占据的空间、利用和影响环境的特性、物候动态均应作为某个种优势度指标。有的认为盖度和密度为优势度的度量指标。也有的认为优势度即“盖度和多度的总和”或“重量、盖度和多度的乘积”等。

(五) 重要值

重要值也是用来表示某个种在群落中的地位和作用的综合数量指标，因为它简单、明确，所以在近些年来得到普遍采用。重要值是根据密度、频度和优势度（树木的基部盖度）来确定森林群落中每一树种的相对重要性。其计算的公式如下：

重要值=相对密度+相对频度+相对优势度（相对基盖度）

上式用于草原群落时，相对优势度可用相对盖度代替：

重要值=相对密度+相对频度+相对盖度

相对密度=该种的密度/所有种的密度和×100%

相对频度=该种的频度/所有种的频度和×100%

相对盖度=该种的盖度/所有种的盖度和×100%

三、群落的物种多样性

（一）多样性的概念

生物多样性是指“生物的多样化和变异以及生境的生态复杂性”。它是生物与环境形成的生态复合体以及与此相关的各种生态过程的总和。它包括地球上数以百万计的动物、植物、微生物和它们所拥有的基础以及它们与环境之间形成的复杂生态系统。因此，生物多样性是一个十分广泛的概念，包括多个层次水平，一般有三个层次：其一是遗传多样性，指各个物种所包含的遗传信息的多样性，也即是种内基因的变化及遗传变异等基因多变性；其二是物种多样性，是指地球上生物种类的多样化及其现状；其三是生态多样性，是指生物圈内生境、生物群落和生态过程的多样化以及生态系统生境差异、生态过程变化的惊人的多样性。

本文从生物群落的研究出发，只对物种多样性的概念及其测定方法进行介绍。

物种多样性起初指的是群落中物种的数目和每一物种的个体数目。其后的生态学家们有时也用别的特性如生物量、现存量、重要值说明物种多样性。归纳起来，物种多样性是指物种水平上的生物多样性，是从分类学、系统学和生物地球学角度研究一定区域内物种的状况。物种多样性的现状（包括受威胁现状），形成及维持等是其研究的主要内容。

物种多样性是群落生物组成结构的重要指标。有两个参数与物种多样性密切相关，即物种丰富度和物种均匀度。群落内组成物种愈丰富，则多样性愈大。另一方面，群落内有机体在物种间的分配越均匀，即物种均匀度越大，则群落多样性值愈大。

（二）多样性的测定

定量统计物种多样性值的方法很多，本文只介绍其中几个有代表性并比较通行的几种。

1. 丰富度指数

由于群落中物种的总数与样本含量有关，所以这类指数应限定为可比较的。生态学上用过的丰富度指数很多，现举几例。

（1）Gleason（1922）指数：

$$D=\frac{S}{\ln A}$$

其中 D 为丰富度指数，A 为单位面积，S 为群落中物种数目。

（2）Margalef（1951，1957，1958）指数：

$$D=\frac{S-1}{\ln N}$$

其中 D 为丰富度指数，S 为群落中的总种数，N 为观察到的个体总数（随样本大小而增减）。

2. 多样性指数

多样性指数是丰富度和均匀性的综合指标，有人称为异质性指数或种的不齐性。应指出的是，应用多样性指数时，具低丰富度和高均匀度的群落与具高丰富度与低均匀度的群落，可能得到相同的多样性指数。下边是两个著名的计算公式：

（1）辛普森多样性指数。辛普森在 1949 年提出过这样的问题：在无限大小的群落中，随机取样得到同样的两个样本，它们的概率是什么呢？如在加拿大北部寒带森林中，随机采取两株树标本，属同一个种的概率就很高。相反，如在热带雨林随机取样，两株树同一种的概率很低，他从这个想法出发得出多样性指数。即：

辛普森多样性指数=随机取样的两个个体属于不同种的概率
=1-随机取样的两个个体属于同种的概率

设群落的物种数为 S，总个体数为 N，种 i 的个体数 N_i 占群落中总个体数 N 的比例为 P_i，那么，随机取种 i 两个个体的联合概率应为（P_i）×（P_i），或 P_i^2。如果将群落中全部种的概率合起来，就可得到辛普森指数，即：

$$D=1-\sum_{i=1}^{S}P_i^2$$

假定取样的总体是一个无限总体（在自然群落中，这一假定一般是可以成立的），那么 P_i 的真值是未知的；它的最大必然估计量是 $P_i=N_i/N$，我们可以用

$$D=1-\sum_{i=1}^{S}P_i^2=1-\sum_{i=1}^{S}(N_i/N)^2$$

辛普森多样性指数的最低值是 0，最高值（1-1/S）。前一种情况出现在全部个体均属于一个种的时候，后一种情况出现在每个个体分别属于不同种的时候。

例如，甲群落中 A、B 两个种的个体数分别为 99 和 1，而乙群落中 A、B 两个种的个体数均为 50，按辛普森多样性指数计算，则：

$$D_1=1-\sum_{i=1}^{S}(N_i/N)^2=1-\left[\left(\frac{99}{100}\right)^2+\left(\frac{1}{100}\right)^2\right]=0.0198$$

$$D_2=1-\sum_{i=1}^{S}(N_i/N)^2=1-\left[\left(\frac{50}{100}\right)^2+\left(\frac{50}{100}\right)^2\right]=0.5000$$

乙群落的多样性高于甲群落。造成这两个群落多样性差异的主要原因是种的不均匀性，从丰富度来看，两个群落是一样的，但均匀度不同。

（2）香农-威纳指数。信息论中熵的公式原来是表示信息的紊乱和不确定程度的，但也可以用来描述种的个体出现的紊乱和不确定性，这就是种的多样性。香农-威纳指数即按此原理设计的，其计算公式为：

$$H=-\sum_{i=1}^{S}P_i\log_2P_i$$

公式中对数的底可取 2，e 和 10，但单位不同，分别为 nit，bit 和 dit，H 为信息量，即物种的多样性指数。S 为物种数目，P_i 为属于种 i 的个体在全部个体中的比例。

信息量 H 越大，未确定性也越大，因而多样性也就越高。仍以前面的例子计算，则：

$$H_1=-\sum_{i=1}^{S}P_i\log_2P_i=-(0.99\times\log_2 0.99+0.01\times\log_2 0.01)=0.081\text{ 尼特/个体}$$

$$H_2=-\sum_{i=1}^{S}P_i\log_2P_i=-(0.50\times\log_2 0.50+0.50\times\log_2 0.50)=1.000\text{ 尼特/个体}$$

可见，乙群落的多样性比甲群落要高一些，这与辛普森指数计算结果是一致的。在香农-威纳多样性指数中包含两个因素：①种类数目，即丰富度；②种类中个体分配上的平均性或均匀性。种类数目多，可增加多样性；同样，种类之间个体分配的均匀性增加也会使多样性提高。

（3）Pielou 均匀度指数。Pielou（1969）把均匀度 E 定义为群落实测多样性 H 与最大多样性 H_{max} 之比，以香农-威纳指数 H 为基础的群落的均匀度为：

$$E=H/\log_2S$$

当 S 个物种每一个恰好只有一个个体时，$P_i=1/S$，则信息量最大即多样性最大，即：

$$H_{max}=-S\left(\frac{1}{S}\log_2\frac{1}{S}\right)=\log_2S$$

当全部个体为一个物种时，则信息量最小，即多样性最小，即：

$$H_{min}=-\frac{S}{S}\log_2\frac{S}{S}=0$$

因此，可定义下面两个公式：

均匀度：$E=H/H_{max}$，其中，H 为实际观察的种类多样性，H_{max} 为最大的种类多样性。

不均匀性：$R=\dfrac{H_{max}-H}{H_{max}-H_{min}}$　R 取值 0~1。

第三节　生物群落的结构特征

一、空间结构（水平结构与垂直结构）

群落的水平结构是指群落在水平方向上的配置状况或水平分布格局，也称作群落的二维结构。种群在群落中的水平分布格局主要有群落的镶嵌性、复合体和群落交错区等几种情形；垂直结构主要有成层现象和层片。这里重点介绍镶嵌、群落交错区和成层现象。

（一）镶嵌

层片在二维空间中的不均匀配置，使群落在外形上表现为斑块相间，称为镶嵌性，具有这种特性的植物群落叫作镶嵌群落。在陆地群落（人工群落除外）中的众多物种，大多数情况下很少呈均匀分布，而是在群落内形成相当高密度的片状分布或斑块状镶嵌。内蒙古灌化草原中，常常分布着直径 1~5 米左右的圆形或半圆形锦鸡儿小丘。这些镶嵌在草原中的小群落形成一个局部优越的小环境，促进内部及其周边植物的生长，防风固沙、积聚雨雪和枯枝落叶等具有重要的生态意义和生产意义。

导致形成这种状况的主要原因可以概括为三个方面。

（1）亲代的扩散分布习性。如以风力传播种子的植物，分布可能广泛，而种子质量较重或明显地依靠无性繁殖的植物，则在母株周围呈群聚状。再如昆虫产卵的选择性，由卵块孵化出来的幼体经常集中在一些较适宜于生长的生境。

（2）环境的异质性。土壤的性质、结构和水分条件影响着植物的分布。一种明显的水平成层性是成带现象，这主要是由于气候或土壤条件的不同引起的。这些条件妨碍或阻止根生植被的发展。动物种群因自身的生物学适应范围，随着生境布局而有相应的水平分布格局。

（3）种间相互关系的作用。植食性动物明显依赖于它所取食植物的分布，处在同一营养级的动物，常因竞争食物而互相排斥。植物与植物之间，植物与动物之间，同样也有这类互相吸引和互相排斥的关系。互相吸引而趋向于同时出现时，称正关联关系，排斥时则称负关联关系。

（二）群落交错区

群落边缘，即群落的交界处叫群落交错区，也叫生态交错区，是一个群落通向另一个群落的过渡地带。

在群落交错区，如果两个群落的交界的地形明确分界，如山边、河沿等，这种过渡带狭窄，变化突然；有的则逐渐过渡，如从一个湖泊到山地的湿度梯度，主要由湿度引起的群落变化带中生态交错区往往是渐变的，也有一定的幅度，边缘有时为镶嵌状。在生态交错区，土壤地质、温湿度、太阳辐射、风速等环境条件一般比较复杂，明显地与群落中心区不同。物种组成可能兼有邻近两个群落的特点，有的为该区所特有，因而物种多样性比中心区更高。如树上营巢，地面觅食的鸫多栖居于森林与草原的交错区，很多两栖爬行动物多在草地与水塘的交界区发现。

边际效应：在群落交错区中的生物种类、群落密度和结构功能发生变化的现象。

(三) 成层现象

群落在垂直方向上呈层次结构，表现在群落中植物的地上、地下分层，动物也相应地分层分布。比如所有的森林群落都分为自养层和异养层两个基本层次，而自养层又可以分出附加层次，如上下层乔木、上下层灌木、草本和地表层等（图 4-4）。

1. 红椤；2. 乌来椤；3. 红鳞蒲桃；4. 厚壳桂；5. 黄桐；6. 华杜英；7. 翅子树；8. 鹅掌柴；16. 罗伞树；17. 九节木；18. 斜基粗叶木；19. 柏拉木；21. 刺桫椤；22. 海芋；23. 华山姜；25. 单叶新月蕨；26. 密花豆藤；27. 扁担藤；28. 花皮胶藤；29. 白背瓜馥木（其余略）

图 4-4　福建南靖南亚热带雨林自然保护区内森林群落的垂直结构

土壤也如此，分为浅层、中层和深层。

外貌不易观察的水生群落，也同样呈垂直分层结构，如海水中不同深度光照不同，绿藻生活在较浅水层，褐藻生活在中间水层，红藻分布在较深水层。水生动物也如此，正如一般人都知道的那样，在不同深度的水中生活着不同的鱼类（图 4-5）。

这种地面以上不同高度和地面以下不同深度分布有不同物种的现象，是因为环境因子，如光强、温度、湿度、大气等在垂直方向上有不同的梯度。如森林的乔木冠层，光照

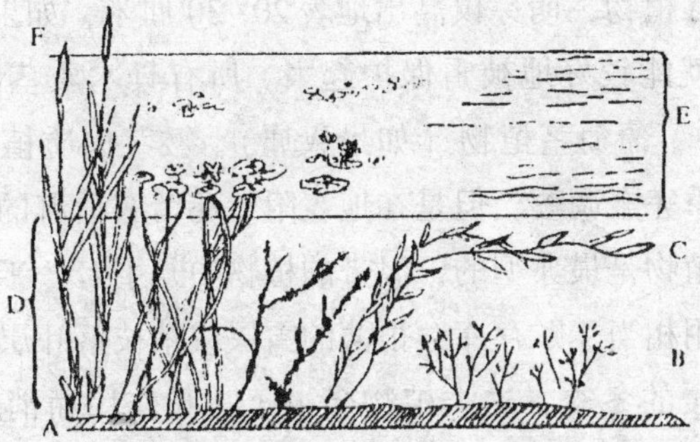

A. 水底层群；B. 沉水矮草层群；C. 沉水漂草层群；D. 水面高草层群；E. 漂浮草本层群；F. 挺水草本层群

图 4-5　水中植物的成层现象

最强，受外界气象条件影响也大；随高度下降，光照减弱，空气湿度增加，受外界影响也越来越小。不同的环境，形成不同的生境。群落中的生物，正是适应环境梯度变化，来充分利用环境资源，如北方森林早春时节，树木还未发芽，近地面的草本植物即开始苏醒，在乔木枝叶茂密挡住阳光以前，匆匆开花结果。我国农业上长期以来推行的间种套作实际上也是利用群落的垂直分层结构来充分利用资源、提高单位面积的生产力。一般来说，群落成层性的复杂程度，或层次的多少，与当地生态条件有关，越是良好的生态条件，成层越复杂，生态条件越恶劣，成层结构越简单。

二、群落的外貌

（一）生活型与生态型

1. 生活型

不同种的生物，由于长期生存在相同的自然生态条件和在人为培育条件下，发生趋同适应，并经自然选择和人工选择而形成的，具有类似的形态、生理生态特征的物种类群称为生活型。生活型着重从形态外貌上进行区分，是种以上的分类单位。例如，在热带森林中，有很多具有柱状茎和板状根的常绿木本植物，属同一生活型，但分属不同的科。在分类学上，亲缘关系很近的植物，却可能属于不同的生活型。

（1）植物的生活型。植物生活型有多种分类方法，一般按植物的大小、形状、分枝以及生命周期等分为乔木、灌木、半灌木、多年生草本、一年生草本、木质藤本、垫状植物等。生活型系统是以温度、湿度、水分（雨量）作为揭示生活型的基本因素，以植物体在渡过生活不利时期（如冬季严寒、夏季干旱等）对胁迫的适应方式为基础，将高等植物划分为 5 大类（图 4-6）：①高位芽植物，能不断地长出嫩枝，向空中伸延，顶端长有萌芽。这种植物具有相当的高度，能渡过不利的季节，包括乔木、灌木和一些生长在热带潮湿气候条件下的树状藤本及高大草本植物。根据体型高矮、常绿或落叶、芽有无芽鳞保护等特征可以再细分。②地上芽植物，萌芽仅高出地表20~30厘米，如果冬季降雪情况正常，这些植物的常绿叶和萌芽就能较好地被雪保护起来。所有具木质茎的矮小灌木（如帚石南属、越橘属）、垫状植物、葡萄茎植物（如景天属）、矮茎肉质植物都属于这类。③地面芽植物，地面枝条到冬季完全凋萎，但是在地表附近还留有活着的芽，到第二年又能重新发芽长叶。草质多年生植物是最典型的，温带的植物中几乎有一半都属于这一类。冬季整个根系都是活的，其作用相当于贮存库，很薄的雪层或枯枝落叶层就能防止地面芽植物的越冬部分干枯。遇上较暖的冬季，这类植物会由于呼吸作用而消耗许多能量，因而发芽晚，且不茂盛。这类植物很多，分无莲座丛、半莲座丛和莲座丛植物三类。④地下芽植物（隐芽植物），在冬季时地上部分完全凋萎，萌芽或深埋地下，或在水中度过冬季。植物越冬部分或为根茎、球茎、块茎、鳞茎，也包括芽在水中的水生和沼生植物。⑤一年生植物，完全靠种子繁殖，最能适应不利季节，因为只有种子保留下来。缺点是只能贮存少量物质供萌发用，幼株必须自己为开花、结果积累所有的物质，遇到植物生长期短时，物质就不够用了。

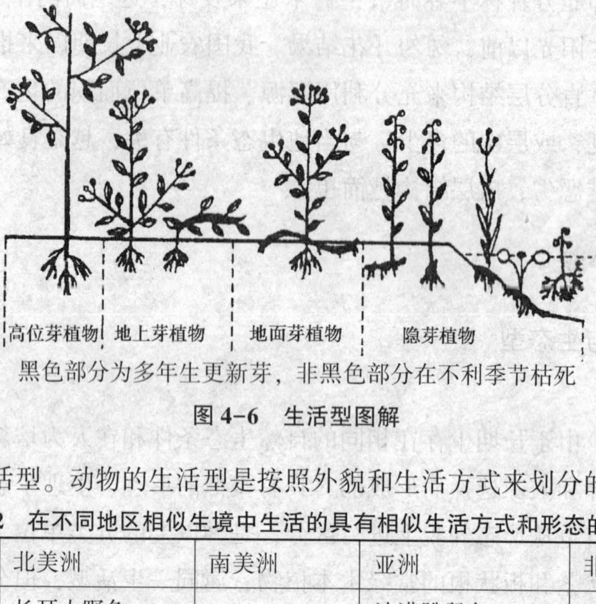

黑色部分为多年生更新芽，非黑色部分在不利季节枯死

图4-6　生活型图解

（2）动物的生活型。动物的生活型是按照外貌和生活方式来划分的（表4-2）。

表4-2　在不同地区相似生境中生活的具有相似生活方式和形态的动物

类　型	北美洲	南美洲	亚洲	非洲	澳洲
跳跃行走食草动物	长耳大野兔		沙漠跳鼠兔	跳兔	大袋鼠
穴居、在地上寻食的哺乳兽	长尾草原大鼠、小囊鼠	豚鼠	仓鼠	松鼠	袋熊
穴居、在地上进食的哺乳兽	囊鼠	栉鼠	鼹鼠、滨鼠	金毛鼹	袋鼹
无飞翔能力的鸟		美洲鸵鸟		鸵鸟	鸸鹋
奔跑的食草动物	叉角羚、美洲野牛	大羊驼、南美大草原鹿	草原羚羊、野马	斑马、跳羚	
奔跑的食肉动物	丛林狼	狼	狼、虎、豹	狮、猎豹	袋狼

2. 生态型

同种生物的不同个体群，长期生存在不同的自然生态条件和人为培育条件下，发生趋异适应，并经自然选择和人工选择而分化成的生态、形态和生理特性不同的基因型类群就叫生态型。起初的生态型定义是：一个生物种或分类种对某一特定生境发生基因型反应而产生的产物。所以说生态型是生物与特定生态环境相协调的基因型集群。

生态型是分类学上种以下的分类单位，分布越广的品种，生态型越多；生态型越单一的生物种，适应性越窄。生物的生态特征指的是生物对外界生态条件有一定的要求，并在形态、生理、物候等方面发生一定反应的特征。例如，早稻后期能适应高温强光条件，但不耐寒，如果把早稻改作晚稻栽培，在后期气温降低时，往往发生早衰；而典型的晚稻品种，由于能适应晚秋较低气温，抗寒性较强则很少早衰。表现了早稻与晚稻的不同生态特性。

根据形成生态型的主导因子不同，可把生态型分为气候生态型、土壤生态型和生物生态型。

(1) 气候生态型。长期适应不同光周期、气温和降水等气候因子而形成的各种生态型，如耐热性、抗寒性、抗旱性、长日照、短日照等。

(2) 土壤生态型。在不同的土壤水分、温度和肥力等自然和栽培条件下，可以形成不同的生态型，如水稻和陆稻，每一作物的耐水肥和耐瘠薄品种等。

(3) 生物生态型。同种生物的不同个体群，长期生活在不同的生物条件下，也会形成不同的生态型。如各种作物对病虫害具有不同抗性的品种群，可看作不同生态群。

在动物中，同样有生态型的分化，例如，东北虎、华南虎、非洲虎、北极熊、棕熊、黑熊等。我国的黄牛可分为：北部地区草地黄牛，体小，适应性强，抗寒，可终年放牧，抓膘力强，肉、乳、皮兼用，生产力不高；中部华北地区黄牛，体大膘肥，公牛肩峰稍突，前身躯发达，役、肉兼用，肉质好；西南与南部亚热带地区黄牛，体小灵活，能爬陡坡，公牛具有明显肩峰，终年放牧，耐粗饲，抗性强。人也有类似的生态型，北方人高大健壮；南方人瘦小灵巧等。

(二) 群落的外貌与季相

1. 群落外貌

群落的外貌，通常是针对陆地群落而言，是群落与群落之间、群落与环境之间相互关系的可见标志。

人们根据外貌很容易认识和区分不同类型的陆地群落，如森林群落、草地群落、灌丛等，至于水生群落，由于浮游生物个体小而分散，一般不会形成大而明显的结构，很难从外貌上加以区分，只有海底生物群落，外貌才有较明显的区分，如珊瑚礁，星状、羽毛状、扇状的腔肠动物，棘皮动物等。

群落外貌的决定因素有以下几个方面。

(1) 植物的生活型（生长型），是植物长期生活在一定环境条件的综合影响下所表现的适应形态，如乔木、灌木、草本植物、攀缘植物等。它既是某种植物形态特征，也可以是一群植物的共同外貌。

（2）组成物种，优势种植物类型及优势种所占的比例常对群落外貌起决定性作用。

（3）植物的季相，植物的长势、色彩常随着一年四季气候的变化而改变，因而导致群落外貌上气候差异，在温带与寒带表现得尤为明显。

（4）植物的生活期，如一年生、二年生和多年生植物组成的群落，因组成种类生活周期的变化，外貌常会不同。

2. 群落季相

在一年之内，随着季节的变化，群落呈现出不同的组成和外貌，就是季相。

四季气候分明的温带、亚热带等地区，植被的季相是群落时间格局最明显的反应。温带草原，冬季季相是一片枯黄。春季各种植物发芽抽叶，草原一片嫩绿，即为春季季相。入夏后炎热多雨，各种植物繁茂昌盛，草原背景浓绿，春花植物开始结实，而夏季开花的植物占据优势，使草原更为绚丽多彩；夏季后期，当禾草抽穗开花而掩盖了双子叶植物时，草原色彩又转向单调，这就是夏季季相。秋季，菊科植物，尤其是那些花色并不显著的蒿类常成为优势，草原的季相变成黄绿色为主。秋末随着天气转凉，很多种类进入结实期或开始枯萎，草原又呈现枯黄色而向冬季季相过渡。这种四季季相的更替，既表现为群落外貌的变化，也显示了组成物种的改变。

（三）影响群落结构的因素

生物群落的结构直接与生活型组成有关，形成了水平上镶嵌，垂直上成层及时间上的季相变化，其外貌及格局受多种因素影响。

（1）亲代的扩散分布习性。风布植物、动物传布植物、水布植物分布可能广泛。而种子较重或行无性繁殖的植物，往往在母株周围呈群聚状。同样是风布植物，在单株、疏林、密林的情况下，其扩散能力不相同。

（2）空间异质性。由于成土母质、土壤质地和结构、水分条件的异质性导致动植物形成各自的水平分布格局。

（3）种间相互用。植食动物明显地依赖于它所取食的植物的分布。还受物种间互利共生、偏利共生、他感作用等影响。

（4）干扰和竞争。生物群落不断经受着各种随机变化的事件，即外界对群落的干扰，如森林群落中的大风、雷电、砍伐、火烧等；草地群落中的放牧、动物挖掘、践踏等。干扰造成群落的缺口以后，有的在没有继续干扰的条件下会逐渐地恢复，但缺口也可能被周围群落的任何一个种侵入和占有，并发展为优势者，从而导致群落格局的变化。干扰常和竞争密不可分，由于干扰造成的入侵缺口，先入侵的物种常阻止后入侵的其他物种再入侵，当群落由于各种原因不断地形成新的缺口，那么群落整体就有更多的物种可以竞争或共存，造成群落结构的变化。缺口形成的频率影响物种多样性。

第四节　生物群落的发生与演替

生物群落如同生物个体一样，有其发生、发展、成熟直至衰老消亡的生命过程。在每一个群落消亡的过程中，即孕育着一个更适合当时当地环境条件的新群落的诞生。群落演替是指在一定区域内群落的组成、结构和功能随时间的推移而发展进化的过程，是从一个类型群落转变为另一类型群落，逐步向稳定群落发展的连续变化过程。这个过程是这一地区中的有机体和环境反复地相互作用，发生在空间、时间上的不可逆的动态变化。

群落的发展变化经常是伴随其周围环境同时进行的，所以也有人用生态演替的概念，来反应群落演替在生态系统发展变化中的位置和作用，因此，只有掌握了群落演替的规律，人们在利用自然资源时，才不至于违反客观规律行事，有意识地避免因“生态逆退”导致的生态失调和生态灾难，持久地最大限度地开拓自然界的潜力，为人类造福。

一、生物群落的发生过程

生物群落的形成可以从裸地上开始，也可以从已有的先行群落开始。无论是哪一种类型，都得经过物种扩散、定居、竞争、反应等几个阶段。

(一) 生物群落发生的过程

1. 入侵（扩散）

物种通过繁殖体传播扩散到新的定居地的过程称为入侵。

物种扩散有主动扩散和被动扩散两种类型。植物主要以被动形式扩散。孢子、种子等繁殖体，小而轻，或者具有翅、冠、毛等构造，主要依靠风力进行传播；很多微型生物，如病毒、微生物和原生动物很容易由风传送，甚至一些较小的脊椎动物如蛙也能被大风传带。被动扩散的动力还有水、人和动物的活动。

主动扩散一般针对动物而言。为寻求新的生存空间和食物来源，动物总是以各种不相同的方式不断地向新的区域扩散。飞行动物尤其是那些呈季节性迁徙的候鸟，每年作长距离迁飞的昆虫，如黏虫，经常变动栖息环境，会成为多种群落的临时成员；洄游的鱼类也是如此，如鳗鲡，繁殖产卵时是海洋群落的成员，卵孵化发育为幼鳗后则游入江河，变成淡水生物群落的分子；高等动物由于种群数量的迅速增加、栖息地环境的变化或人为的影响，由一个区域向另一个区域或更大范围的转移或扩散等。有些植物的繁殖体也能进行主动扩散，如植物地下茎向外伸延，苹果干裂后，种子向四周弹出等。

2. 定居

生物扩散到一个新区后，定居成功的可能性随扩散的距离而下降，随对新区域的适应性而增加。最迅速定居成功的是扩散力很强、对环境条件忍受幅度大的物种。低等植物

（如地衣、苔藓）和杂草具备这些特性，有开拓新区的能力，是生物群落的先锋物种。在原生裸地最初形成的只能是地衣群落，而在次生裸地，一般最早形成苔藓群落或杂草群落。随着先锋植物进入新区的是昆虫、螨类等开拓性动物。在演替过程中，新群落形成的规律与此类似，最早进入老群落并定居成功的，是那些适应性强的物种，而生态位相对较窄的物种，往往在群落形成的后期出现。

定居是物种扩散成功与否的衡量标准。植物定居包括发芽、生长和繁殖三个作用。靠种子扩散的植物，到达新居后，首先种子必须能发芽，并能生长发育到生殖阶段，继而繁殖新的具有繁殖力的种子，能完成这些过程才是定居成功，并可能成为群落的一员。否则就是失败的。动物定居的条件，除气候能够适应之外，还必须有足够的食物，能在与其他物种的竞争中取胜，并具有躲避天敌的能力。此外，必须有一定数量的个体同时扩散到这一新区，使其具有配种繁衍后代的机会，能够建立一个新的种群。

3. 竞争

最初定居者的命运，部分地由抵达同一新区的其他竞争种的能力决定。随着已定居种种群数量的增长，新种的不断迁入，为空间、营养或食物资源的竞争会不断加剧，同时遭受高一级营养层成员的捕食危机也会随之增加。竞争中，获得优势的种常是生态幅较宽、繁殖能力较强的物种。竞争成功者在群落中立足、发展，失败者则遭受抑制，甚至灭种。竞争的结果是“适者生存，逆者淘汰”。同时在成功者之间重新分摊资源，占有各自独特的生态位，使资源的利用更加有效。

4. 反应

通过定居过程，生物在适应环境的同时，也反过来对环境起着改造的作用，使得原来的生境条件逐渐发生相应的变化，这就是“反应”。这种变化是由初期侵入的生物种类引起的，这种变化了的生境往往不适于初期进入的生物种类本身的生存，从而导致另外一些对这种改变了的环境较适应的种类侵入，这就是另一个新群落的开始。

实际上在自然界中，生物群落发生的上述各个过程常常是交织在一起，很难截然分开的。一般来说，入侵在前，定居在后，是顺序发生的，而竞争和反应则在定居的同时就会发生，只不过是初期在程度上不像后期表现得那么激烈和明显，也就是存在着程度上的差异。

（二）生物群落发育的阶段

每一个生物群落从开始形成到发育成熟直至被另一个群落所代替，都有一个发育过程。群落发育过程大致可分为三个阶段，即群落发育的初期、盛期和末期。

1. 发育初期

在这一时期内，植物建群种的良好发育是一个主要标志。动荡是群落发育初期总的特征。由于植物建群种在发育中的动态变化，影响到其他植物以及动物的生存与发展。首先是物种组成结构不稳定，每种动植物的个体数量变化很大；其次是群落物理结构不稳定，植物相层次分化不明显，每一层的植物种类在不断变化；第三，群落生活型组成和群落特有的植物物候进程在形成的变动中，特点不突出；第四，群落所特有的生态环境及生境正在形成之中，还远未成熟。

2. 发育盛期

在这一时期，群落的物种组成结构已基本稳定，每种生物都能良好的生长发育。群落的组成、结构已经定型，有着明显的群落自身特点，层次分化良好，每一层都有一定的植物以及依附其上的动物种类。群落中植物的生活定型组成及季相变化，植物环境都具有较典型的特征。

3. 发育末期

群落内由于郁闭度增加，通风透光性能减弱，使温湿度改变，植物枯枝落叶层加厚，影响到土壤温度和腐殖质的形成，土壤质地和结构发生变化，土壤肥力和生存在土壤中的动物随之增加等。群落对内部环境的这种改造，渐渐对自身不利，为新种的迁入和定居创造了有利条件。此时，物种成分又开始混杂，原来群落的结构和环境特点逐渐减弱。这就孕育着下一个群落发展的初期。通常要到下一个群落的发育盛期，这一群落的特点才会完全消失。这样两个群落末初两个发育阶段的交叉和逐步过渡，把群落演替系列有机地联结在一起。

一般来说，顶极群落发育到后期成熟以后，组成复杂，结构稳定，有着很强的自组织能力，与环境间构成稳定的相互关系，维系着整个生态系统的平衡与稳定。

二、生物群落的演替

（一）演替的概念与特征

自然界群落演替的现象是普遍的，一个砍伐殆尽的森林，变成只有荒草丛生的光秃秃的山岭，几年后，渐次长出了灌木，以后灌木又被乔木所代替。如果不再有人为破坏，许多年后，这里又会形成一片郁郁葱葱的森林。这种发生在一个地区之内一个群落被另一群落有规律地渐次取代，直到一个相对稳定地称之为顶极群落为止的群落发展过程叫演替。森林会发生演替，农田、草原、湖泊各种类型的生物群落均可以发生演替。由于生物群落的演替与其环境密不可分，所以群落的演替又称为生态演替。生态演替又可以描述为生态系统的组成、结构和功能随时间的推移，由简单到复杂、由低级向高级，最后达到一个稳定的顶极群落的过程。

人工群落的演替由于人为强烈地控制而与自然群落的演替有不同的表现，如农田生态系统就具有自然群落演替前期中草和高草植物阶段的特点，人为维持在演替前期阶段以获得较高的群落净生产力，由于现存生物量、有机残体少，养分流通快，品种单一，群落很不稳定，一旦停止人为干预，便会迅速转入次生演替，向灌丛和乔木群落发展。人工建造的仿自然群落，尤其是仿自然顶级结构的群落，也会出现类似自然群落的景观。

生态学家奥德姆认为演替有以下三个特征：第一，它是群落有顺序的发展过程，包括物种组成和群落结构随时间的改变，是有规律地向一定方向发展，因而是能预测的；第二，它是由群落变化引起物理环境改变的结果，也就是说，虽然物理环境决定演替型，变化速度和发展到多远的限度，但演替是受群落本身所控制的；第三，它以稳定的生态系统为发展的顶点，这时，系统获得的每单位有效能流可以维持最大的生物量，并在生物之间保持最佳共生功能。

演替的过程，是群落相互取代的过程，从演替的起点到终点经过一系列不同物种组成的不同的群落，成为演替系列。如一个次生草地群落，经过灌木再到森林，那么草地—灌木—森林这三种群落统称为一个演替系列。草地群落，处于演替的幼年期，灌木群落为发展期，森林群落为成熟期。不同的群落演替有不同的演替系列。演替系列表明演替处于不同的阶段，在演替的前期，生物物种较少，以短命植物为主，变化快，随演替的进行，生物种类增多，生物体型加大，寿命延长。不同类型演替进展的速度也相差很大，各段的长短也不尽相同，总的来说是前期快，后期渐慢，最后稳定。

（二）演替的基本类型

演替虽然是群落有顺序的发展过程，但演替中植被类型并不一定是连续地一个接一个地进行，几个阶段可以跳过去，缩短或延长，这是因为土壤条件，暂时的气候条件以及某些植物间抑制物质的影响等所造成的。如美洲擦木即通过一年中不同时间释放毒素于土壤中阻止其他植物生长或发芽，从而使自己在一个相对较纯的林分中通过演替。

基于分类的方法不同，可以把演替分为多种类型。

1. 按演替发生的时间进程分类

按演替发生的时间进程可分为世纪演替、长期演替和快速演替。

（1）世纪演替。时间延续相当长久，一般以地质年代计算。常伴随着气候的历史变迁或地貌的大规模塑造而发生，即群落的演化。

（2）长期演替。延续几十年有时达几百年，如森林采伐后的恢复演替就是长期演替的一个实例。

（3）快速演替。延续几年或几十年。如弃耕面积不大、种子传播来源近的草原弃耕地的恢复演替，而弃耕面积大的草原恢复则可能要几十年。

2. 按控制演替的主导因子分类

按控制演替的主导因子，可划分为内因演替和外因演替。

（1）内因演替。常见于从火山熔岩冷却若干年后开始的变化过程。在裸岩上最先登陆的先锋群落为地衣和苔藓，以后又渐渐长出一年生草本植物、灌木和乔木等。由于植被的变化，动物也会随之变化，如鸟类在种类和数量上都会因栖息环境的改变而改变：草本群落中生活着鸣禽类，灌木中生活着鹈、雀鸟，小乔木中有食虫鸟，乔木中是啄木鸟等。内因演替的显著特点是群落中生物的生命活动首先是它的生境发生改变，然后被改变了的生境又反作用于群落本身，如此相互促进使演替不断发展。内因生态演替是群落演替的最基本和最普遍的形式，一切源于外因的演替都要通过内因演替来实现。

（2）外因演替。推动群落演替除内因外还有外因，外因包括自然因素和人为因素。自然因素包括气候变化所导致的气候发生演替，地貌变化所引起的地貌发生演替，土壤演变所引起的土壤发生演替，以及火（雷电、火山）演替。人为发生演替是由于人类砍伐森林、开垦草原、捕鱼捞虾、猎取动物、施洒农药等生产活动和其他活动所引起的。外因导致的群落的演替叫外因演替，如欧洲，由于酸雨使大面积的森林死亡而导致的演替。

3. 按演替的起始条件分类

按演替的起始条件划分，可分为原生演替和次生演替。

（1）原生演替。在原生裸地上发生的演替叫原生演替，原生裸地指裸岩或表面没有土壤和植物繁殖体的裸地。原生演替一般包括地衣植物阶段、苔藓植物阶段、草本植物阶段、灌木阶段、乔木阶段。

（2）次生演替。不受人类因素干扰，在自然条件下形成的各类植物群落，统称原生植被。原生植被遭到破坏后，原有群落被除去或破坏，保留一定厚度土壤和植物繁殖体（如撂荒地、森林的火烧迹地和采伐迹地等次生裸地上），生物重新发展的演替叫次生演替。与原生演替相比，次生演替速度要快得多。

4. 按基质的性质分类

按基质的性质可划分为水生演替和旱生演替。

（1）水生演替。演替开始于水生环境中，但一般都发展到陆地群落。如池沼中水生群落向中生群落的转变过程。

（2）旱生演替。演替从干旱缺水的基质上开始，如裸露岩石表面的生物群落的形成过程。

5. 按演替的发展方向分类

按演替的发展方向可分为进展演替和逆向演替。

（1）进展演替。群落由组成成分少、结构简单、稳定性差向组成成分多、结构复杂、稳定性强的方向演替。

（2）逆向演替。生态演替虽然是群落顺序的发展过程，是有一定方向的，但在某些条件下，演替可以逆行。人、火、洪水以及土壤的沉积作用都可能改变条件，使演替回复到较早的阶段上。

6. 按群落代谢特征分类

按群落代谢特征划分，可分为自养性演替和异常性演替。

（1）自养性演替。自养性演替中，光合作用所固定的生物量积累越来越多，例如，由裸岩→地衣→草本→灌木→乔木的演替的过程。

（2）异养性演替。异养性演替如果出现在有机污染的水体，由于细菌和真菌分解作用特强，有机物质是随演替而减少的。当 P（群落生产）$>R$（群落呼吸）时，属自养性演替，当 $P<R$ 时，属异养性演替。因此，P/R 比率是表示群落演替方向的良好指标，也是表示污染程度的指标。

多数群落的演替具有一定的方向性，但也有一些群落有周期性的变化，即由一个类型转变为另一个类型，然后又回到原有类型，称为周期性演替。例如，欧洲的石楠群落，其优势植物是石楠，在逐渐老化以后为石蕊（一种地衣）所入侵，石蕊死亡后出现裸露的土壤，于是熊果入侵，以后石楠又重新取而代之，如此循环往复。

实际上，演替由于受内、外多因子的影响，过程是复杂多变的，确定一个具体的植被阶段是否是演替阶段也是困难的。

（三）影响演替的主要因素

生物群落演替是生物因子与外界环境中各种生态因子综合作用的结果。影响群落演替的原因是比较复杂的，演替机制人们还了解得不够，下面列出的只是一些主要原因。

1. 植物繁殖体的迁移、散布和动物的活动性

自然界中，植物繁殖体的迁移和散布是普遍和经常发生的，因此，任何一个地段，都有可能接受这些扩散来的繁殖体。当植物繁殖体到达一个新环境时，通过发芽、生长和繁殖的定居过程，定居成功。任何一块裸地上生物群落的形成和发展，或是任何一个旧的群落被新的群落所取代，都必然包含有植物的定居过程。因此，植物繁殖体的迁移和散布是群落演替的先决条件。

2. 群落内部环境的变化

群落内部环境的变化是由群落本身的生命活动造成的，而与外界环境条件的改变没有直接的关系。在有些情况下，群落内物种生命活动的结果为自己创造了不良的居住环境，使原来的群落解体，为其他植物的生存提供了有利条件，从而引起演替。比如，在美国俄克拉荷马州的草原弃耕地恢复的第一阶段中，向日葵的分泌物对自身的幼苗具有很强的抑制作用，但对第二阶段的优势种芒草的幼苗却不产生任何抑制作用。于是向日葵占优势的先锋群落很快被芒草群落所取代。

由于群落中植物种群特别是优势种的发育而导致群落内光照、温度、水分及土壤养分状况的改变，也可为演替创造条件。例如，在云杉采伐后的林间空旷地段，首先出现的是喜光草本植物。但当喜光的阔叶树种定居下来，并在草本层以上形成郁闭树冠时，喜光草本便被耐阴草本所取代。以后当云杉伸出于群落上层并郁闭时，原来发育很好的喜光阔叶树种便不能更新。这样，随着群落内光照由强到弱及温度变化由不稳定到较稳定，依次发生了喜光草本植物阶段、阔叶树种阶段和云杉阶段的更替过程，也就是演替的过程。

3. 种内和种间关系的改变

组成一个群落的物种在其种群内部以及物种之间都存在特定的相互关系。这种关系随着群落内、外环境条件的改变而不断地进行调整。当密度增加时，群落中竞争能力强的种群得以充分发展，竞争能力弱的种群则逐步缩小自己的地盘，甚至被排挤到群落之外。这

种情形常见于尚未发育成熟的群落。

处于成熟、稳定状态的群落在接受外界条件刺激的情况下，也可能发生种间数量关系重新调整的现象，使群落特性或多或少地改变。

4. 外界环境条件的变化

虽然决定群落演替的根本原因存在于群落内部，但群落之外的环境条件诸如气候、地貌、土壤和火等常可成为引起演替的重要条件。气候决定着群落的外貌和群落的分布，也影响到群落的结构和生产力。气候的变化，无论是长期的还是短暂的，都会成为演替的诱发因素。地表形态（地貌）的改变会使水分、热量等生态因子重新分配，反过来又影响到群落本身。大规模的地壳运动（冰川、地震、火山活动等）可使地球表面的生物部分或完全毁灭，从而使演替从头开始。小范围的地形形态变化（如滑坡、洪水冲刷）也可改造一个生物群落。土壤性质的改变势必导致群落内部物种关系的重新调整。火烧可以造成大面积的次生裸地，演替可以从裸地上重新开始；它还可使群落中耐火的种类更旺盛地发育，而使不耐火的种类受到抑制。当然，影响演替的外部环境条件并不限于上述几种。凡是与群落发育有关的直接或间接的生态因子都可成为演替的外部因素。

5. 人类的活动

人对生物群落演替的影响远远超过其他所有的自然因子，因为人类生产活动通常是有意识、有目的地进行的，可以对自然环境中的生态关系起着促进、抑制、改造和重建的作用。人还可以建立人工群落，将演替的方向和速度置于人为控制之下。

（1）森林采伐。森林采伐使林地回复到演替的早期阶段。按人类需要全伐或择伐可以改变林分组成和林木质量，因为许多有价值的用材树往往存在于较低的演替系列阶段而不是在顶级，如松树、某些云杉、白杨、美洲鹅掌楸等要通过皆伐成熟林木使林地处于全光之下，这些不耐荫的实生苗才能成活。择伐则可以使森林保持结构的一致，并且减少了不耐荫的林木，耐荫树种的比例增加。但是对于森林的错误经营，如大面积的皆伐，乱砍滥伐，都会限制演替速度，推迟原植被的恢复使森林质量退化。

（2）放牧。草原放牧可以阻止演替进行，适当放牧可以使草原维持在某演替阶段，并使之倒退。如过牧，牲畜的过度啃食使植被难以恢复，并导致土地的裸露和侵蚀，由于土层发生了变化，因此也会带来植被组分的变化。森林中载畜量过大会妨碍森林再生，同时会减少林中空地上一些灌木和树木的生长。

（3）栽培。人类用很大的努力栽培多种比较简单的植物群落，人为限制演替保留在一定的阶段上。人类的干预一旦停止，这些植被就不能生存，或者不能长久维持。如果人类的栽培措施不得当，减少了土壤有机质，导致土壤侵蚀和水土流失，就会使演替逆转、倒退。

（4）采矿。采矿对生物群落的破坏作用是显而易见的。由于挖出的泥土和岩石、矿渣的大量堆积，而回填到矿坑的地表覆盖层有大量酸性、碱性及有毒的物质，对于生物来讲，环境是恶劣的，因此在挖出物上植被再生几乎是不可能的。

(5) 工业化和城市化。工业化和城市的建设是人类为自己建成的顶级阶段。城市群落起始于一个小的核心点，并向四周农村扩展，土地完全改变，自然植被完全、彻底破坏了，虽然这里也还生存着各种动、植物，但物种多样性下降并且环境不利于它们生存；一些耐污染的富营养的动植物种类得以繁衍，所以城市化完全是人为的演替阶段和演替的结果。城市群落有自己的发展阶段，但兴衰是以生产力的高低来衡量的。

三、顶极群落

(一) 顶极群落的概念与特征

群落演替系列最后达到稳定阶段，称为顶级，演替最终形成的稳定群落，叫作顶级群落。一般来说，当一个群落或一个演替系列，演替到同环境处于平衡状态的时候，演替就不再进行。在这个平衡点上，群落最稳定，只要不受外界干扰，它将永远保持原状。因此，通常在理论认为，顶级群落具有以下主要特征：

(1) 它是一个在系统内部和外部、生物与非生物环境之间达到平衡的稳定系统；

(2) 它的结构和物种组成已相对恒定；

(3) 有机物质的年生产量与群落的消耗量和输出量平衡，没有生产量的净积累；

(4) 顶级群落若无外来干扰，可以自我延续地存在下去。

为了识别和鉴定顶极群落，魏泰克还提出了识别顶级群落的方法。他认为一个顶极群落具有如下特征：

(1) 群落中的种群处于稳定状态；

(2) 达到演替趋向的最大值，即群落总呼吸量与总第一性生产量的比值接近于1；

(3) 与生境的协同性高，相似的顶级群落分布在相似的生境中；

(4) 不同干扰形式和不同干扰时间所导致的不同演替系列都向类似的顶级群落会聚；

(5) 在同一区域内具最大的中生性；

(6) 占有发育最成熟的土壤；

(7) 在一个气候区内最占优势。

(二) 单元顶极与多元顶极学说

1. 单元顶极学说

单元顶极学说又叫气候顶极理论，是在19世纪末20世纪初由美国生态学家考尔斯和克莱门茨（1916）首先提出来的。该理论认为任何一类演替都要经过迁移、定居、群聚、竞争、反应、稳定等6个阶段。到达稳定阶段的群落，就是和当地气候条件保持协调和平衡的群落，这是演替的终点，这个终点就称为演替顶极。在某一地段上从先锋群落到顶极群落按顺序发育着的那些群落，都可以称作演替系列群落。克莱门茨认为，在同一气候区内，无论演替初期的条件多么不同，如果给予充分的时间，植被总是趋向于顶极方向发展，整个景观就会被同一动植物群所覆盖。在演替过程中，旱生的生境逐渐变得中生一些，而水生的生境逐渐变得干燥一些。演替可以从千差万别的生境上开始，先锋群落可能极不相同，但在演替过程中由于生境的变化群落间的差异会逐渐缩小，逐渐趋向一致。因而，无论水生型的生境，还是旱生型的生境，最终都趋向于中生型的生境，并均会发展成为一个相对稳定的气候顶极。

在一个气候区内，除了气候顶极之外，还会出现一些由于地形、土壤或人为等因素所决定的稳定群落。为了和气候顶极相区别，克莱门茨将后者统称为前顶极，并在其下又划分了若干前顶极类型。

（1）亚顶极

亚顶极是达到气候顶极以前的一个相当稳定的演替阶段。例如，内蒙古高原典型草原气候顶极是大针茅草原，但松厚土壤上的羊草草原是在大针茅草原之前出现的一个比较稳定的阶段即亚顶极。

由于人类对生物群落演替的影响，如人类毁掉森林和草原，将它们变成农田或荒坡秃岭，而有些草原过牧后变成荒漠，不适当的灌溉而产生盐荒地等，使得自然群落的演替难于达到自然顶极群落阶段。但在一定的条件下，借助于人和动物的活动，也能较长时期的保持稳定的群落状态，这些群落称为人为亚顶极或变动顶极。在农业生产中，有些长期保持稳定状态而且维持较高生产力的人工群落，完全可以称为亚顶极或变动顶极。

（2）偏途顶极

偏途顶极也称为分顶极、干扰顶极或灾变性顶极，是由一种强烈而频繁的干扰因素所引起的相对稳定的群落。

（3）前顶极

前顶极也称先顶极。在一个特定的气候区域中，由于局部气候比较适宜而产生的较优越气候区的顶极。例如，草原气候区域内，在较湿润的地方，出现森林群落就是一个前顶极。

（4）超顶极

超顶极也称后顶极。在一个特定气候区域内，由于局部气候条件较差（热、干燥）而产生的稳定群落。例如，草原区内出现的荒漠植被片段。

无论哪种形式的前顶极，按照克莱门茨的观点，如果给予时间的话，都可能发展为气候顶极。

关于演替的方向，克莱门茨认为，在自然状态下，演替总是向前发展的，进展演替，而不可能是后退的逆行演替。

2. 多元顶极学说

多元顶极学说的早期提倡者是英国生态学家坦斯利（1954）。这个学说认为，在一个气候区域内，由于土壤湿度、土壤养分、地形、水、火灾等多种物理和生物环境的影响，群落演替的最终结果，不一定都汇集于一个共同的气候顶极终点。除了气候顶极之外，还可有土壤顶极、地形顶极、火烧顶极、动物顶极；同时还可存在一些复合型的顶极，如地形—土壤顶极和火烧—动物顶极等。一般在地带性生境上是气候顶极，在别的生境上可能是其他类型的顶极。这样一来，一个植物群落只要在某一种或几种环境因子的作用下在较长时间内保持稳定状态，都可认为是顶极群落，它和环境之间达到了较好的协调。

由此可见，单元顶极论和多元顶极论的共同点是，都承认顶极群落是经过单向变化而达到稳定状态的群落；而顶极群落在时间上的变化和空间上的分布，都是和生境相适应的。不同点在于：其一，单元顶极论认为，只有气候才是演替的决定因素，其他因素都是第二位的，但可以阻止群落向气候顶极发展；多元顶极论则认为，除气候以外的其他因素，也可以决定顶极的形成。其二，单元顶极论认为，在一个气候区域内，所有群落都有趋同性的发展，最终形成气候顶极；而多元顶极论认为不是所有群落最后都会趋于一个顶极。

3. 顶极格局假说

顶极格局假说是由魏泰克（1953）提出的。他认为，在任何一个区域内，环境因子都是连续不断地变化的。随着环境梯度的变化，各种类型的顶极群落，如气候顶极、土壤顶极、地形顶极、火烧顶极等，不是截然呈离散状态，而是连续变化的，因而形成连续的顶极类型，构成一个顶极群落连续变化的格局。在这个格局中，分布最广泛且通常位于格局中心的顶极群落，叫作优势顶极，它是最能反映该地区气候特征的顶极群落，相当于单元顶极论的气候顶极。

（三）地带性与非地带性顶极

气候条件决定了地球上水热能量带的分布，随着纬度、经度和海拔高度的不同而不同，有着很强的地带性特征，群落的分布常常对应于地带性生境，与气候有着直接的关系，所以气候顶极可以看成是地带性顶极。

但是即使同一个气候区内，由于各种非地带性因素的影响，如地形、火烧、动物、土壤（局部土壤）等，使得群落演替的最终结果，不一定都汇集于一个共同的气候顶极终点。像前面（多元顶极）所说的还有地形顶极、火烧顶极、动物顶极和土壤顶极；也还可以出现一些复合型的顶极，如地形—土壤顶极、火烧—动物顶极，等等。这些顶极一般与非地带性的生境相适应，可称为非地带性顶极。

四、演替实例

（一）旱生演替系列

1. 从裸岩开始的演替

从裸岩开始的演替系列大致可分为六个阶段。

(1) 地衣植物阶段。裸岩表面最先出现的是地衣植物，其中以壳状地衣首先定居。在壳状地衣的长期作用下，环境条件首先是岩表在壳状地衣的假根分泌的有机酸的腐蚀下，加之风化而形成了一定的土壤条件，继而出现叶状地衣。叶状地衣可以涵养较多的水分，积聚更多的残体，因而更加快了土壤的形成和集聚。在叶状地衣遮没的岩表，陆续出现枝状地衣。枝状地衣是多枝体，高可达几厘米，生长能力强，逐渐取代叶状地衣群落。

地衣群落是演替系列的先锋群落，是整个系列中持续时间最长的过程。由于环境条件的不断改善，越到后期群落形成所需时间越缩短。在地衣群落发展的后期，苔藓植物逐渐出现。这一阶段的前期基本上仅有微生物共存，以后逐渐有一些如螨类的微小动物出现。

（2）苔藓植物阶段。生长在岩表的苔藓植物，与地衣相似，可以在干旱状况下停止生长进入休眠，等到温和多雨时又大量生长，这类植物能积累的土壤更多些，为以后生长的植物创造了更有利的条件。苔藓植物阶段出现的动物，与地衣群落相似，以螨类等腐食性或植食性的小型无脊椎动物为主。

上述群落演替的两个最初阶段与环境的关系主要表现在土壤的形成和积累，对岩石小气候的形成有作用，但很不显著。

（3）草本植物阶段。苔藓群落的后期，一些蕨类和一些被子植物中一年生或二年生矮小、耐旱种类的草本植物会逐渐出现。开始是个别植株，以后大量增加而取代了苔藓植物。随着土壤的继续增加，土壤养分条件的改变和小气候的开始形成，多年生的草本就出现了。初期，草本植物全为高在 35 厘米以下的低草，随着生态条件的逐渐改善，高约 70 厘米的中草和 1 米以上的高草相继出现，形成群落。

（4）草本群落阶段。由于郁闭度增加，土壤增厚，蒸发减少，调节了温湿度的变化，使得岩面的环境条件有了明显的改变。不仅土壤微生物和小型土壤动物的活动大为增强，土表动物也大量出现。增加最多的是昆虫等植食性节肢动物，捕食性昆虫、蜘蛛等肉食性动物等也大量出现。在低草覆盖地面时，蜗牛和啮齿类等小型哺乳动物逐渐入侵。到中高草出现，尤其是后期阳性灌木出现后，环境更加郁闭，为动物创造了更多更复杂的栖息场所，此时植食性、食虫性鸟类，野兔等中型哺乳动物数量不断增加。这使群落内物种多样性增加，食物链变长，食物网等营养结构更加复杂。

（5）灌木阶段。草本植物群落形成过程中，为木本植物创造了适宜的生活环境。首先是一些喜光的阳性灌木出现，它们常与高草混生形成高草灌木群落。以后灌木大量增加，成为优势的灌木群落。在这一阶段，草本植物上取食的昆虫逐渐减少，吃浆果、栖灌丛的鸟类会明显增加。林下中小型哺乳动物数量增多，活动更趋活跃，一些大型动物也会时而出没其间。

（6）乔木阶段。在灌木逐渐成为优势的演替发展过程中，阳性的乔木树种开始单株出现，继而会不断排挤无力争夺阳光的矮小灌木，植株增多并逐渐连成一片而形成森林。至此，林下形成荫蔽环境，使耐荫的树种得以定居。耐荫性树种增加，而阳性树种因在林内不能更新而逐渐从群落中消失。林下那些阳性的草本和灌木物种同时消失，仅留下一些耐荫的种类。复合的森林植物群落就形成了。在这一阶段，动物群落也变得极为复杂，大型动物开始定居繁殖，各个营养级的动物数量都明显增加，互相竞争，互相制约，使整个生物群落的结构变得更加复杂、稳定。在整个原生演替的旱生系列中，旱生生境因群落的作用变成了中生生境。

2. 从沙丘开始的演替

从沙丘开始的演替也是一种原生演替。以美国密执安湖沙丘上的群落演替为例。由于沙丘是湖水退却后逐渐暴露出来的。因此，沙丘上的基质条件是原生裸地性质的，从未被任何生物群落占据过。沙丘上的先锋群落由一些先锋植物和无脊椎动物构成。随着沙丘暴露时间的加长，它上面的先锋群落依次为松柏林、黑栎林、栎—山核桃林所取代，最后发展为稳定的山毛榉—槭树林群落。群落演替开始于干燥的沙丘之上，最后形成冷湿型群落环境，形成富有深厚腐殖质的土壤，土壤中出现了蜗牛和蚯蚓。在此发展过程中，不同演替阶段上的动物种群是不一样的。少数动物可以跨越两个或三个演替阶段，更多的则是只存留一个阶段便消失了。

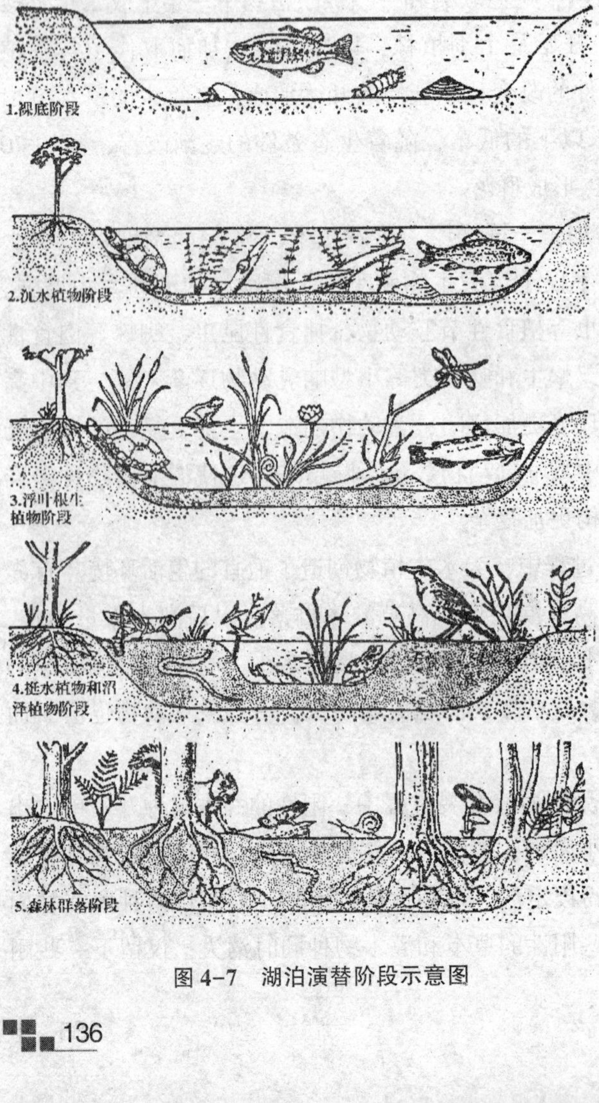

图 4-7 湖泊演替阶段示意图

整个演替过程进行十分缓慢。从裸露的沙丘到稳定的森林群落（山毛榉—槭树林），大约经历了1000年的历史。

（二）水生演替系列

1. 从湖泊演替为森林

图 4-7 表明了一个湖泊经过一系列的演替阶段以后，演变为一个森林群落的过程，大体经历以下几个阶段。

第一阶段是裸底阶段。这时湖底相似于陆地的裸岩，几乎没有什么植物能够扎根生长。一个人工池塘和人工湖在初建的时候，大致就是处于这个演替阶段。最早出现在湖泊里的生物只能是浮游生物，主要是微小的浮游藻类和浮游动物。这些浮游生物死亡后，就沉到湖底形成很薄的一层有机物质。随着浮游生物的生长和繁殖，它们的数量不断增加，当数量达到一定程度的时候，其他的生物就出现了，如栖息在湖底的石蚕，它以微生物为食并用小砂粒营造自己的居室，此外还有蓝鳃太阳鱼和大嘴鲈鱼等。

第二阶段是沉水植物阶段。在第一阶段演替的同时，陆地上的泥沙不断冲入湖中，这些泥沙同有机物质混合在池底铺垫出一层疏松的软泥，这就为有根的沉水植物的定居创造了条件，于是像轮藻、眼子菜和金鱼藻之类的沉水植物就在湖底扎根生长了起来。这些植物的定居生长使湖底软泥变得更加坚实和富含有机质。由于环境条件的改变，前一演替阶段的很多生物都因不适应而逐渐消失，并代之以其他种类的生物，如蜻蜓稚虫、蜉蝣和小甲壳类动物。用砂粒营造居室的石蚕也不见了，陆续出现了其他种类的石蚕，这些石蚕可在沉水植物上爬行，并选用植物材料营造巢管。

第三阶段是浮叶根生植物阶段。湖底有机物质和沉积物的迅速增加使湖底逐渐垫高，湖水变浅。于是出现了浮叶根生植物，如睡莲和荇菜等，标志着演替已进入浮叶根生植物阶段。由于漂浮在水面的叶子阻挡了射入水中的阳光，使沉水植物的生长受到影响而逐渐被排除。在演替的这个阶段，动物的生存空间大为增加，于是动物的种类逐渐变得多样化起来。水螅、青蛙、潜水甲虫和以浮叶根生植物的叶为食的各种水生昆虫纷纷出现。

第四阶段是挺水植物阶段。湖水水位的季节波动使湖边浅水地带的湖底时而露出水面，时而又被水淹没。在这些地带，柔弱的浮叶根生植物就无法再生存下去，于是挺水植物就占据了这一地带，它们把纤维状的根牢牢地扎在湖底，使茎直立地挺出水面，叶伸向水面以上的空间，最大限度地吸收着阳光。这是一类更高等的维管植物，最常见的种类有芦苇、香蒲、白菖和泽泻等，标志着演替又进行到挺水植物阶段。

这时，浮叶根生植物阶段的动物逐渐减少或消失，一个新的更适应于生活在密集的挺水植物丛中的动物群开始出现，用肺呼吸的螺类取代了用鳃呼吸的螺类。各种蜉蝣和蜻蜓稚虫生活在水下植物的茎秆上，当它们准备羽化时，就沿着茎秆爬到水面。红翅乌鸫、野鸭和麝鼩也成了这里的常见动物。

当水中的含氧量因生物的呼吸和有机物质的腐烂分解而逐渐减少的时候，就只有那些耗氧量较少的动物才能生存下去，于是杜父鱼就取代了太阳鱼，环节动物水蚯蚓等开始出现在湖底缺氧的腐泥中。

第五阶段是湿生草本植物群落阶段。挺水植物出现以后，由于湖底密集根系和大量的植物叶沉入水底，使湖底的有机物质大大增加，湖泊边缘的沉积物也开始变实变硬，很快就形成了坚实的土壤。这时候，大部分湖面因长满了苔草、香蒲和莎草科植物而演变成了沼泽。当湖底抬升到地下水位以上的时候，湖泊的残存部分一到夏季就会干涸。这时的湖泊实际上已变成了临时性的积水塘。在这里，只有那些夏季能忍受干燥、冬季能忍受冰冻的生物才能立足。同时湖泊也已经演替成了一个介于水生群落和陆生群落之间的湿生草本植物群落。

第六阶段是森林群落阶段。随着地面的进一步抬升和排水条件的改善，在沼泽植物群落中会出现湿生灌木，接着灌木又会逐渐让位于树木，如杨树、榆树、槭树和白皮松等。随着森林密闭度的加大，这些不耐阴树种的实生苗就不再能够生长，而适于在弱光条件下发育的树木实生苗就会生长起来并渐渐取得优势，如山毛榉、铁杉、枞树和雪松等。这些树种适合于生长在这种环境中，因此它们可以长久地在这里定居和繁衍下去。这是湖泊演替的最后一个阶段，即森林群落阶段。

从一个湖泊的演替过程可以看出，水生演替系列实际上就是湖泊池塘的填平过程，这个过程是从湖泊或池塘的边缘向中央水面逐渐推进的，因此可以在离岸不同距离的地方(水的深浅不同)，看到处于同一演替系列中不同阶段的几个群落，这些群落都围绕着湖中心呈环状分布，并随着时间的变化而改变其位置。

2. 从珊瑚礁开始的演替

珊瑚礁演替，是海洋中动物群落的演替。珊瑚群体由小逐渐增大，形成圆顶状直径约1米的帽状物，因为其边缘生长快，逐步变成了帽檐状的边饰，而饰下被波浪侵蚀，出现许多小室，其他生物入侵，由单种珊瑚群体发展为镶嵌状的珊瑚礁。当珊瑚礁继续增大，由于上部悬浮物过重，加上波浪冲击，礁体会部分或全部崩塌，其他更多种珊瑚蔓生，形成更为复杂的珊瑚礁。在此演替过程中，珊瑚礁中鱼类的多样性也随着礁体复杂性的增加而增加。

(三) 次生演替

原生植被遭外力破坏即发生次生演替。顺序发生的各类次生群落共同形成次生演替系列。以云杉采伐以后，从采伐迹地开始的次生演替系列为例。云杉是优良的用材林，其演替过程可分为以下几个阶段。

(1) 采伐迹地阶段。森林采伐后产生了较大面积的采伐迹地，原来森林中的小气候被完全改变，地面受到直接的光照，昼夜温差大，易形成霜冻等。因此不能忍受日灼或霜冻的植物就不能在这里生活，原先林下的耐荫或阴性植物消失了，而喜光植物，尤其是禾本科、莎草科等杂草到处蔓生起来，形成杂草群落。随着植物环境的改变，动物群落也发生面目全非的交替。大中型哺乳动物，营巢的鸟类消失了，代之而来的是草食性昆虫和啮齿类等小型哺乳动物。

(2) 先锋树种阶段（小叶树种阶段)。云杉和冷杉幼苗对霜冻、日灼和干旱很敏感，很难适应改变了的环境，因而不能生长。而喜光阔叶树种（桦、山杨、桤木等）的幼苗不怕日灼和霜冻，能够适应新环境。由于原有云杉林所形成的优越土壤条件，它们很快生长起来，形成以桦树和山杨为主的阔叶林群落。当阔叶树成长连片而开始遮蔽土地时，太阳辐射和霜冻开始从地面移到落叶树种所组成的林冠上。同时，郁闭的林冠也抑制和排挤其他喜光植物，包括阔叶树幼树，环境对大阔叶树也渐渐不利，而使它们开始衰弱，然后完全死亡。与此同时，前一阶段离去的一些鸟类和一些中型甚至大型动物开始返回，而草食性昆虫类节肢动物逐渐减少。

(3) 阴性树种定居阶段（云杉定居阶段）。由于桦树和山杨等上层树种缓和了林下小气候条件的剧烈变动，又改善了土壤环境，因此，阔叶林下已经能够生长耐荫性的云杉和冷杉幼苗。最初这种生长是缓慢的，但一般到 30 年左右，云杉就在桦树、山杨林中形成第二层。由于桦树、山杨林的自然稀疏，林内光照条件进一步改善，有利于云杉的生长，于是云杉就逐渐深入到上层林冠。虽然这个时间山杨和桦树的细枝随风摆动时开始撞击云杉，击落云杉的针叶，甚至使部分云杉树形成仅有单侧的树冠，但云杉继续生长。通常当桦树、山杨林长到 50 年时，许多云杉树就已伸入到林冠上层。

(4) 阴性树种恢复阶段（云杉恢复阶段）。继上一阶段之后，云杉生长会相当快地超过桦树和山杨而组成森林上层。桦树和山杨因不能适应上层遮阴而开始衰亡。经过 80~100 年，云杉终于高居上层，造成严密的遮阴，在林内形成紧密的酸性落叶层。桦树和山杨则根本不能更新。这样又形成了单层的云杉林，其中混杂着一些残留下来的山杨和桦树。

在云杉定居和恢复的阶段，大中型哺乳动物和鸟类又开始在林中定居，各营养级的生物结构逐渐趋向稳定。

第五节　生物群落的分类与分布

根据地球表面陆地及海洋两大类环境，可以概括地将生物群落分为陆地群落和水生群落；根据是否受人类影响，又可分为自然群落和人工群落。群落的分类，反映出群落的主要特征，在生物群落中的各种有机体的作用也不相同，但起主要控制作用的优势种只有少数，而且也往往是个体数量十分多的种。陆地自然群落中，植物常是优势类种，并由优势种决定了其他植物及动物和微生物的组成。因此，群落的分类，在很大的成分上，是以植物群落的分类为主要依据。

一、中国植物群落的分类系统

我国生态学家在《中国植被》一书中，参照了国外一些地植物学派的分类原则和方法，采用了“群落生态”原则，即以群落本身的综合特征作为分类依据，群落的种类组成、外貌和结构、地理分布、动态演替等特征及其生态环境在不同的等级均作了相应的反映。

主要分类单位分为三级：植被型（高级单位）、群系（中级单位）和群丛（基本单位）。每一等级之上和之下又各设一个辅助单位和补充单位。高级单位的分类依据侧重于外貌、结构和生态地理特征，中级和中级以下的单位则侧重于种类组成。其系统如下：

植被型组
　植被型
　　植被亚型
　　　群系组
　　　　群系
　　　　　亚群系
　　　　　　群丛组
　　　　　　　群丛
　　　　　　　　亚群丛

(一) 植被型、群系、群丛的概念

1. 植被型

植被型组：凡建群种生活型相近而且群落外貌相似的植物群落联合为植被型组。这里的生活型是指较高级的生活型。如针叶林、阔叶林、草地、荒漠等。

植被型：在植被型组内，把建群种生活型（一级或二级）相同或相似，同时对水热条件的生态关系一致的植物群落联合为植被型。如寒温性针叶林、夏绿阔叶林、温带草原、热带荒漠等。

植被亚型：是植被型的辅助单位。在植被型内根据优势层片或指示层片的差异来划分亚型。这种层片结构的差异一般是由于气候亚带的差异或一定的地貌、基质条件的差异而引起的。例如，温带草原可分为三个亚型：草甸草原（半湿润）、典型草原（半干旱）和荒漠草原（干旱）。

2. 群系

群系组：在植被型或亚型划分范围内，根据建群种亲缘关系近似（同属或相近属）、生活型（三级或四级）近似或生境相近而划分的。如草甸草原亚型可分出丛生禾草草甸草原、根茎禾草草甸草原和杂类草草甸草原。

群系：凡是建群种或共建种相同的植物群落联合为群系。例如，凡是以大针茅为建群种的任何群落都可归为大针茅系。以此类推，如兴安落叶松群系，羊草群系、红沙荒漠群系等。如果群落具共建种，则称共建种群系，如落叶松、白桦混交林。

亚群系：在生态幅度较广的群系内，根据次优势层片及其反映的生境条件的差异而划分亚群系。如羊草草原群系可划出：羊草+中生杂类草草原（也叫羊草草甸草原），生长于森林草原带的显域生境或典型草原带的沟谷，黑钙土和暗栗钙土；羊草+旱生丛生禾草草原（也叫羊草典型草原），生于典型草原带的显域生境，栗钙土；羊草+盐中生杂类草草原（也叫羊草盐湿草原），生于轻度盐渍化湿地，碱化栗钙土、碱化草甸土、柱状碱土。

对于大多数群系来讲，不需要划分亚群系。

3. 群丛

群丛组：凡是层片结构相似，而且优势层片与次优势层片的优势种或共优种相同的植物群落联合为群丛组。如在羊草+丛生禾草亚群系中，羊草+大针茅草原和羊草+丛生小禾草（糙隐子草、苔草）就是两个不同的群丛组。

群丛：是植物群落分类的基本单位，相当于植物分类中的种。凡是层片结构相同，各层片的优势种或共优种相同的植物群落联合为群丛，如羊草+大针茅这一群丛组内，羊草+大针茅+黄囊苔草原和羊草+大针茅+柴胡草原都是不同的群丛。

亚群丛：在群丛范围内，由于生态条件的某些差异，或因发育年龄上的差异往往不可避免地在区系成分、层片配置、动态变化等方面出现若干细微的变化。亚群丛就是用来反映这种群丛内部的分化和差异的，是群丛内部的生态—动态变型。

根据上述系统，中国植被分为 11 个植被类型组、29 个植被型、550 多个群系，群丛则不计其数。

（二）群落的命名方法

我国一般采用联名法对群丛进行命名，具体方法如下。

将各个层中的建群种或优势种和生态指示种的学名按顺序排列，在前面冠以 Ass.（association-群丛的缩写），不同层之间的优势种以“-”相连。如 Ass. *Larix gmelini-Rhododendron dahurica-Pyrola incarnata*（即兴安落叶松-杜鹃-红花鹿蹄草群丛）。

如果某一层有其优种，则用“+”将其优种相连。例如，Ass. *Larixgmelini-Rhododendron dahurica-Pyrola incarnata tcarex sp.*

当最上层的植物不是群落的建群种，而是伴生种或景观植物时，用“<”（或用“//”或“[ ]”）来表示层间关系。如，Ass. *Caragana microphyela*<（或//）*Stipa grandis-Cleislogens squarrasa.*

在对草本植物群落命名时，用“+”来连接各亚层的优种，而不用“-”。

二、生物群落的主要类型与分布

因受地理位置、气候、地形、土壤等因素的影响，地球上的生物群落是多种多样的。首先可分为水生生物群落（海洋生物群落与淡水生物群落）和陆地生物群落。

（一）主要植被类型及其特点

无论是生物地理学家还是生态学家，都以植被作为划分生物群落类型的基础。地球上的植被类型虽然很复杂，但呈大面积分布的地带性生物群落类型主要有森林群落、草原生物群落、荒漠生物群落、冻原生物群落、淡水生物群落和海洋生物群落等。

1. 森林群落

森林群落是地球陆地表面面积大、分布广的一种生物群落。陆地生物群落每年生产的

有机物质约 102×10^9 吨，其中森林生产 58×10^9 吨，占全球有机质总产量的 56.8%（草地生产 20.8×10^9 吨，农作物生产 10.5×10^9 吨）。

地球上森林的主要类型有热带雨林、亚热带常绿阔叶林、温带落叶阔叶林及北方针叶林或者它们的亚类或变体。

（1）热带雨林。热带雨林是目前地球上面积最大，对维持人类生存环境起巨大作用的森林生态系统。据估算，热带雨林面积近 1700 万平方千米，约占地球上现存森林面积的一半。它主要分布在南美洲的亚马逊盆地，非洲的刚果盆地，东南亚一些岛屿，它再往北可伸入我国西双版纳与海南岛南部。

热带雨林分布区域终年高温多雨，为赤道周日气候型。年平均气温 26℃以上，月平均温度多高于 20℃。年降水 2500~4500 毫米，全年均匀分布，无明显旱季。温度的日变幅 2~9℃，多在中午降大雨，雨后很快天晴。常年多云雾，日照率低。这里风化过程强烈，母岩崩解层深厚；土壤强烈淋溶，基性离子被冲走，留下三氧化物（Al_2O_3，Fe_2O_3），被称为硅红壤化过程。土壤养分极为贫瘠，而且是酸性的。雨林所需要的营养成分，几乎全贮备在植物体中，每年一部分植物体死去，很快矿质化，并直接被根系所吸收，形成一个几乎封闭的循环系统。

上述环境条件使得雨林植被具有以下特点：

一是种类组成成分极为丰富。据统计，组成热带雨林的高等植物在四万五千种以上，而且绝大部分是木本的。除乔木外，热带雨林中还富有藤本植物和附生植物。

二是群落结构极其复杂。热带雨林中，群落的形态结构和食物网络结构复杂，生态位分化极为明显，生物与生物以及生物与环境的适应，达到完善的程度。乔木一般可分三层，第一层高 30~40 米以上，树冠宽广，有时呈伞形，往往不连续；第二层一般 20 米以上，树冠长、宽相等；第三层 10 米以上，树冠锥形而尖，生长极密。再往下为幼树及灌木层，最后为稀疏的草本层。此外，藤本植物及附生植物发达，附生植物生长在乔木、灌木或藤本植物的枝叶上，其组成从藻、菌、苔藓、蕨类到高等有花植物均有。

三是乔木的构造特殊。雨林中的乔木，往往具有下述特殊构造：板状根；裸芽；乔木的叶子在大小，形状上非常一致，全绿，革质，中等大小；幼叶多下垂，具红、紫、白、青等各种颜色；茎花由短枝上的腋芽或叶腋的潜伏芽形成，且多一年四季开花；多昆虫传粉等。

四是无明显季相交替。组成雨林的每一个植物种都终年进行生长活动，但仍有其生命活动节律。乔木叶子平均寿命 13~14 个月，零星凋落，零星添新叶。多四季开花，但每个种都有一个比较明显的盛花期。

热带雨林，是地球上动物种类最丰富的地区。据报道，巴拿马附近的一个小岛上，面积不到 0.5 平方千米，哺乳动物 58 种，但每个种的个体数量少。

热带雨林生态系统中能流与物质流的速率都很高，总生产量大，但呼吸消耗量也很大，净生产率小。热带雨林净第一性生产力的平均值为 20 吨/（公顷·年），光能利用率约1.5%，为农田的2倍。可见，热带雨林是陆地生态系统中生产力最高的类型。

热带雨林中生物资源极为丰富，有众多物种的经济价值有待开发。开垦后可种植巴西橡胶、油棕、咖啡、剑麻等热带作物。但在高温多雨条件下，一旦植被破坏后，很容易引起水土流失，导致环境退化，而且在短时间内不易恢复。因此热带雨林的保护是当前全世界关心的重大问题。

（2）常绿阔叶林。常绿阔叶林指分布在亚热带湿润气候条件下并以壳斗科、樟科、山茶科、木兰科等常绿阔叶树种为主组成的森林生态系统，主要分布于欧亚大陆东岸北纬22°~40°之间。此外，非洲东南部、美国东南部、大西洋中的加那利群岛等地也有少量分布。

常绿阔叶林分布区的气候，夏季炎热多雨，冬季稍寒冷，春秋温和，四季分明。年平均气温16~18℃，热月平均24~27℃，冷月平均3~8℃，冬季有霜冻，年降雨量1000~1500毫米，主要分布在4~9月，冬季降水少，但无明显旱季。土壤为红壤、黄壤或黄棕壤。本区域从侏罗纪起，一直保持温暖湿润的气候，海陆分布与气候变化都很小，所以保存了第三纪已基本形成的植被类型和古老种属，如著名的银杏、水杉、鹅掌楸等。

常绿阔叶林的结构比热带雨林简单，高度明显降低。乔木一般分两个亚层，上层林冠整齐，一般高20米左右，很少超过30米；第二亚层树冠多不连续，高10~15米；灌木层多少明显，但较稀疏，草本层以蕨类为主。藤本植物与附生植物也很常见，但不如雨林繁茂。

（3）落叶阔叶林。落叶阔叶林又称夏绿林，分布于中纬度湿润地区。年平均气温8~14℃，一月平均气温多在0℃之下（-3℃至-22℃）。7月平均24~28℃。年降水量500~1000毫米。由于这里冬季寒冷，树木仅在暖季生长，入冬前树木叶子枯死并脱落。土壤为褐色土与棕色森林土，较为肥沃。这类森林主要分布于北美中东部，欧洲及我国温带沿海地区。优势树种为壳斗科的落叶乔木，如山毛榉属、栎属、栗属、椴属等；其次为桦木科、槭树科、杨柳科的一些种。

落叶阔叶林的消费者也有其特色，哺乳动物有鹿、麋、獾、棕熊、野猪、狐、松鼠等，鸟类有野鸡、莺等，还有各种各样的昆虫。如林龄为120年的栎+鹅儿枥林中生产者与消费者的生物量（表4-3）。

表4-3　栎+鹅儿枥林的生物量（以公顷计）

乔木层（树干210吨，枝90吨，叶4吨）	304吨
灌木层	30吨
草木层	1吨
大型哺乳动物	2千克
小型哺乳动物	5千克
鸟类	1.3千克
土壤动物（以蚯蚓为代表）	900千克

从表 4-3 可以看出，落叶阔叶林巨大的植物物质仅养活着小量的动物，而动物生物量又集中在土壤动物上。蚯蚓的个体数目每平方米平均达 100 只每平方米。此外，真菌等微生物的数量更多，其生物量虽小，但其呼吸消耗的热能却远高于各类动物。动物有的冬季休眠或远距离迁移，有的全年活动但冬季贮藏食物。

（4）北方针叶林。北方针叶林分布在北半球高纬地区，面积约 1200 万平方千米，仅次于热带雨林，居第二位。

北方针叶林地处寒温带，年平均气温多在 0℃之下，夏季长仅一个月，热月的平均气温为 15~22℃，冬季长达 9 个月之上，冷月平均-21℃至-38℃，绝对低温达-52℃，≥10℃持续期少于 120 天。年降水量 400~500 毫米，集中夏季降落。优势土壤为棕色针叶林土，土层浅薄，以灰化作用占优势。

北方针叶林种类组成较贫乏，乔木以松、云杉、冷杉、铁杉和落叶松等属的树种占优势，多为单优种森林（北美优势种较多），树高 20 米上下。林下灌木层稀疏，并常具各种藓类。枯枝落叶层很厚（可达 50 吨/公顷），分解缓慢，下部常与藓类一起形成毡状层。树木根系较浅，这是对土壤冻结层的适应。

针叶树的叶面积大（叶面积系数可达 16），终年常绿，但因冷季长，土壤贫瘠，净第一性生产力很低，如泰加林的净第一性生产力仅 4.5~8.5 吨/（公顷·年），是所有森林生态系统中最低的。在冬季不太冷的中温带地区，针叶林的净第一性生产力可达 14 吨/（公顷·年）。而北方针叶林的平均净第一性生产力约 8 吨/（公顷·年），全球针叶林年总生产力 9.6×10^9 吨/年，占全球森林生态系统总生产力（77.2×10^9 吨/年）的 12.4%。

北方针叶林的动物有驼鹿、马鹿、驯鹿、黑貂、猞猁、雪兔、松鼠、鼯鼠、松鸡、榛鸡等及大量的土壤动物（以小型节肢动物为主）和昆虫，后者常对针叶林造成很大的危害。这些动物活动的季节性明显，有的种类冬季南迁，多数冬季休眠与贮食相结合。

2. 草原生物群落

草原与森林一样，是地球上重要的陆地生物群落类型之一。草原群落以多年生草本植物占优势，辽阔无林，在原始状态下常有各种善于奔驰或营穴洞生活的草食动物栖居其上。

草原为内陆半干旱到半湿润气候条件的产物，气候特点是大陆性强，年降雨量少，且变率大，一般为50~450 毫米。以旱生多年生禾草占绝对优势，多年生杂类草及半灌木也多少起显著作用。

根据草原的组成和地理分布可分为温带草原与热带草原两类。前者分布在南北两半球的中纬度地带，如欧亚大陆草原、北美大陆草原、南美草原等。这里夏季温和，冬季寒冷，春季或晚夏有一明显的干旱期。由于低温少雨，草群较低，其地上部分高度多不超过 1 米，以耐寒的旱生禾草为主，土壤中以钙化过程与生草化过程占优势。后者分布在热带、亚热带，其特点是在高大禾草（常达 2~3 米）的背景上常散生一些不高的乔木，故被称为稀树草原。这里终年温暖，降雨量常达1000毫米以上，在高温多雨影响下，土壤强烈淋溶，以砖红壤化过程占优势，比较贫瘠。但一年中存在一个到两个干旱期，加上频繁的野火，限制了森林的发展。从世界草原的分布来看，水分与热量的组合状况是影响草原分布的决定因素，低温少雨与高温多雨的配合有着相似的生物学效果。如在寒温带，年降雨量150~200毫米地区已有大面积草原分布，而在热带，这样的雨量下只有荒漠分布。一般来说，草原处于湿润的森林区与干旱的荒漠区之间。靠近森林一侧，气候半湿润，草群繁茂，种类丰富，并常出现岛状森林和灌丛，靠近荒漠一侧，雨量减少，气候变干，草群低矮稀疏，种类组成简单，并常混生一些旱生小灌木或肉质植物，在上述二者之间为辽阔的典型草原（图4-8）。

图4-8 水分差异导致的草原地带

草原动物区系很丰富，大型哺乳动物如稀树草原上的长颈鹿，欧亚大陆草原上的野驴、黄羊，北美草原上的野牛等，还有众多的啮齿类和鸟类，以及丰富的土壤动物与微生物。

草原的净第一性生产力变动较大。对温带草原而言，从荒漠草原0.5吨/（公顷·年）到草甸草原15吨/（公顷·年），热带稀树草原生产力高一些，变动于2吨/（公顷·年）到20吨/（公顷·年）之间，平均达7吨/（公顷·年）。在草原生物量中，地下部分常大于地上部分，气候越是干旱，地下部分所占比例越大。值得指出的是，土壤微生物的生物量常达很高数量，但草原动物生物量很低。

3. 荒漠生物群落

荒漠是地球上最耐旱的，是超旱生的灌木、半灌木或半乔木占优势的地上不郁闭的一类生物群落，主要分布于亚热带干旱区，往北可延伸到温带干旱区。

这里生态条件极为严酷，年降水量少于200毫米，有些地区年降水量还不到50毫米，甚至终年没有降水。由于雨量少，易溶性盐类很少淋溶，土壤表层有石膏的累积。地表细土被风吹走，剩下粗砾及石块，形成戈壁，而在风积区则形成大面积沙漠。

荒漠植被极度稀疏，有的地表大面积裸露。适应荒漠区生长的植物主要有三种生活型：①荒漠灌木及半灌木：具发达的根系和小而厚的叶子，茎杆多呈灰白色以反射强烈的阳光，如坝王、梭梭、白刺、红沙等属的一些种。②肉质植物：为景天酸代谢型，夜间气孔开放，吸收大量 CO_2，以苹果酸的形式贮存在植物体内。白天，气孔关闭以适应干燥空气，体内苹果酸放出 CO_2，供植物的光合作用，即将夜间固定 CO_2 与白天 CO_2 的进一步代谢在时间上分隔开来。这样，使肉质植物获得 CO_2 供应的同时，维持了植物的水分平衡。肉质植物主要分布在南美及非洲的荒漠中，如仙人掌科、大戟科与百合科的一些种。③短命植物与类短命植物：前者为一年生，后者系多年生，它们利用较湿润的季节迅速完成其生活周期，以种子或营养器官度过不利生长时期。

荒漠生物群落的消费者主要是爬行类、啮齿类、鸟类以及蝗虫等。同植物一样，它们也是以各种不同的方法适应水分的缺乏。大部分哺乳动物由于排尿损失大量水分而不能适应荒漠缺水的生态条件，但个别种类却具非凡的适应能力。例如，欧亚大陆的砂土鼠和北美的某些啮齿类动物。

荒漠生物群落的初级生产力非常低，低于 0.5 克/（平方米·年），所以能量流动受到限制并且系统结构简单。物质循环的规模小。即使在肥沃的地方，可利用的营养物质也只限于土壤表面 10 厘米。由于许多植物生长缓慢，动物也多半具较长的生活史，所以能量转化和物质循环的速率很低。

4. 冻原生物群落

冻原又可称为苔原，是指以极地或极地高山灌丛、苔藓和地衣占优势，层次不多的草木植被型。

它们生长在各种湿度不同的条件下，整个营养期的温度比较低下，因而时常遭到生理性干旱的影响。

冻原广泛分布在北半球，占据着欧亚大陆北部及其邻近岛屿的大片地区。西伯利亚的北部是最大的冻原区，面积约为 300 万平方公里。在北美，冻原地也占了大片面积，如美洲大陆的北部、加拿大群岛和格陵兰没有覆冰的地区。在南半球仅分布在南美端的马尔维纳期（福克兰）群岛、南佐治亚群岛和南奥克尼群岛等。

冻原带的气候条件对于植物的生长非常不利。夏季短促而寒冷，7 月的平均温度为 10～14%。越向北温度越低，冬季最低温度可达-55℃。营养期平均为 2～3 个月。年降水量为 200～300 毫米，大约 60% 是在夏季降落。由于可能蒸发量很低，故气候是湿润的。风很大，冬季的风速可达 15～30 米/秒。冻原的光照很特殊，夏季白昼很长，很多地方长昼无夜。土壤具有深达 150～200 厘米的永冻层，它对上层的土层发生很大的影响。由于永冻层土壤的强烈冷却，上部水不能下潜，引起了沼泽化现象。植物在这样的土壤上由于低温而表现出生理性干旱。

5. 淡水生物群落

淡水生物群落包括湖泊、池塘、河流等群落，淡水湖泊和河川约占地球表面的2%，其体积至少为2.04×10^5 立方公里。淡水生物群落虽然所占的面积小，但它对人类的重要性是非常之大的。淡水生物群落通常是互相隔离的，淡水群落一般分为流水和静水群落两大类。流水群落又可分为急流和缓流两类。急流群落中水的含氧量高，水底没有污泥，栖息在那里的生物多附着在岩石表面或隐藏于石下，以防止被水冲走。通常有根植物难以生长，但有些鱼类（如大麻哈鱼）能逆流而上，在此产卵，以保证充分的溶氧供鱼苗发育。缓流群落的水底多污泥，底层易缺氧，游泳动物很多，底栖种类则多埋于底质之中。虽然有浮游植物和有根植物，但它们所制造的有机物大多被水流带走，或沉积在河流周围。

静水群落可根据生境的不同分为若干个带（图4-9）。沿岸带，阳光能穿透到底，常有有根植物生长，包括沉水植物、浮水植物、挺水植物等亚带，并逐渐过渡为陆生群落；湖沼带，有阳光透入，能有效地进行光合作用，有丰富的浮游植物，主要是硅藻、绿藻和蓝藻；深底带，由于没有光线，自养生物不能生存，消费者生物的食物依赖于沿岸带和湖沼带下沉的食物颗粒。因此湖泊的初级生产依靠于沿岸带的有根植物和湖沼带的浮游植物。温带的湖泊分为富养的和贫养的两类。富养湖一般水浅，贫养湖则水深。大陆中的水体还有一些特殊的群落类型，如温泉、盐湖等。

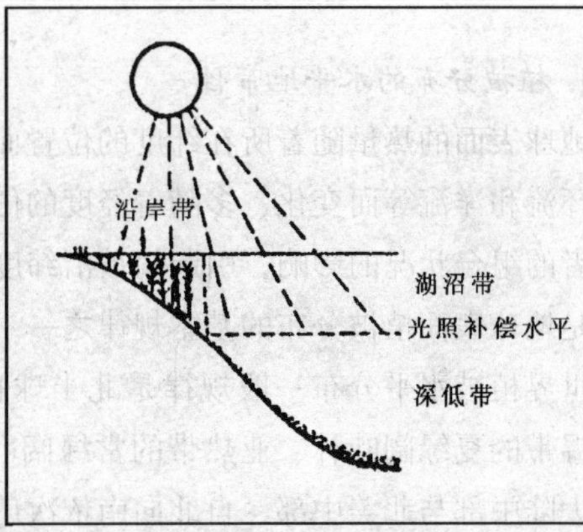

图4-9 湖泊的三个主要带

6. 海洋生物群落

像湖泊生物群落一样，海洋生物群落也分为若干带：①潮间带或沿岸带，即与陆地相接的地区，是海陆之间的群落交错区，其特点是有周期性的潮汐。生活在潮间带的海洋生物除要防止海浪冲击外，还要经受温度和水淹与暴露的激剧变化，形成许多有趣的形态和生理适应。潮间带的底栖生物又因底质为沙质、岩石和淤泥分化为不同类型。②潮间带以下为浅海或亚沿岸带，包括从几米深到200米左右的大陆架范围，世界主要经济渔场几乎都位于大陆架和大陆架附近，这里具有丰富多样的鱼类。③浅海带以下沿大陆坡之上为半深海带，而海洋底部的大部分地区为深海带。深海带的环境条件稳定，无光，温度在0~40℃左右，海水的化学组成也比较稳定，底土是软的和粘泥的，压力很大（水深每增10米，即增加1个大气压）。食物条件苛刻，全靠上层的食物颗粒下沉，因为深海中没有进行光合作用的植物。由于无光，深海动物视觉器官多退化，或者具发光的器官，也有的眼极大，位于长柄末端，对微弱的光有感觉能力。适应高压的特征如薄而透孔的皮肤，没有坚固骨骼和有力肌肉。④大洋带，从沿岸带往开阔大洋，深至日光能透入的最深界线。大洋区面积很大，但水环境相当一致，唯有水温变化，尤其是暖流与寒流的分布。大洋缺乏动物隐蔽所，但保护色明显。

红树林、珊瑚礁、马尾藻海都属于海洋中特殊的生物群落类型。河口湾是大陆水系进入海洋的特殊生态系统，由于许多河口湾是人类海陆交通要地，受人类活动干扰甚深，也易于出现赤潮。

（二）生物群落地带性分布

覆盖一个地区的植物群落的总称叫作植被。在地球表面上，任何气候带或自然区，都分布有一定的植被类型，这些类型可呈现地带性分布，包括水平地带性分布和垂直地带性分布。

1. 植被分布的水平地带性

地球表面的热量随着所在纬度的位置而发生变化；而水分随着距离海岸的远近，以及大气环流和洋流等而变化，多随着经度的位置而变化。植被主要受当地热量和水分条件以及二者的组合状况的影响，引起植被沿纬度或经度成水平更替，称为植被分布的水平地带性，是地球表面植被分布的基本规律之一。

世界植被水平分布一般规律是北半球自北向南依次出现寒带的苔原、寒温带的针叶林、温带的夏绿阔叶林、亚热带的常绿阔叶林以及赤道的雨林，大体上是沿纬度排列的。欧亚大陆中部与北美中部，自北向南依次出现苔原、针叶林、夏绿林、草原和荒漠，植被的分布也是纬度方向排列，比较明显。地跨赤道的非洲大陆，赤道两侧热带雨林分布很广，它的南北两侧依次大体对称地分布着热带季雨林、稀树草原、热带荒漠、半荒漠和硬叶常绿林等植被类型，纬度地带也占着主要地位。这种分布规律主要受热状况的影响。因为太阳辐射是地球表面热量的主要来源，地球表面的热量，随着地球纬度的高低而不同，因而从赤道向南、北形成了各种热量带。在低纬度地区（如赤道），全年地面接受太阳总的辐射量大，其季节分配亦较均匀，因而终年高温，长夏无冬。随着纬度的增高，地面受热逐渐减少，一年中季节性差异也增大。到了高纬度地区（如北极圈），地面受热量少，终年寒冷，长冬无夏。植被也随着这种规律更替着，故称为植被的纬度地带性。

植被水平分布的经度地带性规律是与海陆分布，大气环流和大地形的影响有关。一般规律是从沿海到内陆，降雨量逐渐减少。因此，在同一热量带内，各地水分条件不同，植被分布也随着发生明显规律性的变化。例如，北美的两侧都是海洋，其东部降水主要来自大西洋湿润气团，雨量从东向西北递减，相应地就依次出现森林、草原和荒漠。而西部虽受太平洋湿润气团的影响，雨量充沛，但却被经向的山脉所阻，因而森林仅限于山脉以西，所以北美东西沿岸为森林，大陆中部为草原和荒漠。

植被从东向西依次更替为森林—草原—荒漠—森林，表现明显的经度方向变化。这种因水分状况由东至西沿经度方向有规律更替的植被分布，称为植被分布的经度地带性。我国从东南到西北受海洋季风和湿气流的影响程度逐渐减弱，依次有湿润、半湿润、半干旱、干旱和极端干旱的气候。相应的变化植被依次出现了三大植被区域。东部为湿润森林区、中部为半干旱草原区、西部内陆气候极端干旱，为干旱荒漠区。反映了经度地带性分布。

中国植被水平分布的纬向变化可分为东西两部分，在东部湿润森林区，自北向南依次分布着针叶落叶林—温带针叶落叶阔叶林—暖温带落叶阔叶林—北亚热带含常绿成分的落叶阔叶林—中亚热带常绿阔叶林—南亚热带常绿阔叶林—热带季雨林、雨林。西部位于亚洲内陆腹地，在强烈的大陆性气候笼罩下，从北到南出现一系列东西走向的巨大山系。打破了纬度的影响，这样，西部从北到南的植被水平分布的纬向变化如下，温带半荒漠、荒漠带—暖温带荒漠带—高寒荒漠带—高寒草原带—高寒山地灌丛草原带。

需要强调的是，影响植被分布的因素中，并不是单纯地取决于水分和热量，而是取决于这两个因素的综合条件。因此，在纬度地带性和经度地带性之间并不存在着从属关系，它们处于相互联系的统一体系中。某一地区水平地带性植被存在，决定于当地热量和水分综合作用，而不是决定于当地纬度所联系的热量状况或经度所联系的水分状况。

2. 植被分布的垂直地带性

地球上植物分布的地带性规律，除了因纬度和经度的不同呈现出的水平地带性规律外，还表现出因高度的不同而呈现的垂直地带性规律，它是山地植被的显著特征。山地植被总是随着海拔高度的上升，更替着不同的植被带。一般来说，从山麓到山顶，通常每升高 100 米，气温大约下降 0.5℃ ~ 1℃。而湿度、风力、光照等其他气候因子增强，土壤条件也发生变化。在这些因素的综合作用下，导致了植被随海拔的升高依次成带状的分布。

在一个具有足够高度的山地，从山麓到山顶更替着植被带系列，大体上类似于从该山地所在的水平地带到极地的植被带系列（图 4-10）。例如，在西欧温带的阿尔卑斯山，山地植被的垂直分布和自温带、寒温带到寒带的植被水平带的变化大致相似。在我国，处于

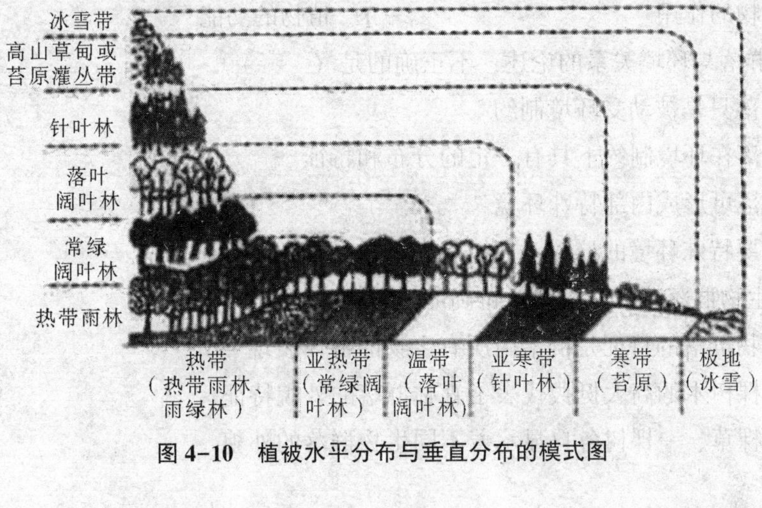

图 4-10　植被水平分布与垂直分布的模式图

温带的长白山，从山麓到山顶所看到的落叶阔叶林，针阔叶混交林、云冷杉暗针叶林、岳桦矮曲林、小灌木—苔原的植被垂直带；也同自我国东北向太平洋沿岸的俄罗斯远东地区，直到寒带的楚科奇海海岸所出现的植被纬度水平带相一致。因此，有人认为，植被的垂直分布是水平分布的“缩影”。然而两者之间仅仅是在外貌结构上的相似，而绝不是相同。例如，亚热带山地垂直分布的寒温性针叶林与北方寒温带的针叶林，在植物区系性质、区系组成和历史发生等方面都有很大差异。这是由于亚热带山地的历史和现代生态条件与极地不同而引起的。

山地植被垂直带的组合排列和更替顺序可形成一定的体系，称为植被垂直滞谱。严格说，每一个山体都有它自己特有的植被系列（谱）。因为山地植被垂直带谱的结构和每一垂直带的群落组合，一方面受该山所在水平地带的制约，即垂直带从属于水平带的原则，另一方面也受山体的高度、山脉的走向、坡向、坡度、山坡在山地中的位置、地形，基质和局部气候的影响。但总的说来，位于同一个水平植被地带中的山地，其垂直带性总是比较近似的。

本章同步训练

一、选择题

1. 生物群落是（　　）

A. 生物种内许多个体组成的群体

B. 植物、动物、微生物有序、协调统一的群体

C. 由许多植物组成的群体

D. 由许多动物组成的群体

2. 确立群落成员型的依据是（　　）

A. 植物的种类　　B. 植物的高度

C. 植物的作用　　D. 植物的功能

3. 关于群落与环境关系的论述，不正确的是（　　）

A. 群落只是被动受环境制约

B. 群落在环境制约下具有一定的分布和特征

C. 群落可形成内部特殊环境

D. 需要特殊环境的群落对环境具有指示意义

4. 关于生物群落特征的论述，正确的是（　　）

A. 生物群落的特征是群落内所有生物的群体表现

B. 一棵树木的高大挺拔代表了森林群落的外貌特征

C. 一棵草、一棵树各自显示着不同生物群落的外貌

D. 植物、动物、微生物对生物群落特征的影响大小一致

5. 群落内部不具备的特点是（　　）

A. 光照强度减弱　　B. 空气湿度增加

C. 土壤湿度增加　　D. 气温增加

6. 关于优势度的概念，正确的是（　　）

A. 群落各成员中，建群种的优势度最大

B. 群落各层优势种的优势度均大于建群种

C. 确定生物优势度主要依据其频度

D. 群落各成员对群落的作用大小与其优势度无关

7. 群落结构最复杂的是（　　）

A. 苔原　　B. 荒漠　　C. 落叶阔叶林　　D. 常绿阔叶林

8. 常绿阔叶林的特征是（　　）

A. 夏季降水多，冬季降水少，故干湿季明显

B. 中国东部常绿阔叶林于世界面积最大

C. 乔木、灌木、草本、植被四层均具备，乔木层仅一层

D. 高位芽达 90% 以上

9. 关于群落水平结构的论述，正确的是（　　）

A. 镶嵌体中斑点通常小于复合体中的斑点

B. 复合体中斑点间植物紧密接触，相互影响很大

C. 镶嵌体中斑点间植物互不影响

D. 镶嵌体中每个小群落各代表不同群落的特征

10. 关于群落镶嵌性的概念，论述正确的是（　　）

A. 是不同群落片段的镶嵌分布格局

B. 是同一群落内部水平结构的进一步分异现象

C. 每一个镶嵌体仅包括一种小群落

D. 镶嵌体中小群落与整个大群落垂直结构差异很大

11. 群落交错区的特征是（　　）

A. 比相邻群落环境更加严酷

B. 种类多样性高于相邻群落

C. 由于是多个群落边缘地带，相邻群落生物均不适应在此生存

D. 在群落交错区各物种密度均大于相邻群落

12. 采用植物区系作为群落分类原则的是（　　）

A. 英美学派　　B. 法瑞学派

C. 苏联　　D. 中国

13. 以下有关分层现象的论述，错误的是（　　）

A. 动物在群落中的分层现象也很普通

B. 植物地下根系分层由浅入深依次是乔木、灌木、草本和植被

C. 水生生物也具有分层现象

D. 草本群落也具有分层现象

14. 关于层片的论述，正确的是（　　）

A. 层片是按植物的高度划分的

B. 层和层片含义基本相同

C. 兴安落叶松群落是单优势林，其乔木层与层片是一致的

D. 群落有几个层次，就有几个层片

15. 季相最显著的群落是（　　）

A. 常绿阔叶林　　B. 落叶阔叶林

C. 北方针叶林　　D. 热带雨林

16. 群落演替速度的特点是（　　）

A. 演替速度越来越快

B. 演替初始缓慢，中间阶段快，末期演替停止

C. 演替越来越慢

D. 演替速度不随时间变化

17. 符合群落发育盛期特征的是（　　）

A. 建群种生长渐弱，更新能力下降　　B. 群落内环境已变得不利远物种生存

C. 群落结构——定型　　D. 种类数量不稳定

18. 与演替过程中的群落相比，顶级群落的特征是（　　）

A. 信息少　　B. 稳定性高

C. 矿质营养循环开放　　D. 食物网（链）简单

19. 英美学派的群落分类原则是（　　）

A. 生态环境　　B. 群落外貌和结构

C. 群落种类组成　　D. 群落动态

20. 属于地带性顶极的群落是（　　）

A. 沼泽　　B. 水生群落

C. 盐碱群落　　D. 荒漠群落

21. 不符合非地带性顶极论述的是（　　）

A. 可出现在多种大气候下

B. 可分布于多个地带性群落中

C. 只受局部环境制约，大气候对其毫无影响

D. 具有大气候的烙印

22. 从裸岩开始的旱生演替属于（　　）

A. 次生演替　　B. 快速演替

C. 内因性演替　　D. 外因性演替

23. 单元顶极理论中的顶极群落最适应的生态条件是（　　）

A. 土壤　　B. 地形　　C. 气候　　D. 生物

24. 顶极—格局假说的意思是（　　）

A. 一个气候内只能有一种顶极群落

B. 一个气候内可以有多个顶极群落呈不连续变化

C. 随着环境因子的梯度变化呈连续变化

D. 顶极群落是一个独立不连续的单位

25. 森林砍伐形成的裸地，在没有干扰的情况下的演替过程是（　　）

A. 原生演替　　B. 次生演替

C. 水生演替　　D. 旱生演替

26. 中国植物群落分类原则是（　　）

A. 生态学原则　　B. 植物区系学原则

C. 动态原则　　D. 群落学—生态学原则

27. 中国植物群落分类中把多个群落联合为植被型的依据是（　　）

A. 建群种和水热条件

B. 建群种的生活型和生活条件

C. 优势种和水热条件

D. 优势种的生活型和水热条件

二、填空题

1. 下图为在农业生态系统内进行农药防治（施 DDT）和生物防治（引入捕食者）害虫过程中，害虫种群密度消长示意图：

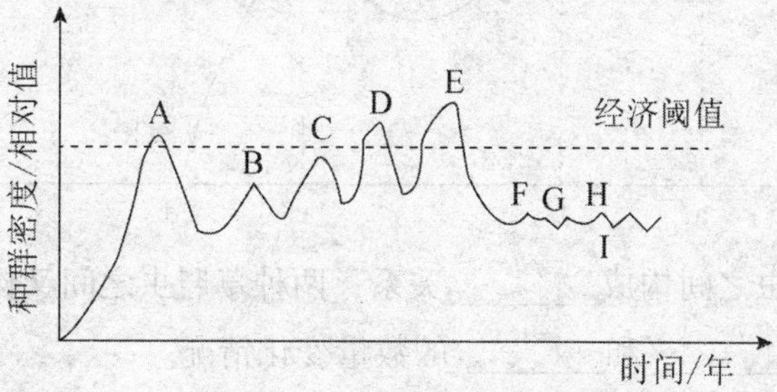

A 点后开始进行的是________防治，E 点开始进行的是________防治。由 E 点开始防治的突出优点是________。F~I 段种群数量已无明显波动，说明________。

2. 下图是某一动物物种迁入一个适宜环境后的增长曲线图：

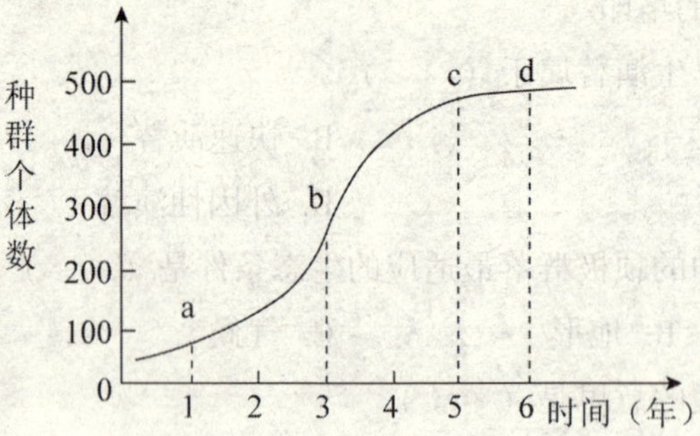

图中的增长曲线是________型，曲线中表示 K 值的点是________。图中表示种群增长速度最快的点是________。如果此种群是鱼类，捕捞量应控制在曲线的________点左右最合适；如果此种群是老鼠，则限制其种群数量的最好方法是尽量降低________。

3. 某校生物兴趣小组连续多年对学校附近的树林进行种群密度调查，得到如下统计数据：

	第一年	第二年	第五年	第八年
甲种群	4 490	4 120	67	10
乙种群	0	120	3 210	4 500

调查甲、乙两种群的种群密度时，常用的方法是________。甲、乙两种群的年龄组成依次为________、________。甲种群与乙种群之间存在着________关系，这可能是导致甲种群密度变化的重要因素。

4. 下图表示在烧杯中加入一些枯草浸出液，烧杯中的枯草杆菌以其中的有机物为食，过几天后放入大草履虫，再过一段时间后，放入双小核草履虫，它们均以枯草杆菌为食。三种生物在浸出液中数量的增减情况如下图中 A、B、C 曲线所示：

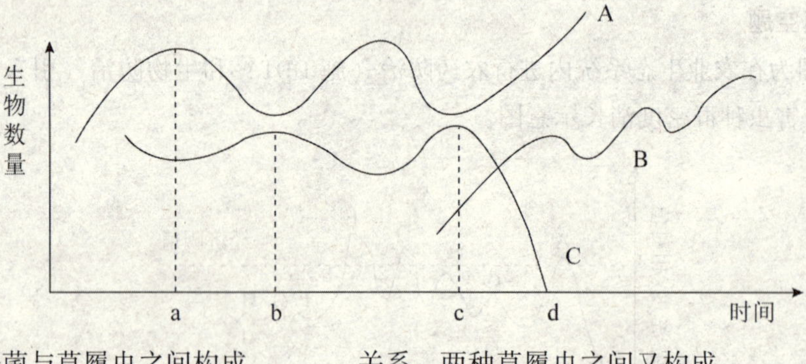

枯草杆菌与草履虫之间构成________关系，两种草履虫之间又构成________关系。A、B 两条曲线分别表示________和________的数量变化情况。

三、简答题

1. 生物群落所具有的基本特征有哪些？

2. 影响群落结构的因素有哪些？

3. 简述层片的特征。

4. 20 世纪，生态学界出现了四大著名生态学派，请写出学派的名称及其代表人物，以及他们的研究重点。

5. 简述生物群落的演替特征。

6. 群落交错区有哪些特征？

7. 简述群落成层现象。

8. 简述生物群落的发生过程。

9. 简述以裸岩开始的旱生演替过程。

10. 顶级群落有哪些主要特征？

11. 主要顶极理论有哪些，基本观点各是什么？

12. 简述热带雨林群落的分布、生境和群落特征。

四、论述题

1. 论述陆地生物群落的地带性分布规律并举例。

2. 论述生物群落的结构特征。

3. 论述中国植物群落分类的原则、依据、系统和单位。

4. 说明演替的基本类型。

5. 论述影响演替的主要因素。

参考答案

第五章　生态系统

学习目标及要求

1. 掌握生态系统的概念、组成成分及其功能。
2. 掌握生态系统中能量流动及物质循环的基本规律和相关的基本概念。
3. 理解生态系统的稳定性及其调节机制。
4. 了解主要生态系统类型的组成、结构及功能。

生态系统是个相当广泛的概念，一切有机体及其所生存的环境的有机结合，都可以看作一个生态系统，它既可以是地球生物圈（也叫地球生态系统）的总称，也可以是生物圈中某个存在的功能单元。现代生态学的核心思想，就是把整个生物界和它的全部环境看成是一个相互结合、紧密联系的有机整体，即一个生态系统，人类本身则是这个系统中不可分割的一部分。

基础知识复习

第一节　生态系统概述

一、生态系统的概念

生态系统是自然界的一种客观存在的实体，是生命系统和无机环境系统在特定空间的组合。其定义可以描述为：生态系统是包括特定空间范围内的所有生物成分和非生物成分，通过物质循环和能量流动的相互作用，相互依存而构成的一个生态学功能单位。简言之：生态系统=生物群体环境+生物群体及其全部关系。有人把生态系统比成一个超级生物，实际上，它不过是生物系统中超个体的组织层次上与环境系统共同构成的一系列的自然和人工实体。任何生物群体与其环境组成的客观实体都可以叫作生态系统，如一块草地、一片森林、一个水池和一片沙漠是一个生态系统；一座山脉、一条河流和一个湖泊也是一个生态系统。除了自然生态系统外，还有人工生态系统。例如，水库、运河、城市、农村、农田、一个鱼缸、一个载人仓（宇宙飞船）等都是人工生态系统。

在地球上，小的生态系统组成大的生态系统，简单的生态系统构成复杂的生态系统。丰富多彩的生态系统合成为生物圈。生物圈本身就是一个无比巨大而又精密的生态系统，可称为地球生态系统。它是地球上包括人在内的所有生物和它们生存环境的总体。

人类关于自然界是个统一整体的思想，早就有之。而生态系统这个概念却是在 1935 年由英国的植物学家坦斯利提出的。

20 世纪 40 年代以后，生态系统的概念趋于完善，由概念的争论进入实验研究。美国动物学家林德曼吸取了坦斯利、埃尔顿、克莱门茨、谢尔福德等早期生态学家关于生态系统营养动态方面的研究成果，对美国明尼苏达州泥炭湖生态系统的生物量、生物群落的营养关系，营养级和能量流进行了深入的研究。同时他受到中国“大鱼吃小鱼，小鱼吃虾米，虾米吃稀泥（实际是吃藻类）”和“一山不能容二虎”等谚语的启示，于 1942 年创立了生态系统中能量在各营养级间流动的定量关系，提出了著名的“百分之十定律”，又叫生态金字塔定律。这个定律的提出，开创了生态系统研究的新局面，对生态系统理论的发展和完善，对生态学的实验研究和生态学原理的实际应用等做出了巨大贡献。

几乎与林德曼同时，苏联植物群落学家苏卡乔夫，根据长期对陆地植物群落，尤其是森林植物群落的研究，并对道库恰也夫和莫洛佐夫的思想加以发展，于 1944 年提出了生物地理群落的科学概念。他指出生物地理群落是指在地球表面的某一部分，由活的（植物、动物、微生物）和死的（岩石圈、大气圈、水圈）自然组分互相作用而构成的明确系统。这个系统获得并转化能量和物质，并将其与相邻的生物地理群落及其他均匀自然体进行交换。苏卡乔夫把生物地理群落概括为一个简单明了的公式：生物地理群落=生物群落+生境。苏卡乔夫和坦斯利所使用的科学术语虽然不同，但生物地理群落和生态系统无论从形式到内容基本上都一致。

但是，在谈到生态系统概念的发展时，我们必须要记住奥德姆家族所做的工作。E. P. 奥德姆和 H. T. 奥德姆兄弟二人及 W. E. 奥德姆都是当代著名的生态学家，他们对生态系统概念的发展做出过杰出的贡献。尤其是 E. P. 奥德姆，自 20 世纪 50 年代以来，就一贯强调生态系统研究工作的重要意义，并在营养动态和能量流动方面提出了许多新思想和新方法。他所著的《生态学基础》不仅是一本现代生态学很好的教科书，而且是一部很有创新意义的生态学名著。

他认为，生态系统是生态学研究中的“基本功能单元”，生物和无生命环境及其之间的相互作用是维持人类在地球上生存所必需的。

二、生态系统的组成

虽然客观存在的生态系统多种多样，组成各不相同，但任何一个生态系统的基本组成成分，一般包括两大部分：生物组分和环境组分。生物组分包括生产者、大型消费者、分解者（小型消费者）三大功能类群。

环境部分包括太阳辐射能、无机物质、有机物质和气候因素。生态系统各成分之间的相互关系如图5-1所示。

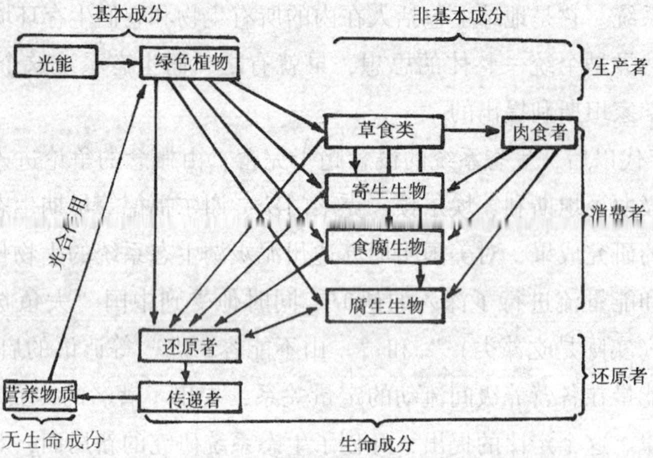

图 5-1　生态系统中各种成分的性质和相互关系

（一）生物部分

1. 生产者和自养生物

生产者和自养生物主要是指能利用太阳光能和简单的无机物制造有机物的绿色植物，也包括一些能进行光合作用和化能合成的微生物。它们在生态系统中的作用是进行光合生产即初级生产，提供第一性产品。太阳能和无机营养物质只有依靠生产者才能不断输入生态系统，成为系统中能流和物流的主要源头。

2. 消费者

消费者是指以初级生产产物为食物的大型异养生物，主要是动物。根据它们食性的不同，可以把它们分成草食性动物、肉食性动物、寄生性动物、腐食性动物和杂食性动物。草食性动物又称一级消费者，以草食性动物为食的叫一级肉食性动物为二级消费者，以二级肉食性动物为食的为三级消费者。此外，还包括杂食消费者、腐食消费者和其他消费者。

3. 小型消费者（分解者）

分解者是指利用植物和动物残体及其他有机物为食的小型异养生物，主要是指细菌、真菌和放线菌等微生物。它们的主要作用是把复杂的有机物分解成简单的无机物归还于环境，被生产者再利用。小型消费者过去一般被称作分解者（或还原者），但后来研究发现大型消费者的分解作用不亚于小型消费者，所以奥德姆于1983年在《生态学基础》中把小型消费者又改称为小型分解者。

大型消费者和小型消费者的生产，从某种意义上来说不是生产，而是转化，是将生产者生产的第一性产品转化为新的生物产品。可见，消费者的生产都依赖于初级生产的产物，因此总称为次级生产，而它们本身又都可称为次级生产者。

(二) 环境部分

1. 太阳辐射能

太阳辐射能包括来自太阳的直接辐射和散射辐射（这是主要的），也包括来自各种物体的热辐射和其他能源，它们是一切生命活动的主要源泉。

2. 无机物质

无机物质指参加生态系统物质循环的无机物，如 C、N、CO_2、H_2O、P、K 以及由这些元素构成的岩石、土壤、水、空气、无机盐等，是动植物营养的主要成分。

3. 有机化合物

有机化合物指联结生物部分和非生物部分的有机化合物，如蛋白质、糖类、脂肪类、碳水化合物和腐殖质等。它们影响和制约着土壤的理化和生物性质，因而也影响和制约着生物的生长。

4. 气候因素

温度、湿度、雨雪、霜冻、风以及其他因气候造成的物理因素是生物生长的重要环境。

在上述各种成分中，生产者和小型消费者是陆地生态系统中基本的必不可少的成分，草食类、肉食类、寄生者和腐生者等成分的参加构成了多种类型的生态系统，各种生态系统之间的差异，首先决定于生态系统成分在组合上的差异，而植被常是自然生态系统的主要识别标志和划分自然生态系统类型的主要依据。

生态系统一般可分为三个亚系统，即生产者（自养生物）亚系统、消费者亚系统和分解者亚系统。也可以根据其在生态系统中的功能作用划分为三大功能类群。

生态系统中的非生物成分和生物成分的关系是密切交织在一起、彼此相互作用和影响的。土壤生态系统就是这方面最好的实例。土壤为生物提供了住所和养分来源；但生物促进了土壤的形成和土壤物理、化学性状的改善，提高了土壤肥力。土壤若没有植被保护，很快就会遭到淋溶侵蚀，变为不毛之地。

三、生态系统的功能

生态系统是由多种组成成分，以一定的结构方式组合在一起，并表现出一定功能的单元。可以说生态学是研究生态系统组成、结构、功能及其演替进化规律的科学。结构，通常是指一种事物的构成方式及其特点；功能则可以理解为一个事物如何工作，存在哪些作用过程，效率如何，也可以说，功能是为了完成一定目标而进行的物质、能量、信息的转换与循环；结构和功能紧密相关，可认为是一种事物的表里关系，结构是外观，功能是本质，结构是功能的基础，功能是结构的外延或外在表现。

（一）生态系统的结构

生态系统的结构一般包括形态（空间）结构、营养结构（食物链结构）和环境条件的动态结构（时间结构）。在这里我们只讨论前一种结构的内容，而后两种结构将在以后的章节里加以讨论。

对于一个生态系统来说，其内部组成和结构是由生物群落类型而确定的，有着和群落相一致的结构特征，也就是说，从空间结构来分析，任何一个生态系统都表现出层次（分层）现象，具有垂直层次结构（立体空间层次）和水平层次结构（平面空间层次）。

1. 生态系统的垂直层次结构

生态系统的垂直层次结构，一般可分为以下三个大层次。

（1）上层即自养层绿色带，主要包括植物的茎叶部分。这一层以光能固定，简单无机物的利用和复杂有机物的合成为其主要过程。

（2）中层即异养层动物带，主要包括草食动物、肉食动物和昆虫等。这一层以活的有机体的消费与转化为其主要过程。

（3）下层即异养层棕色带，包括土壤、沉积物、根、腐烂有机物、土壤微生物等。这一层以复杂有机物的分解、利用、重组合为其主要过程。

上述的每一个层次，还可以根据研究和认识的需要，继续分成若干个更下一级的层次，如自养层还可以分成乔、灌、草三个层次；而动物层又可分为飞禽、走兽、游鱼等。因而表现出复杂的垂直结构层次。

除陆地生态系统以外，水生生态系统的垂直分层现象也非常明显：大量的浮游植物结集在水的表层；浮游动物和鱼、虾等多生活在水中；而大量的细菌，真菌和蚌类等底栖无脊椎动物却生活在底层的污泥层内外。

2. 生态系统的水平结构

生态系统二维空间的水平结构，主要表现在种群的水平配置格局，即分布状况和多度，可分为以下三种状况。

（1）均匀分布。生物种群的分布是均匀的，在二维平面空间上各占有一定的面积。这种格局在自然生态系统中一般比较少见。

（2）团块分布。生物种群在平面空间上间断地成群分布，因而形成簇生团块状（植物）或大小不同的集群（动物），如盐碱地上的碱蓬，随着土壤碱斑而成团块状分布。

（3）随机分布。种群在二维空间分布上彼此独立，生物个体之间有一定的距离，但分布不规则，这是生态系统平面结构主要格局。

生态系统的平面结构还表现在不同类型或不同结构方式的生态系统镶嵌在一起，表现出丰富多彩的秀丽景观。特别是农业生态系统中，由于人工控制生物种群分布格局的关系，呈现出更加复杂的镶嵌结构，将大地装扮得更加美丽多姿。

(二) 生态系统的功能

地球一切生命活动的存在完全依赖于生态系统的能量流动和物质循环，二者不可分割，缺一不可，紧密结合成一个整体，成为生态系统的动力核心。能量单向流动，物质周而复始的循环，是一切生命活动的齿轮，是自然和人类社会发展和进化的基本原动力，也是生态系统的基本功能。生态系统的功能与人类的利益密切相关，因此是生态学研究的重点内容。我们对生态系统功能的理解和研究，主要着重在能量流动和物质循环方面。生态系统能流和物流的全过程由以下几个阶段组成：绿色植物吸收光能，通过叶绿素的光合作用，生产有机物质；动物和异养生物对有机物质的消耗和异化；在微生物的作用下，有机物被分解为无机物还原到自然界再为生产者所利用。

生态系统的基本功能可以概要地分为生物生产、能量流动、物质循环、信息控制、价值转化和发展进化等几个方面。

1. 生物生产

任何生态系统内部都有必要的生产者与消费者，因此生产者生产、消费者消费是系统内基本的过程。一般来说，生态系统的生产是指植物把太阳能转变为植物生物化学潜能、再经过动物的生命活动转化为动物能的过程。所以生物生产经历了两个过程，即植物性生产和动物性生产。植物性生产是植物通过光合作用，不断生产植物性产品的过程；动物性生产是动物采食植物同化为自身物质，使动物体增长和繁殖，生产出动物产品的过程。植物性生产又叫第一性生产或初级生产，动物性生产又叫第二性生产和次级生产。对于一个生态系统来说，提高生物产品的数量，即提高系统的生产力是人类努力奋斗的目标。

2. 能量流动与转化

生物生产的过程也是生态系统内由绿色植物固定的太阳能逐级流动和转化的过程。如植物性产品除去自身呼吸消耗外的剩余能量有三个方向的流向：被草食动物采食后进入食物链网、作为凋落物的能量贮存于枯枝落叶中、大部分能量在植物体内贮存使植物增重。能量在生态系统中沿食物链网单向流动，数量逐级锐减，能流越来越细，直到以废热形式全部散失为止。这样来自太阳的能量，经过生态系统的暂时固定、流动，最后返回空间，所以生态系统是能量开放系统。

3. 物质传递与循环

生态系统中的物质，主要是生物生命活动必需的各种营养元素在各个营养级之间的传递，并连接起来构成物质流，最后被微生物分解与转化返回环境，释放到环境中的物质再一次被植物吸收利用，重新进入食物链，参加再循环，这个过程就是物质循环过程。物质的多次利用，是保持和提高生态系统生产力的重要内容。

4. 信息控制

生态系统中与物流和能流同时存在的还有信息流，它在有机体之间进行信息传递，随时对系统进行控制和调节，把各个组成成分联成一个整体。

这些信息包括物理信息，化学信息，营养信息，行为信息，同一种群中个体相遇时发生的动作或信号等。

5. 发展进化

生态系统的各组成成分也会随时空的变化而发生变化，而与之密切相关的结构与功能也会随之变化。尤其在自然生态系统中，随演替过程的进行，结构越来越复杂。处于成熟阶段的系统与前期相比，各种功能将会越来越完善，各成分之间更加协调，在系统中生存的各物种也在自然选择中发展和进化，从而使生态系统更加稳定。

关于生态系统的功能，有着不同的认识和理解，除了我们上述所讲的以外，最主要的还有两种。

一种是早在50多年以前由坦斯利提出的，他指出生态系统是“把初级生产、消费、分解和再循环过程大部分包括在内的一个区域”，近些年来生态学研究中的一个趋势，正是广泛围绕生产、消费、分解和再循环这四个过程来研究生态系统的结构和功能的。

另一种是奥德姆于1973年出版的《生态学基础》中提出的。他说，从功能的观点来看，对生态系统的分析，可以从能路、食物链、时间和空间的多样性类型、营养的（或生物地化）循环发育与进化、控制等六个方面去进行。

第二节　生态系统的能量流动

能量是一种做功的能力，能量流动是生态系统的动因。生命的各种表现都依赖于生物与环境之间的能量流通和转换。而能量在生态系统各组分间有规律的转化流动，是生态系统重要的功能。它和物质循环一起组成了推动生态系统生命活动的两个缺一不可的齿轮，共同维护着生态系统的生存和发展。因此，生态系统中各种能量的转换形式和机制是近几十年来生态学研究集中的热点之一。

一、生态系统的初级生产

能量进入生态系统后，是沿着生产者→大型消费者→小型消费者（分解者）的路线转移和流动的。衡量进入生态系统的能流大小和在食物链各个营养级上转换效率的高低，一般用生产力来表示。

（一）初级生产的基本概念

1. 生产力的定义

生态学所说的生产主要指初级生产和次级生产。初级生产是指植物性生产，它是生态系统中第一次能量固定，植物所固定的太阳能或所制造的有机物质称为初级生产量或第一性生产量。实际就是绿色植物进行光合作用生产有机物的能力。动物以植物产品为原料，通过生命活动转化为动物能的过程，称为次级生产，也叫第二性生产。

初级生产的过程可以用下面的方程式来表示：

$$6CO_2+12H_2O \xrightarrow[\text{叶绿素}]{\text{光能}} C_6H_{12}O_6+6O_2+6H_2O$$

式中的 $C_6H_{12}O_6$ 代表糖类，它包括蔗糖、淀粉和纤维素等。

通常所说的生产力是指单位时间内单位面积上的产品产量。有广义和狭义之分：广义生产力是指在一定时间间隔内、单位面积上的生物学净生产量，通常以烘干重来表示。狭义生产力是指单位时间内单位面积上作为收获对象（如籽实、果实、蔬菜、薯块等）那部分的生产量，通常用风干重来表示。

生态学上的生产力（或生产率，产量）应理解为生态系统中生物群落转化日光能为有机物所含潜在的能量速率。

2. 生产量、生产率和生产力

生物同化环境中的物质和能量，形成有机物质的积累，这种由生物生产所积累的有机物质的数量常称为生产量。这些有机物是生物生命活动的基础。生态系统中一定空间内的生物在一定时间内所生产的有机物质积累的速率称为生产率或生产力。

3. 生物量

生物量是泛指单位面积所有生物体的质量，即是指单位面积内动物、植物等生命活体的总质量（$kg \cdot m^2$），以鲜重（湿重）或干重（DW）表示。现存量是指单位面积上当时所测的生物体的总重量，通常把现存量看成是生物量的同义词。生物量一般以干重单位表示，如 kg/hm^2、g/m^2，也可用能量单位表示，如 kJ/m^2。生物量与生产量的概念是不同的，但常易混淆。生物量强调的是一定时间空间内动物、植物等生物的总质量（$kg \cdot m^2$）。生产力强调的是单位时间、单位空间生产量的多少［$kg/(m^2 \cdot a^{-1})$］。前者表示测定时多年积累的量，后者表示单位时间（通常一年）生产的量。

生物量随时间而逐渐积累，可表现为生物量的增长。而生产力随着生态系统的发展而表现为有规律的变化。生态系统发展初期可能生产力较高，而生物量不大；生态系统发展到成熟阶段，这时生物量可达到最大值，而生产力却极低。由此可见，生物量和生产力之间存在着一定关系，生物量的大小对生产力有某种影响。当生物量很小时，如树木稀少的林地、鱼量不多的池塘，是没有充分利用空间和能量。这时，生产力就不会高。反之，树木密、鱼太多，则限制了每个个体的发展。这种情况下，生物量很大，但不意味着生产力高。

4. 现存量

现存量是指绿色植物净初级生产量被植食动物取食，枯枝落叶掉落后所剩下的存活部分，现存量是单位面积（体积）内，某个时间存在着活的植物组织的总量。现存量只反映改变最后结果，不具有速度含义，这与生产力有区别。

5. 初级生产力

初级生产力即初级生产速率，就是指在单位时间、单位面积内初级生产者生产的干物质或积累的能量，其单位可表示为：$g/m^2 \cdot d^{-1}$或$t/hm^2 \cdot a^{-1}$，或$kJ/m^2 \cdot a^{-1}$。

初级生产力是表达生态系统生产力的一个重要指标，也是衡量地球对人类容纳量的一个主要依据，测定初级生产力是开展生态系统研究的一项基本工作。在草场生态系统中，初级生产力的测定结果是确定载畜量和划分草地类型的基础；在森林生态系统中，初级生产力的数据可作为森林采伐和培育更新的依据。

6. 净初级生产力

净初级生产力指单位面积和时间内总生产力减去植物呼吸消耗量所剩下的数量。

（二）地球上初级生产力的分布

地球上初级生产力的大小是决定地球人口（及动物）承载能力的重要依据。据魏泰克（1975）计算（见表5-1），地球的初级生产量为172×10^9 t有机质，其中农田为9.1×10^9 t，温带草原为5.4×10^9 t，热带稀树草原为10.5×10^9 t，海洋为55×10^9 t，其余湖泊、河流、沼泽、荒原、高山和沙漠等合计为7.47×10^9 t。

从单位面积的年净生产量来看，荒漠、苔原和海洋的生产生（P_n）不到200 $g/m^2 \cdot a^{-1}$，温带谷物与许多天然草地、北部森林、湖泊、河流为200~800 $g/m^2 \cdot a^{-1}$，杂交玉米及其他集约栽培的农作物可超过1000 $g/m^2 \cdot a^{-1}$，沼泽和热带作物可超3000 $g/m^2 \cdot a^{-1}$。

1. 陆地生态系统净初级生产力的级别

陆地各生态系统的净初级生产力大约在0~3500 $g/m^2 \cdot a^{-1}$范围内，可以划分为4个级别。

（1）2000~3000 $g/m^2 \cdot a^{-1}$。高标准的生产力，属于温湿地带，尤其是多雨地区的森林、沼泽地、河流岸边的生态系统，以及在优异条件下处于演替过程中的森林，还有农业集约栽培的水稻田和甘蔗田。这些生态系统虽外貌不同，但水分条件好，温度较高，土壤养分可得到持续供应。

（2）1000~2000 $g/m^2 \cdot a^{-1}$。是陆地适宜气候条件下净初级生产力的标准值，也是世界上大多数相对稳定的森林的平均值。这些森林不受土壤及地形的限制或破坏，水和温度也不成为限制因子。此级别包括一部分草地及温带地区生产力比较高的农耕地。

（3）250~1000 $g/m^2 \cdot a^{-1}$。干燥的疏林灌丛或矮林以及大部分草地，还包括许多栽培农作物的陆地。

（4）0~250 $g/m^2 \cdot a^{-1}$。这是最低值，常分布在极端干燥和低温的地区，也就是大面积的荒漠及两极（南极，北极）地区的冻原及高山带。

2. 初级生产力的分布特点

地球上初级生产力的分布是不均匀的，其生产力分布有以下特点。

（1）陆地比水域的初级生产力大。主要原因是占海洋面积最大的大洋区缺乏营养物质，其生产力很低，平均仅为 125 $g/m^2 \cdot a^{-1}$。

（2）陆地上的初级生产力有随纬度增加而逐渐降低的趋势。陆地生态系统中，以热带雨林生产力为最高。由热带雨林向温带常绿林、落叶林、北方针叶林、稀树草原、温带草原、寒漠和荒漠依次减少。初级生产力从热带到亚热带、经温带到寒带逐级降低。

（3）海洋中初级生产力有由河口湾向大陆架和大洋区逐渐降低的趋势。河口湾由于有大陆河流的辅助能输入，其净初级生产力平均为 1500 $g/m^2 \cdot a^{-1}$。

（4）陆地上的初级生产力与年降水量呈正比相关。在年降水量为 500 mm 以下的地区净初级生产力与年降水量呈直线关系。在温带森林气候条件下，年降水量超过 500 mm，伴随降水量增加净初级生产力达到一定水平后，不再明显增加。

表 5-1 生物圈的净初级生物量

（据利思和魏泰克，1975）

生态系统类型	面积 $/10^6km^2$	单位面积净初级生产量 $/g \cdot m^{-2} \cdot a^{-1}$		总计 $/10^9t \cdot a^{-1}$	单位面积生物质量 $/(kg \cdot m^{-2})$		总计 $/10^9t$
		范围	平均		范围	平均	
热带雨林	17.0	1000~3500	2200	37.40	6~80	45	765
热带季雨林	7.5	1000~2500	1600	12.0	6~60	35	260
亚热带常绿林	5.0	600~2500	1300	6.5	6~200	34	175
温带落叶阔叶林	7.0	600~2500	2300	8.4	6~60	30	210
北方针叶林	12.0	400~2000	800	9.6	6~40	20	240
疏林及灌丛	8.5	250~1200	700	6.0	2~20	6	50
热带稀树草原	15.0	200~2000	900	13.5	0.2~15	4	60
温带禾草草原	9.0	200~1500	600	5.4	0.2~5	1.6	14
苔原及高山植被	8.0	10~400	140	1.1	0.1~3	0.6	5
荒漠与半荒漠	18.0	10~250	90	1.6	0.1~4	0.7	13
石块地与冰雪地	24.0	0~10	3	0.0	0.02	0.02	0.5
耕地	14.0	100~4000	650	9.1	0.4~12	1	14
沼泽与湿地	2.0	800~3500	2000	4.0	3~50	15	30
湖泊和河流	2.0	100~1500	250	0.5	0~0.1	0.02	0.05
陆地总计	**149**	**-**	**773**	**115**	**-**	**12.3**	**1837**
外海	332	2~400	125	41.5	0~0.05	0.003	1.0

续表

生态系统类型	面积 $/10^6km^2$	单位面积净初级生产量 $/g·m^{-2}·a^{-1}$		总计 $/10^9t·a^{-1}$	单位面积生物质量 /（$kg·m^{-2}$）		总计 $/10^9t$
		范围	平均		范围	平均	
潮汐海潮区	0.4	400~1000	500	0.2	0.005~0.1	0.02	0.008
大陆架	26.6	200~600	360	9.6	0.01~0.04	0.001	0.27
珊瑚礁及藻类养殖场	0.6	500~4000	2500	1.6	0.04~4	2	1.2
河口	1.4	200~3500	1500	2.1	0.01~6	1	1.4
海洋总计	**361**	–	**1522**	**55.0**	–	**0.01**	**3.9**
地球总计	**510**	–	**333**	**170**	–	**3.6**	**1841**

（三）初级生产的生产效率

初级生产的生产效率是指能量转化效率，即生物固定的能量与投入量之比。在研究实践中，人们往往根据研究目的和能源种类的不同，分别用光能利用率、辅助能量产投比来表示初级生产的生产效率。

（1）光能利用率。光能利用率是指单位地面上植物光合作用积累的有机物所含能量与同期照射在同一地面上的日光能量的比率。可表示为：

$$光能利用率=（H·W/\sum S）×100\%$$

式中：H——为物质燃烧热，kJ/g；

W——为干物质重量，g/cm^2；

$\sum S$——为干物质增重同期照射在同一地面上的太阳总辐射量，kJ/cm^2。

地球生物圈的光能利用率（占总辐射量）平均为 0.11%，陆地平均 0.25%，海洋为 0.05%，农田一般不到 1%，集约化栽培农田可达 2% 左右。

（2）辅助能量产投比。是指每投入一个单位等辅助能（kJ）能产出多少能量的产品。

$$能量比=产出的总能量/辅助能量的投入量$$

我国不同地区农田能量的产投比为 1.48~2.41，全国平均为 1.81。

（四）初级生产力的限制因素

影响初级生产力的因素很多，主要包括环境条件、生物群落的内在因素、补加能源的作用等几个方面。

1. 环境条件

光、CO_2、水和营养物质是初级生产量的基本资源，温度是影响光合效率的主要因素，而食草动物的捕食会减少光合作用生物量（图 5-2）。

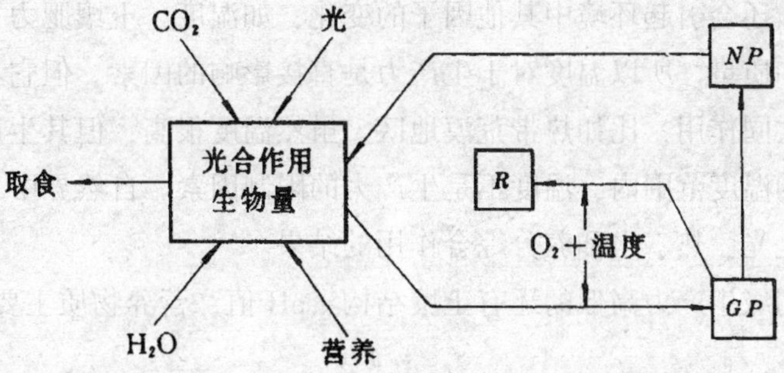

图 5-2　初级生产量的限制因素图解

（1）光是地球上有机物创造过程中最重要的能量因素。光能在地球表面上分布不均，因此而导致的光照强度、日照长度、光谱成分等的不同都会对植物发生不同的影响。比如光的强弱及光谱成分会影响植物的生长发育情况和光合强度等生理活动变化、支配组织器官的分化，在某种程度上决定植物器官的外部形态和内部结构；日照时间的长短制约着许多植物的开花、休眠、地下贮藏器官的形成等过程，因此光是绿色植物生长发育过程中极为重要的因子。一般情况下对陆生植物来说有充分的可利用的光辐射，但不是说不会成为限制因素。

而对水体来说，光是影响其初级生产力的最重要因素。美国生态学家莱塞尔（1956）提出预测海洋初级生产力的公式为：

$$P=\frac{R}{K}\times C\times 3.7$$

其中：P 为浮游植物的净初级生产力，单位为克/米^2 · 天；R 为相对光合率；K 为光强度随水深度而减弱的系数；C 为水中的叶绿素含量，单位为克/米^3。

（2）水对于植物的重要性是不言而喻的，对于陆地生态系统来说，水最容易成为生产力的限制因子。所以湿润地区的生产力高于干旱地区，荒漠、半荒漠地区生产力最低。这充分说明水分与生产力呈正相关关系。

但是水在地球上的分布是极不均匀的，比如雨是降水中最重要的一种形式，大部分降水都是以雨的形式降落下来的，而由于地理环境的不同，各地的降雨量相差很大。即使一个国家内，降雨量也因地域的差别显著不同，如我国华南很多地区年降水超过 2000 毫米，而内蒙古和甘肃有些地区雨量不足 100 毫米。年降水的差异造成的是华南茂密的森林和西北的沙漠，深刻地揭示了水与初级生产力的关系。

（3）温度与初级生产力的关系比较复杂，一方面由于植物代谢的生理活动、生化反应都必须在一定的温度条件下进行，温度通过对代谢过程中各种反应的作用来影响植物的生长速度。一般来说，温度升高，生理生化反应加快，促进细胞分裂和生长，植物生长发育加速，总光合速率升高；温度降低，生长发育迟缓；另一方面当温度超过最适温度时生长逐渐减慢、停止，发育受阻、受害进而死亡。

温度的变化，还会引起环境中其他因子的变化，如湿度、土壤肥力等。各种因子综合影响植物的产量和质量，所以温度对于生产力是直接影响的因素。但它不是孤立的，需要与水、养分一起共同作用，比如热带荒漠地区，虽然温度很高，但其生产力仍然很低。由此可见，在适宜的温度范围内，温度不是生产力的限制因素。自然界中一些生产力高的系统，如热带雨林是光、热、水和养分综合作用的结果。

此外，影响初级生产力高低的还有土壤结构、pH 值，营养物质主要是 N、P、K 等多种环境因素。

2. 生物群落的内在因素

群落的自身因素包括群落的演替历史和结构。一般来说，生态系统的初级生产力，随系统的发育年龄而改变（图 5-3）。

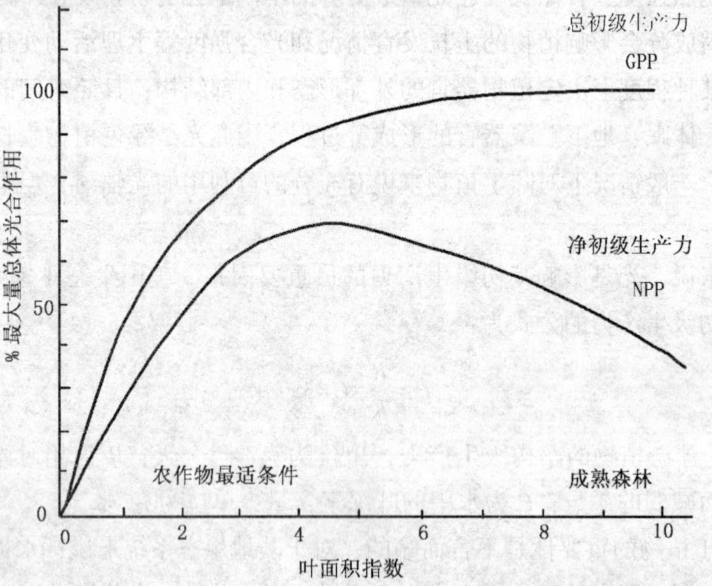

图 5-3　森林生态系统生产力与系统发育年龄的关系

图 5-3 表明，一个森林生态系统地上部分生产力的改变情况。随着系统的发育，叶面积系数增加。当叶面积系数为 8~10 时，表示该森林已发育到成熟阶段，这时总初级生产量达到最大。但净初级生产力在叶面积系数为 4 时达到最高，这是因为超过 4 时，叶的支持组织比例增大，呼吸和消耗也随之增大，这时净初级产量就不再增加。

成熟或过熟的森林生态系统维持呼吸消耗所需的能量比例很大，相比之下，幼年林由于结构简单、叶面积小、对光的利用率差，生产力低，所以中年森林生态系统的初级净生产力处于高峰。另外，植物群落的结构是否复杂和合理，其内的植物种群、群落的组成如何，也影响其初级生产力的高低。相似的环境条件，但不同的生态系统，生产力会有很大差异。一个明显的例子是森林被人为破坏的前后，生产力相差很大。由于人为的参与，结构简化，使生态系统退化，初级生产力大幅度下降。因此，物种的多样性和结构的复杂性可以提高生产力。

群落结构的合理性，包括物种的多少、搭配是否合理以及时间分布等内容。品种要有较高的能量利用效率，在搭配上尽量增加叶面积指数；时间上要长，以彼此适应。农业生态系统中，实行间、套作、立体种植，调整生产结构和品种的选育优化，都是为加速或限制群落演替的表现，目的是提高初级生产力。

3. 补加能源的作用

在生态系统中除日光能外，凡有其他形式能量投入的，净生产力都会提高。农业生态系统中，耕地、施肥、灌水、除草、选种、治虫等以人力、畜力、机械和化肥形式投入的生物能、化石能、机械能，都有利于提高作物产量。在自然生态系统中，风雨、潮汐、河流、海浪都是外加能，所以热带雨林、河口湾、低湿地、三角洲、海上上涌带都是有补加能源的高产生态系统。见表5-2。

比较表5-2中各类生态系统的总生产、净生产及其与总生产的比率可发现，初级总生产力高的生态系统，其净生产力不一定高，只有自养、异养呼吸消耗低的生态系统，其生产力才能达到最佳水平。苜蓿地和幼年松林的NPP/GPP、NCP/GPP高的原因就是人工管理的作用，也即对系统投入补加能源，也叫辅助能源。补加能源的作用，从表面上来看是改善环境、消灭竞争者，实际上是减少生物群落用于呼吸作用的能量消耗，节省被同化的能量变为系统内贮存的有机物潜能，尤其是减少了总生产中用于自我维持消耗的部分，从而增大了净生产对总生产的比例。

表5-2　生长型及稳态的生态系统用年生产和呼吸作用（千卡/米^2·年）

	紫苜蓿地（美国）①	幼松园（英国）②	中等年龄的橡松林（纽构）③	大的流动泉水（佛罗里达艮泉）④	成熟雨林（波尔多黎各岛）⑤	海峡沿岸（纽约长岛）⑥
总初级生产（GPP）	24 400	12 200	11 500	20 800	45 000	5 700
自养呼吸作用（R_A）	9 200	4 700	6 400	12 000	32 000	3 200
净初级生产（NPP）	15 200	7 500	5 000	8 800	13 000	2 500
异养呼吸作用（R_H）	800	4 600	3 000	6 800	13 000	2 500
净群落生产（NCP）	14 400	2 900	2 000	2 000	很小甚至无	很小甚至无
NPP/GPP比率（%）	62.3	61.5	43.5	42.3	28.9	43.8
NCP/GPP比率（%）	59.0	23.8	17.4	9.6	0	0

值得注意的是：自然生态系统中那些总生产力较高的群落，在获得自然的补加能量后，可以达到极高的产量。而对于人类经营的农业生态系统，很少在总生产力上超过自然系统。由此可见，补加能源的作用主要不是增加总生产，而是减少系统用于自我维持的消耗，以增加初级净生产和群落净生产，增加人类需要的经济产品。

历史和现实都证明：农业生产水平的提高，根本手段是依靠辅助能源投入的增加，从而大大提高日光能在农业上的转化效率。农业的本质就是运用人工投入辅助能量的手段，把生物生产导入更容易为人类利用的轨道。人类要想改变自然过程的程度越大，所花费的代价越大、消耗的能源就越多。

(五) 初级生产力的测定方法

测定初级生产力的方法很多，主要分为直接测定和间接测定，直接测定是测定初级生产者的生物量，间接测定是通过测定初级生产者的代谢活动的情况，如测定 O_2 或 CO_2 的浓度变化等，再对初级生产力进行推（估）算。使用光合作用测定仪测定和利用遥感（卫星）技术间接测定则是比较先进的方法。这里介绍几种简易的常规测定方法。

(1) 直接收获法。定期或一次性收获植物体的全部，包括地上、地下部和枯枝落叶、落花（果）等，然后称重。

(2) 黑-白瓶法。测定水体中浮游植物的初级生产力常用此法。“白瓶”透光，能进行光合作用和呼吸作用，“黑瓶”不透光，无光合作用，而只有呼吸作用，通过计算光合作用和呼吸作用引起 CO_2 含量的变化，推算出浮游植物生产力的大小。

(3) 二氧化碳测定法。利用二氧化碳红外气体分析仪，通过测定空气通过叶室后的二氧化碳浓度变化，测算光合强度，并估算生产力。

(4) pH 测定法。通过测定水体中 pH 的变化，计算浮游植物光合作用和呼吸作用引起 CO_2 含量的变化，推算出生产力的大小。

(5) 叶绿素测定法。根据叶绿素含量或叶绿体内与光合作用强度有关的生物活性物质的含量，估算初级生产力。

(6) 同位素标记法。应用同位素 ^{14}C 测定植物对 CO_2 的吸收同化能力。

(7) 原料消耗测定法。利用矿质营养的消耗来测定水体特别是海洋的初级生产力。

二、生态系统中的次级生产

(一) 次级生产的过程

净初级生产量是生产者以上各营养级所需能量的唯一来源。从理论上讲，净初级生产量可以全部被异养生物所利用，转化为次级生产量。但实际上，对动物来说，或因得不到，或因不可食，或因动物种群密度低等原因，总有相当一部分的初级生产量得不到利用。即使被动物吃进体内的植物，也有一部分通过动物的消化道排出体外。食物被消化吸收的程度依动物的种类而大小相同。在被同化的能量中，有一部分用于动物的呼吸代谢和生命维持，剩下的那部分才能用于动物的生长繁殖，这就是次级生产量。次级生产力在初级生产基础上的再生产，就总量而言，与初级生产相比是很少的。

次级生产量的一般生产过程（图 5-4）可概括如下：

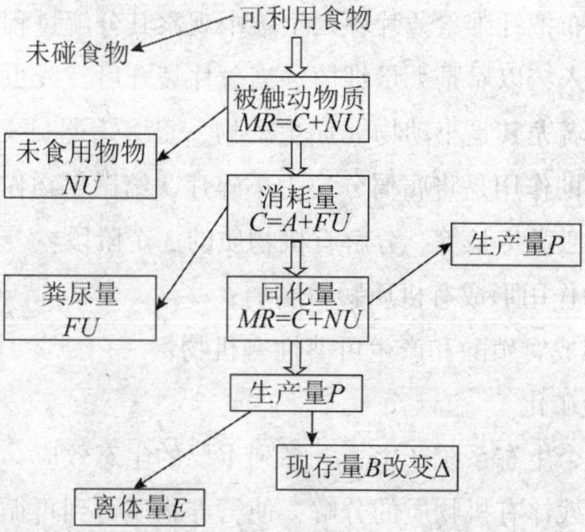

图 5-4　草食动物等能量转化过程

次级生产可以用下列公式表示：

$$C=A+FU$$

式中：C 为动物从外界摄食的能量；A 为被同化能量；FU 为粪、尿能量。

A 项又可分解如下：

$$A=P+R$$

式中：P 为净次级生产量；R 为呼吸能量

综合上述两式可以得到：

$$P=C-FU-R$$

（二）次级生产量的测定

（1）按同化量和呼吸量估算生产量，即：$P=A-U$；

（2）按摄入的能量扣除粪尿量估算同化量，即：$A=C-FU$；

（3）按个体增量估算生产量，即：$P=P_g+P_r$；

式中：P_r 为生殖后代生产量，P_g 为个体增重。

三、生态系统中的分解作用

（一）分解作用的意义

有机物质的分解过程，虽然包括非生物的和生物的，但总的来说，在分解动、植物有机体方面起决定作用的是生物。分解者分解有机物质的过程可分两大类：即有氧呼吸和嫌氧呼吸。对整个生态系统来说，嫌氧性腐食者能“有效地”利用能量和物质。分解有机物质的腐食者包括真菌、细菌等，它们具有各种酶系统，酶被分泌到死亡的有机物质中，使有机物质分解。分解产物一部分为微生物吸收，一部分保留在环境中，但没有一种腐食者能将有机残体彻底分解。生物圈中营分解作用的生物群体包括许多种类，其分解作用是逐级、渐次进行的。特里布把纤维素薄片埋入土壤中观察其分解过程，发现了有趣的生物演替现象，首选是真菌侵入，以后是大量细菌。当薄片裂开后，线虫和其他土壤无脊椎动物出现，抢食碎片。腐食者尤其是小动物（原生动物、土壤螨类、线虫类、介形类及蜗牛类等）在分解有机物质中的作用是将腐屑分裂为小碎片，给微生物作用增加有效面积，增加蛋白质和生长物质，刺激微生长等。分解有机物质的 3 个阶段：

（1）非生物和生物作用形成有机质颗粒腐屑；

（2）微生物作用形成腐殖酸和产生可溶性有机物；

（3）腐殖质的缓慢矿化。

有机物分解，对整个生态系统产生了一系列重要的生态效应：

一是通过动、植物残体有机物质的分解，使营养物质得到再循环，微生物各群得到恢复和繁衍；二是为碎屑食物链的各级生物提供了食物和物质基础；三是产生了有调控作用的“环境激素”，可能对生态系统其他生物的生长产生重大影响；四是改造了地球表面的惰性物质。

总之，有机物质的分解过程使营养物质得以再循环，它们在生态系统中的功能非常重要，倘若没有分解者将死亡的有机体和排泄物分解转化为生产者可以再度吸收利用的营养，那么，可供植物利用的营养元素总有一天会被用尽，而死亡的有机体和一些废弃物也会堆积如山，导致生物本身难以继续生存。

（二）分解过程及其影响因素

有机物的分解是许多生物（包括动物和微生物）的通力合作和非生物因素的理化作用过程，并不是一种“分解者”生物的特定作用。

（1）环境因素。环境的光、温、水及氧气状况，环境中分解者所需元素及营养状况。

（2）生物因素。生物的构成及生物群落内中间的相互作用等。

四、生态系统中的能量流动

（一）热力学定律

1. 热力学第一定律

热力学第一定律，也称能量守恒定律，即能量既不能消失，也不能凭空产生，它只能以严格的当量比例，由一种形式转化为另一种形式。如果用 ΔE 表示系统内能的变化，ΔQ 表示系统吸热或放热，ΔW 表示系统对外做功，则热力学第一定律可表示为：

$$\Delta E = \Delta Q + \Delta W$$

即一个系统的任何状态变化，都伴随着吸热、放热或做功的能量转化，但系统的总能量并不增加或减少，是守恒的。

根据热力学第一定律，能量进入生态系统后，在系统的各组成部分之间呈顺序地传递流动，并发生多次的形态变化，这些变化都是以一部分热能的产生及耗散为代价而实现的，但是包括热能在内的总能量，并没有增加或减少。如日光能进入生态系统后，大部分因地面、水面和植物表面的反射、散射而离开系统，另一部分在蒸发、蒸腾过程中转化为热能，只有极小部分在叶绿素的作用下被转化为光合产物中的化学能，这部分能量扣除植物自养呼吸消耗后的剩余部分，才是贮存于植物有机物中的化学潜能。动物通过消耗体内贮存的化学潜能变为爬、跑、飞、游的动能，并呼吸消耗放出热能。

2. 热力学第二定律

热力学第二定律又称为能量衰变定律或能量逸散定律。它是指生态系统中的能量在转换、流动过程中总存在衰变、逸散的现象，即总有一部分能量要从浓缩的有效形态变为可稀释的不能利用的形态。也就是说，在一切过程中，必然有一部分能量失去做功能力而使能质（能的质量）下降。伴随着过程的进行，系统中有潜在做功能力的能，会分解为两个部分：有用能和热能。前者可继续做功，叫自由能，通常占一小部分，可能具有更高的质量；后者无法再利用，而以低温热能形式散发于外围空间，往往占一大部分。

热力学第二定律用公式表示，可以写成：

$$\triangle G=\triangle H-T\cdot\triangle S$$

式中：G—自由能，即可对系统做功的有用能；

H—系统热焓，即系统含有的潜能；

S—系统的熵；

T—过程进行时的绝对温度。

自由能是指具有做功能力的潜能，它是一种有用能，有用能做功以后即衰变为不能做功的无用能，通常是分散的热能。正如食品、汽油中含有的潜能只能利用一次一样，有用能在做功以后即转化为热能。不能被再一次利用。因此，尽管根据热力学第一定律，流进一个系统的能量与流出该系统的能量是相等的，但流出的能量大部分已不能再做功。在能量转化的过程中，会产出一部分优质能，但其数量总是少于原来输入的能量。

热力学第二定律告诉我们：第一，任何系统的能量转换过程，其效率不可能是100%。因为能量在转换过程中，常常伴随着热能的散失，因此可以说，没有任何能量能够100%地自动转变为另一种能量。第二，任何生产过程中产生的优质能，均少于其输入能。优质能的产生是以大部分能量衰变为低效的劣质能为代价的。由此可见，能量在生态系统中的流动是单向衰变的，不能返回。

3. 耗散结构理论

热力学第二定律可表述为熵定律：“一切自发过程总是沿着熵增加的方向进行”。熵是系统无序程度或混乱程度的度量。系统在运动过程中只能产生很少的优质能，大部分成为系统的劣质能。优质能是系统有序的指标，优质能越多系统有序程度越高；相反，劣质能是系统无序的指标，劣质能越多系统越无序、越混乱。随着系统自发过程的进行，能量不断损耗，优质能减少，劣质能增加，即自由能减少，熵增加，即系统自发是向熵增加的方向进行。若体系的正熵值增加，则体系的无序程度增大，当熵值达到最大状态时，体系的有序结构或状态便不复存在，系统走向崩溃。

热力学第二定律告诉我们：世界上一切有序的结构、格局、安排都会自然地趋向于无序。要维持有序状态，只有使系统获得更多的自由能，清除不断产生的无序，重新建造有序。生态系统的能量输入，正是用来将无序建造为有序，从而使该系统延续下去。普利高津认为生态系统是一个远离平衡态的开放系统，是一种耗散结构。所谓耗散结构，是指在远离平衡状态下，系统通过耗散劣质能，补充优质能，排除熵，系统维持高自由能、低熵状态，从而保持有序，使系统出现的一种稳定有序结构。

一个远离平衡态的开放系统，通过与外界环境所进行的物质、能量的不断交换，就能克服混乱状态，维持稳定状态。当外界条件的变化达到一定限度的阈值时，开放系统通过涨落而发生突变，即非平衡相变，由原来的无序的混乱状态转变为一种在时间、空间或功能上有序的新状态。这种新的有序状态需要不断地与外界交换物质和能量才能维持，并保持一定的稳定性，不因外界条件的微小扰动而消失。这种状态就是耗散结构。普利高津认为生物系统就是一种开放的远离平衡态的热力学系统，具有发达的耗散结构。它在不断地进行能量和物质输入的条件下，可以通过“有组织”地建立新结构，造成并保持一种内部高度有序的低熵状态；同时，生态系统又通过整个群落的呼吸作用（通过作功）而不断排除无序。

（二）食物链与食物网

1. 食物链

能量通过生产者进入生态系统后的流动，遵循一定规律，并借助于食物链来完成，食物链是生态系统中能量流动的渠道。

食物链是指在自然界中，物种与物种之间取食与被取食的关系，或者是生态系统中，由食性关系所建立起来的各种生物之间的营养联系形成的一系列猎物与捕食者的锁链。更确切地说，是被植物固定的有机物，通过一系列取食、被取食的生物，从植物开始逐级转移而形成的生物链条。这样，从表面现象上看是吃与被吃的关系，实质上是能量的流动关系。因此，食物链中的每个环节，处于不同的营养层次，又叫营养级。由于食物链的长度不是无限的，一般营养级只有四、五级。食物链一般分为捕食链、腐屑链、寄生链三类，也有人还提出加上混合链，共四类。

（1）捕食食物链又叫草牧食物链、放牧食物链、植食食物链等。如这种食物链以生产者为基础，继之为植食性动物和肉食性动物，其构成方式为：植物→植食性动物→肉食性动物。这种食物链在水域或陆地环境都存在。如草原生态系统中：

青草——→蚱蜢——→青蛙——→蛇——→鹰

一级消费者　二级消费者　三级消费者　四级消费者

第一营养级　第二营养级　第三营养级　第四营养级　第五营养级

海洋生态系统中：硅藻——→挠足动物——→沙丁鱼——→较大鱼——→鲨鱼

放牧链一般在绿色带内，动物体型较大。

（2）腐屑食物链又叫残屑食物链、碎屑食物链等。这种食物链以有机物的碎屑为基础。特别是高等植物的枯枝落叶等，被其他动物所利用分解成碎屑再为其他生物所利用，即从死亡的有机体到微生物再到摄食腐屑的生物及它的捕食者（图 5-5），腐屑链多存在于棕色带内。

（3）寄生食物链。它是由寄主和寄生物构成的，是以大型动物为基础，继之以小型动物、微型动物、细菌和病毒。后者与前者是寄生关系。例如，马→马蛔虫→原生动物→细菌→病毒，寄生食物链在植物上也常常发生，例如，大豆→菟丝子。

（4）混合食物链。混合食物链是指构成食物链的各环节中，既有活食性物又有腐生生物，如：

　　粪　　　　　　　粪　　粪

稻草——→牛——→蚯蚓——→鸡——→猪——→鱼

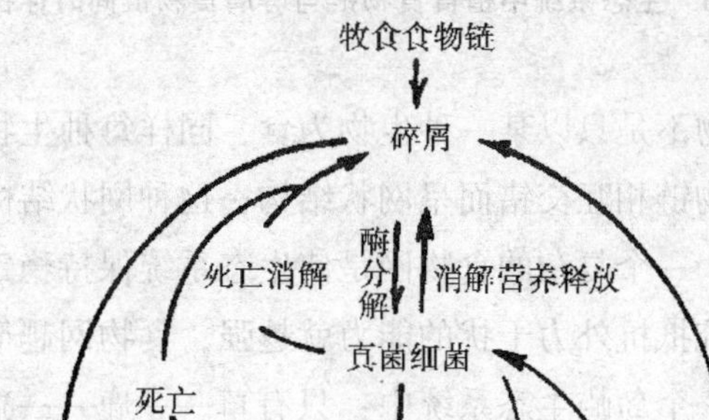

图 5-5　碎屑食物链基本形式示意图

几种食物链中，残屑链往往被忽视。事实上，无论在食物网中还是生态系统中，残屑链都占有十分重要的地位。因为在大多数情况下，陆地生态系统的净生产量中，真正进入草牧链的只占一小部分，而绝大多数，75%～90% 以上直到死亡脱落时仍未被动物采食而进入残屑链。

在一个生态系统中，一般来说植食食物链和残屑食物链是同时存在的（图 5-6）。

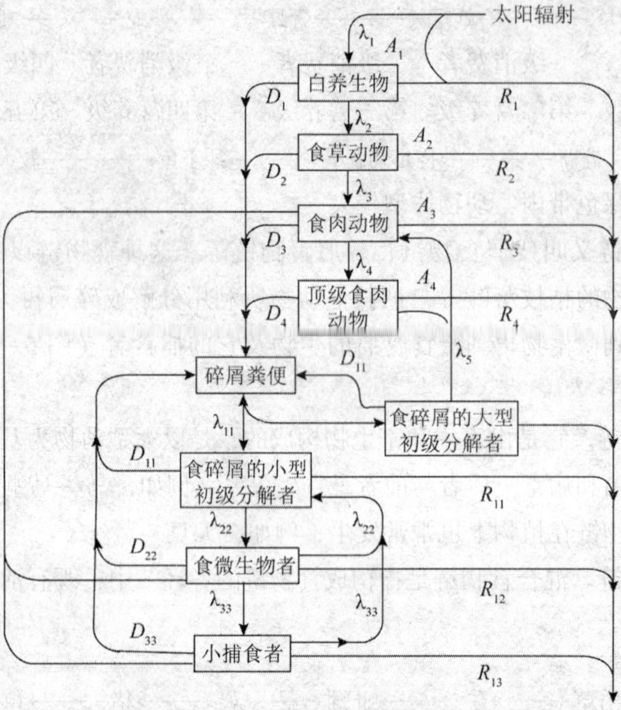

图 5-6　生态系统中植食食物链与碎屑食物链同时存在

2. 食物网

在自然界中，每种生物不是只以某一种生物为食，同样每种生物也并非只为一种生物所食，因此往往是多条食物链相互交错而呈网状结构，这种网状结构叫食物网（图 5-7）。食物网在自然界普遍存在，一个复杂的食物网是使生态系统保持稳定的重要条件，一般来说食物网越复杂，生态系统抵抗外力干扰的能力就越强，食物网越简单，生态系统就容易发生波动和毁灭。假如在一个岛屿生态系统中，只有草——鹿——狼这样一个简单小食物网，在这种情况下，鹿一旦消失，狼就会饿死。如果除了鹿以外还有其他食草动物（如牛和羚羊等）存在，那么即使鹿消失对狼就不会有那么大的影响。因此，一个生态系统越稳定，生物种类越丰富，食物网也越复杂。

食物链（网）还形象地比喻了在同一生态系统内，生物成员间的关系通过营养紧密联系，犹如网一样触及一点而波及其他。比如，美国亚利桑那州有一个凯巴伯森林，1906 年曾有 4000 头鹿。长期以来鹿群与生态环境处于相对平衡状态，很稳定。后来罗斯福总统为了扩大鹿群，宣布森林为狩猎地，并由政府请猎人大量捕杀林中的狼、豹和山狗等食肉动物。25 年的时间，共消灭鹿的捕食者6000多头。鹿群惊人地增长达到 10 万多头。于是饲草不见了，鹿开始啃树叶，树干上无叶的部位越来越高。仅仅经过两个寒冬，树死了许多，鹿因饿、病大批死亡，一下减少 6 万头。到 1942 年时，只剩下 8000 头病鹿和生态环境被严重破坏的森林。

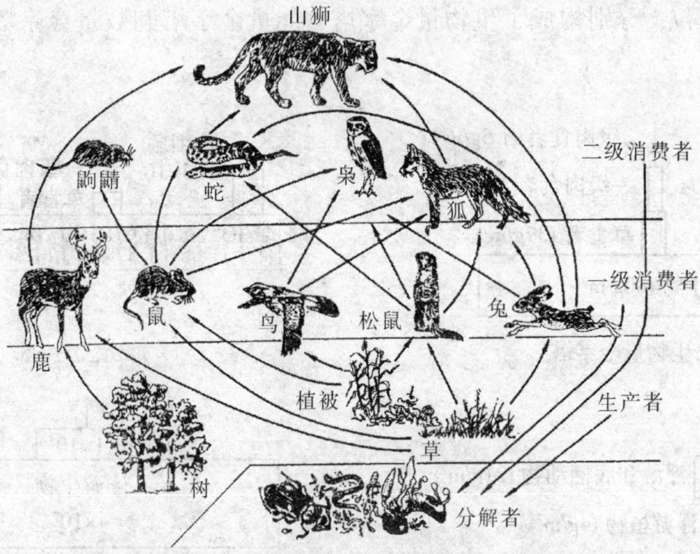

图 5-7　陆地生态系统的部分食物网

这说明了，在开发利用和控制管理任何一个生态系统时，都必须对该系统的食物链（网）结构，生物生产力，能量流动和物质循环规律进行深入研究，尤其是对结构比较简单的脆弱生态系统（生态脆弱区），以避免对它们的损害和破坏。

（三）营养级与生态金字塔

自然界食物链和食物网是物种与物种之间的营养关系，这种关系是错综复杂的。这种复杂的关系很难用图解方式把它表示出来，为了使生物间复杂的营养关系变得简明和便于进行能流和物流的分析和研究，生态学家提出了营养级的概念。

1. 营养级

一个营养级是指食物链某一环节上的所有生物种的总和，例如，作为生产者的绿色植物和自养生物都位于食物链的起点，共同构成第一营养级。所有以生产者（主要是绿色植物）为食的动物都属于第二营养级，即食草动物营养级。第三营养级包括所有以食草动物为食的食肉动物。以此类推，还可以有第四营养级（即二级肉食动物营养级）和第五营养级等。由于能量由一个营养级向另一个营养级传递时，由于各级生物的自身消耗和各级生物之间的同化率不可能是百分之百，所以，是急剧减少的，所以食物链就不可能太长，生态系统中的营养级一般只有四、五级，很少有超过六级的。

在食物链的营养级序列上，处于上一个营养级的生物群体所同化的数量，总是依赖于下一营养级所能提供的能量。而且，下一营养级所提供的能量只能满足上一营养级中少数消费者的需要。因此，在生态系统或生物群落中，营养级序列的能量现存量自下而上，呈阶梯状的递减。形成一个底部宽、上部窄的尖塔型结构，称为“生态金字塔”。

2. 生态金字塔

生态金字塔是指各个营养级间的数量关系，这种数量关系可采用生物量单位、能量单位和个体数量单位，分别构成了生物量金字塔、能量金字塔和数量金字塔三种基本类型（图5-8）。

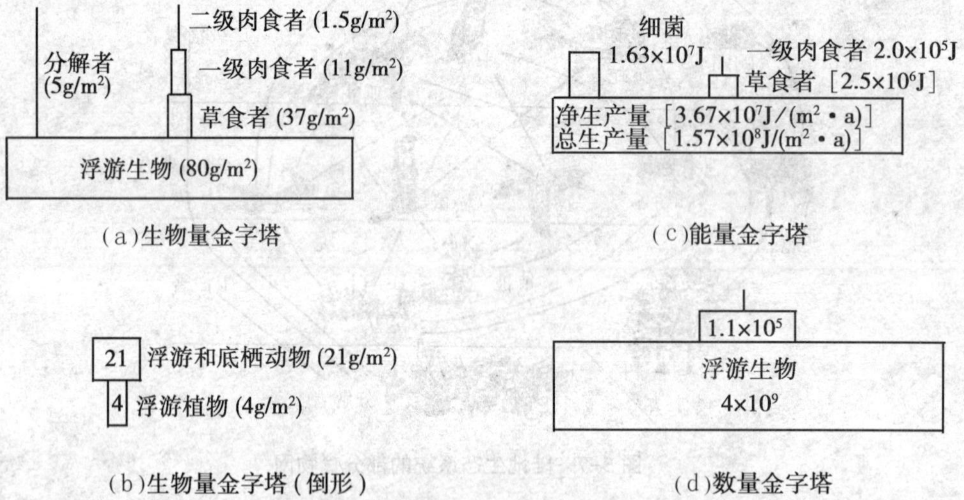

图5-8 生态金字塔

（1）生物量金字塔：表示食物链各营养级上生物体现存量（总干重）之间的比例关系（图5-8（a））；一般来说，绿色植物的生物量要大于它所养活的动物的生物量，而草食动物的生物量要大于以它们为食的食肉动物的生物量。因此生物量金字塔图形一般也是下宽上窄的锥体。

（2）能量金字塔：一般用单位时间里单位面积上的能流量或生产力表示的比例关系（图5-8（c））；由于能量从一个营养级向另一个营养级传递时总是不断减少的。能量金字塔不仅表明流经每一个营养级的总能量值，而且更重要的是表明了各生物在生态系统能量转化中的实际作用。

（3）数量金字塔：表示食物链各营养级上生物个体数量之间的比例关系（图5-8（d））；一般来说，食物链的始端生物个体的数量较多，沿食物链各个环节上生物个体数逐渐减少，到了食物链顶位的肉食动物，数量就会变少，因此一般也是下宽上窄的锥体。

进一步分析这三种类型的生态金字塔后，可以看到：

数量金字塔过分强调了生物个体的数量，强调了小生物体的重要性，如一头大象和一只昆虫，个体数量均为1。在某些情况下会出现底部小、塔顶大的倒置现象，如在夏季温带森林中生产者（树）的数目比植食动物如昆虫要少得多。生物量金字塔的缺点在于在湖泊和开阔海洋水域生态系统中，初级生产者主要是微小的单细胞藻类时，由于其繁殖快，生活期短，被浮游动物摄取强度大，只能积累很少的有机物质，生物量小，因此，常出现倒锥体的生物量金字塔（图5-8（b））。

只有能量金字塔总是呈规律性的塔形并能正确反应各营养级之间的本质联系。

从生态金字塔的关系，可以看到，当人吃粮食时，处在生态金字塔下部，与草食动物属于同一营养级；人吃肉时，处在生态金字塔的中上部，属于肉食动物的位置。根据林德曼的“百分之十”定律，营养级越高，能量损失越大。从这个意义上来说，人以初级生产的产物，如粮食、蔬菜、水果为食，食物链最短，比较经济。所以说，人口迅速发展，必然导致人口转向以素食为主的趋势。但人类要生活得好、身体健壮，就必须要发展畜牧业，提供肉、奶、禽、蛋等第二性生产产品。

（四）生态效率

从能量在食物链中的传递和转化的分析中可知，能量从一个营养级向上一个营养级传递时，其转化效率不可能是百分之百，总要伴随着能量损失。而生态效率是指用百分数表示的各种能流参数分别在营养级内部和营养级之间的比例关系（比值）。图 5-9 表示了食物链能流分析的通用模型。

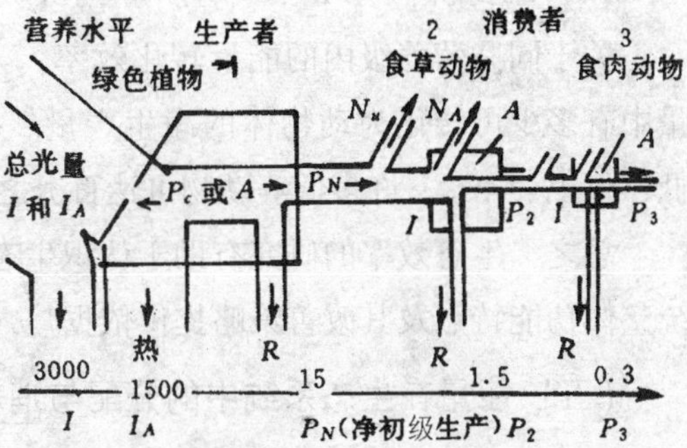

图 5-9　生态系统能流模式图（千卡/米²·天）

根据图 5-9 所示，常用的几种生态效率，可定义如下：

1. 不同营养级之间的效率

（1）林德曼效率：$L=I_n/I_{n-1}$，为能量摄入效率或能量摄食效率，即相邻两个营养级进食量之比；可表示为：

$$林德曼效率=\frac{n\ 营养级摄取的食物}{(n-1)\ 营养级摄取的食物}$$

（2）同化效率：$U=A_n/A_{n-1}$，即同化效率$=\frac{n\ 营养级的同化量}{n-1\ 营养级的同化量}$

（3）生产效率：$Pe=Np_n/Np_{n-1}$，表示相邻两个营养级净生产量之比；公式表示为：

$$生产效率=\frac{n\ 营养级的净生产量}{(n-1)\ 营养级的净生产量}$$

（4）消费效率：$C=I_n/NP_{n-1}$，表示为：

$$消费效率=\frac{n\ 营养级的摄入量}{(n-1)^n\ 营养级的净生产量}$$

表示食物链的下一级对上一级采食比例或压力大小。

2. 同一个营养级内部的效率

（1）同化效率：A_n/I_n，表示消费者同化量与摄食量之比，即：

$$同化效率=\frac{被植物固定的能量}{吸收的日光能}=\frac{被动物同化的能量}{动物的摄食量}$$

(2) 组织生长效率：NP_n/A_n，表示净生产量与同化量之比，组织生长效率

$$=\frac{n\text{营养级的净生产量}}{n\text{营养级的同化量}}$$

(3) 生态生长效率：NP_n/I_n，表示净生产量与摄食量之比，即：

$$\text{生态生长效率}=\frac{n\text{营养级的净生产量}}{n\text{营养级的摄入量}}$$

(4) 维持价：P_n/R_n，即生产量与呼吸量之比。

关于同一营养级内的能量转化效率，人们关心的是生产效率（NP_n/I_n），即摄食的能量中有多少可转化为动物体的净生产量。据研究，哺乳动物、鸟类等恒温动物生产效率低，仅1%~3%，许多低等动物可达百分之十几甚至百分之五十以上。

总之，生态效率的研究有助于认识生态系统食物链上不同组分之间的关系，为研究系统整体功能特点及其改善策略提供依据。

(五) 能量在生态系统中的分配与消耗

进入生态系统的太阳能和其他形式的能量可沿多条食物链流动，并逐渐递减。图5-10是一个简化了的生态系统能流图。由图所示可将生态系统的能量分为4个库，即植物能量库、动物能量库、微生物能量库及死有机质能量库。进入生态系统的能量在这4个库之间被逐级利用，其间有一部分太阳能被反射、散射而离开了生态系统，有一部分经呼吸作用以热能的形式离开了系统，还有一部分以产品的形式输出。对于不同的生态系统，被植物固定的能量沿不同的食物链流动的强度不同，如森林生态系统中，约90%的能量沿腐食食物链流动，约10%的能量沿捕食食物链流动；而在海洋生态系统中，要尽量使更多的能量流经生产链，增加产品的产出，提高能量的利用效率，避免能量毫无价值地浪费。对于单条食物链上的能量流动，其利用和转化效率很低，大部分能量都从各种途径损失了。

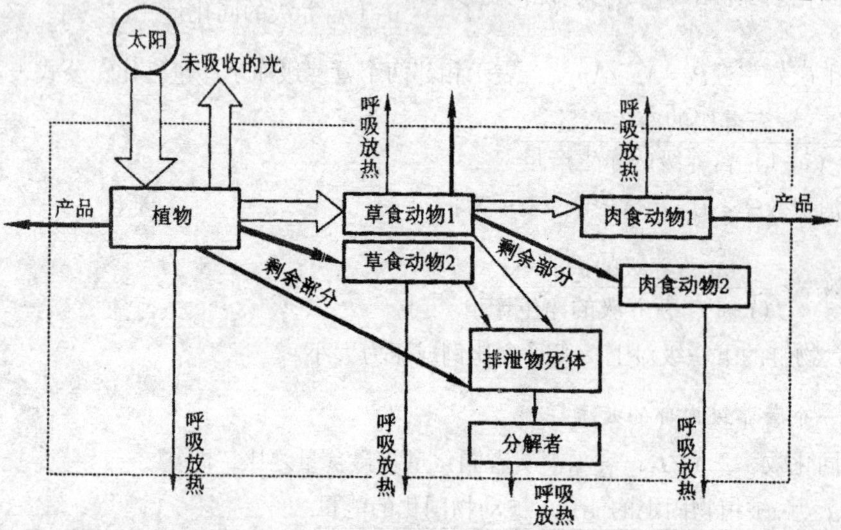

图5-10 生态系统能流简图（虚线框表示系统的边界）

(六) 普适的生态系统能流模型

1. 能流的途径

生态系统的能量流动始于初级生产者（绿色植物）对太阳辐射能的捕获，通过光合作用将日光能转化为储存在植物有机物质中的化学潜能，这些被暂时储存起来的化学潜能由于后来的动向不同而形成了生态系统能流的不同路径（图 5-11）。

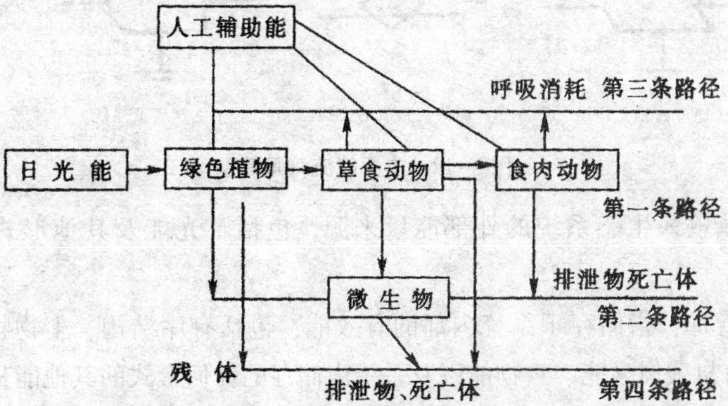

图 5-11　生态系统能量流动路径示意图

第一条路径（主路径）：植物有机体被一级消费者（草食动物）取食消化，一级消费者又被二级消费者（肉食动物）所取食消化，还有三级、四级消费者等。能量沿食物链各营养级流动，每一营养级都将上一级转化而来的部分能量固定在本营养级的生物有机体中，但最终随着生物体的衰老死亡，经微生物分解将全部能量散佚归还于非生物环境。

第二条路径：在各个营养级中都有一部分死亡的生物机体，以及排泄物或残留体进入到腐食食物链，在分解者（微生物）的作用下，这些复杂的有机化合物被还原为简单的 CO_2、H_2O 和其他无机物质。有机物质中的能量以热量的形式散发于非生物环境。

第三条路径：无论哪一级生物有机体在其生命代谢过程中都要进行呼吸作用，在这个过程中生物有机体中存储的化学潜能做功，维持了生命的代谢，并驱动了生态系统中物质流动和信息传递，生物化学潜能也转化为热能，散发于非生物环境中。

以上 3 条路径是所有生态系统能量流动的共同路径，对于开放的农业生态系统而言，能量流动的路径也更为多样。从能量的输入来看，随着人类从生态系统内取走大量的农畜产品，大量的能量与物质流向系统之外，形成了一股强大的输出能流，这是农业生态系统区别于自然生态系统的一条能流路径，也称为第四条能流路径。

2. 基本能流符号

认识和研究农业生态系统能量转化过程及其特征，不能不借助于模型方法。在众多的模型方法中，奥德姆提出的一套能流符号和图解，使用较为广泛。图 5-12 介绍了他所建议 7 种最常用的基本能流符号。

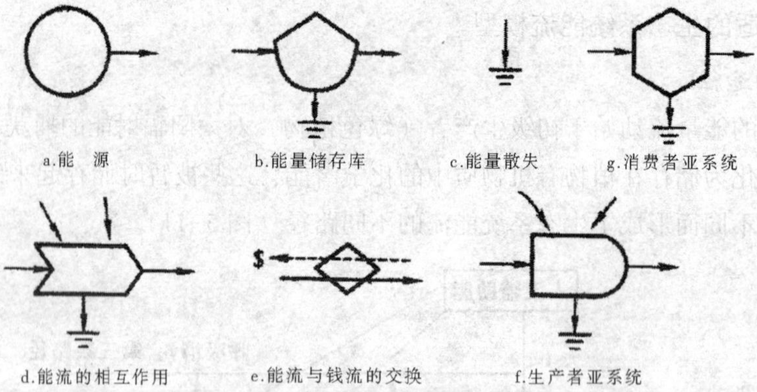

图 5-12 主要能流符号简图

a. 能源：指输入生态系统的外部能量来源，包括日光能及其他形式的自然或人工能源。

b. 能量储存库：指储存于系统内部的有效能，包括有序结构、生物物质含能，如生物躯体含能、有机残屑含能、食物能以及系统内储存的任何形式的其他能量。

c. 热量散失：指不能再用来做功的已衰变能量散失于系统之外。既包括系统做功时产生的热能，也包括储存能量随时间减值（用旧）而失散的能量。

d. 能流的相互作用：表示两种以上能流相互作用产生新能流的过程。如农场中日光能要和水、土、肥、机器、房舍、道路及设施（它们都是一定形态能量的表现）相互作用，才能进行食物生产。

e. 能流与钱流交换：表示能流与钱流的偶联关系。农场要输入生产资料，必须以售出一定量农产品为交换条件。

f. 生产者亚系统：指把日光能转化为优质生物能的有关过程、相互作用和储存。一般用于代表植物亚系统，也可表示农场和某些生物群落。

g. 消费者亚系统：指输入能被消耗同时转化为优质能输出，并反馈作用于输入能流或生产者。可用于动物、人、耗能机器、城市等。

3. 能流图解模型

图 5-13 是用奥德姆的能流符号绘出的鱼塘能流图解。这个图说明：鱼塘可被看作是一个由生产者、消费者及能量物质储存库所共同组成的相对独立的系统。在这里，生产者指水生的绿色植物，主要是浮游植物，消费者实际上包括动物和微生物两大类以现成的有机物为能量来源的生物群。其中，动物则是由处于食物链不同营养级上的草食者、肉食者及食残屑者所组成，包括浮游动物和各种鱼类。人类通过捕鱼活动把鲤鱼送到市场出售，捕鱼所需的生产资料和服务则需用卖鱼的收入来购买。鱼塘自身具有一定的自我维持能力，可以不断转化固定日光使养分再循环，但它与外系统仍然存在着空气、养分、水等的自然交换，以及人为控制下的输入与输出。系统的开放程度越大，这种交换越是频繁。

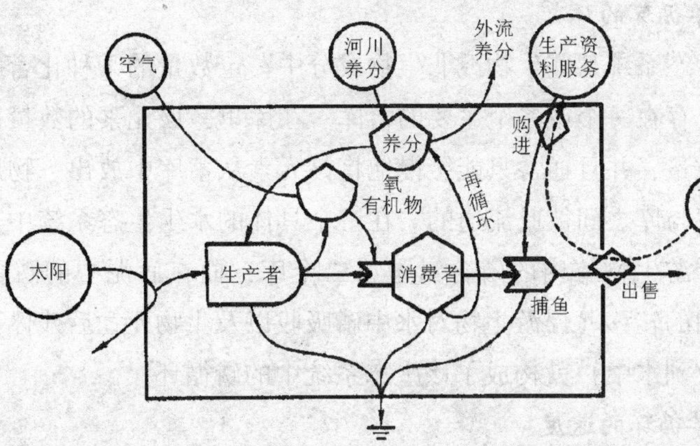

图 5-13 鱼塘能流图解

第三节 生态系统的物质循环

一、生物地球化学循环

生物地球化学循环是生态系统中物质循环的基本形式和途径。

(一) 生物地球化学循环的概念

各种化学元素和营养物质，在不同层次的生态系统内，乃至整个生物圈里，沿着特定的途径从环境到生物体，从生物体再到环境，不断地进行着流动和循环，就构成了生物地球化学循环，简称生物地化循环（图 5-14）。那些对生物必不可少的各种元素和无机化合物的循环通常称为营养物质循环。

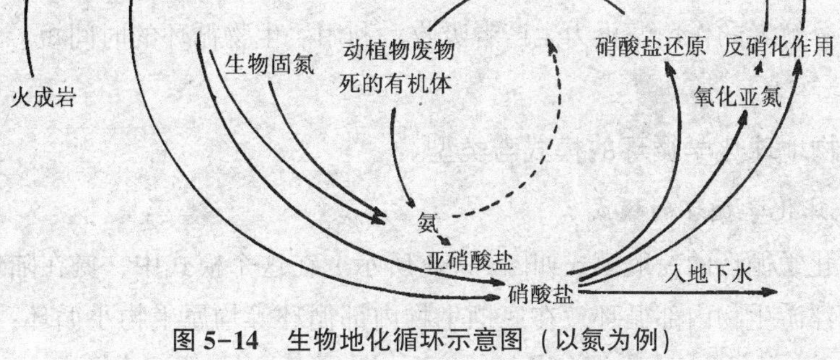

图 5-14 生物地化循环示意图（以氮为例）

1. 生物地球化学循环的库

库是由存在于生态系统某些生物或非生物成分中一定数量的某种化合物所构成的。对于某一种元素而言，存在一个或多个主要的蓄库。在库里，该元素的数量远远超过正常结合在生命系统中的数量，并且通常只能缓慢地将该元素从蓄库中放出。物质在生态系统中的循环实际上是在库与库之间彼此流通的。在一个具体的水生生态系统中，磷在水体中的含量是一个库，在浮游生物体内的磷含量是第二个库，而在底泥中的磷含量又是另一个库，磷在库与库之间的转移（浮游生物对水中磷吸收以及生物死亡后残体下沉到水底，底泥中的磷又缓慢释放到水中）就构成了该生态系统中的磷循环。

2. 生物地球化学循环的速度

为了表现物质循环的快慢，常用周转率和周转期两个重要指标。周转率是指系统达到稳定状态后，某一组分中的物质在单位时间内所流出的量或流入的量占库存总量的分数值。周转期是库中物质全部更换平均需要的时间，也是周转率的倒数。物质的周转率用于生物库的更新称为更新率。某段时间末期，生物的现存量相当于库存量；在该段时间内，生物的生长量相当于物质的输入量。不同生物的更新率相差悬殊，一年生植物当生育期结束时的生物的最大现存量与年生长量大体相等，更新率接近1，更新期为1年。森林的现存量是经过几十年甚至几百年积累起来的，所以比年净生产量大得多。如某一森林的现存量为324 t/hm^2，年净生产量为28.6 t/hm^2，其更新率=28.6/324=0.088，更新期约11.3年。至于浮游生物，由于代谢率高，生物现存量常常是很低的，但却有着较高的年生产量，如某一水体中浮游生物的现存量为0.07 t/hm^2，年净生产量为4.1 t/hm^2，其更新率=4.1/0.07=59，更新期只有6.23天。

3. 生物地球化学循环的基本形式。

物质的不断循环是实现物质流平衡的基础，生物地球化学循环根据物质循环的范围不同分为地球化学循环（地质大循环）和生物循环（生物小循环）两种基本形式。

（1）地球化学循环。地球化学循环是指化合物或元素经生物体的吸收作用，从环境进入生物有机体内，然后生物有机体以死体、残体或排泄物形式将物质或元素返回环境，经过五大自然圈循环后，再被生物利用的过程。五大自然圈是指大气圈、水圈、岩石圈、土壤圈和生物圈。地球化学循环的时间长，范围广，是闭合式的循环。

（2）生物循环。生物循环是指环境中的元素经生物体吸收，在生态系统中被相继利用，然后经过分解者的作用，再为生产者吸收、利用。生物循环的时间短、范围小，是开放式的循环。

（二）生物地球化学循环的模式与类型

1. 生物地球化学循环的模式

生物地球化学循环的一般模式如图5-14所示。在这个模式中，氮在陆地群落内部循环、在海水和浮游生物内部循环、在底栖生物内部循环等均属生物小循环；而氮在岩石、土壤，水、大气和生物等五个圈层中的交换与循环则是地质大循环。

2. 生物地球化学循环的类型

从整个生物圈的观点出发，根据物质在循环时经历的路径不同，生物地球化学循环可分为三个基本类型。

(1) 气相型。物质或元素如氧、二氧化碳、氮、氯、溴、氟等经过气相阶段进入循环。大气圈或水圈为其主要的贮存库。这类气相型的物质或元素扩散快、覆盖范围广、易被植物吸收，循环速度快，加上库容量较大，所以对外来的干扰有较强的缓冲能力，可迅速进行自我调节，比较稳定。例如，C、N、O 等在大气圈中的含量，多少年来变化很小（N_2：78%、O_2：21%、CO_2：0.03%）。所以从全球意义来讲，这种循环是比较完全的循环。当然，大气的自我调节能力并非是无限的，由于工农业的飞速发展，石化能源的大量使用，大气中 CO_2 浓度已有急剧上升趋势。

(2) 沉积型。地球上大多数矿质元素（也包括某些非矿质元素）如磷、钙、钾、镁、锰、铁、铜等常以岩石、土壤圈为其贮存库，经过风化、分解为植物所吸收，并进入生态系统食物链流动，然后生物以遗体、残落物、排泄物等形式将这些元素返回到土壤中，其中一部分再为植物所吸收利用，另一部分则随着江、河流入湖、海沉积而变成岩石，或者因地质作用而变成石油、煤、天然气等化石能源。当岩石被抬升并遭风化或化石能源被开采利用，再次进入生态系统时，循环才算完成。这类循环速度缓慢，易受干扰，难以调节，成为“不完全”的循环。

(3) 液相型（水循环）。水是生物体所必需的生命物质，没有水就没有生命。水又是自然的驱使者，许多元素和物质的循环是在有水的情况下进行的，水既是它们的携带者、贮存库，又是它们的交换场所。可以说，没有水的循环，就没有生物地化循环，就没有生态系统的功能，生命就不能维持。

二、主要物质的生物地球化学循环

（一）水循环

1. 全球水循环

水和水循环对于生态系统具有特别重要的意义，不仅生物体的大部分是由水构成的，而且所有生命活动都离不开水，水在一个地方将岩石浸蚀，而在另一个地方将物质沉降下来，久而久之就会带来明显的地理变化，其中带有大量、多种化合物的周而复始地循环，极大地影响着各类营养物质在地球上的分布；此外，水对于能量的传递和利用也有重要影响，地球上大量的热能用于将冰融化成水，使水温上升和将水化为水汽过程，因此，水有防止环境温度发生剧烈波动的重要调节作用。

水循环中的主要是水的形态的变化（图 5-15）或物理变化。水循环受太阳能、大气环流、洋流和热量交换所影响，通过蒸发冷凝等过程在地球上进行着不断地循环，降水和蒸发是水循环的两种方式，大气中的水汽以雨雪冰雹等形式降落到地面或海洋，而地面上和海洋中的水又通过蒸发进入大气中。因此，水循环是由太阳能推动的，大气、海洋和陆地形成一个全球性水循环系统，并成为地球上各种物质循环的中心循环。

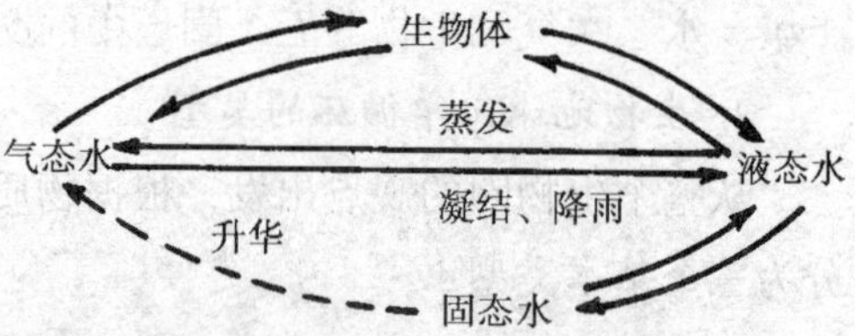

图 5-15　水循环中的形态转化

水的主要蓄库是海洋。在太阳能的作用下通过蒸发把海水转化为水汽，进入大气。在大气中，水汽遇冷凝结、迁移，又以雨的形式回到地面或海洋。当降水到达地面时，有的直接落到地面上，有的落在植物群中，并被截留大部分，有些直接落入江河湖泊和海洋。到达土壤的水、一部分渗入土中，一部分作为地表径流而流入江河湖海。河流、湖泊、海洋表层的水及土壤中的水再通过不断蒸发作用进入大气。

地球上的降水量和蒸发量总的来说是相等的。也就是说，通过降水蒸发这两种形式，地球上的水分达到平衡状态。但在不同的表面、不同地区的降水量和蒸发量是不同的。就海洋和陆地来说，海洋的蒸发量约占总蒸发量的 84%，陆地只有 16%；海洋中的降水占 77%，陆地占 23%；可见，海洋的降水比蒸发少 7%，而陆地的降水则比蒸发量多 7%。海洋和陆地的水量差异是通过江河源源不断输送水到海洋，以弥补海洋每年因蒸发量大于降水量而产生的亏损，达到全球性水循环的平衡。

水循环的另一个重要特点是，每年降到陆地上的雨雪大约有 35% 又以地表径流的形式流入了海洋。值得特别注意的是，这些地表径流能够溶解和携带大量的营养物质，因此它常常把各种营养物质从一个生态系统搬运到另一个生态系统，这对补充某些生态系统营养物质的不足起着重要作用。由于携带着各种营养物质的水总是从高处往低处流动，所以高地往往比较贫瘠，而低地比较肥沃，例如，沼泽地和大陆架就是这种肥沃的低地，也是地球上生产力较高的生态系统之一。

水的全球循环也影响地球热量的收支情况。最大的热量收支是在低纬度地区，而最小的热量收支是在北极地区。在纬度 38° 至 39° 地带，冷和热的进出达到一种平衡状态。高纬度地区的过冷会由于大气中热量的南北交流和海洋暖流而得以缓和。从全球观点看，水的循环着重表明了地球上物理和地理环境之间的相互密切作用。因此，经常在局部范围内考虑的水的问题，实际上是一个全球性的问题。局部地区水的管理计划可以影响整个地球。问题的产生不是由于降落到地球上的水量不足，而是水的分布不均衡，这尤其与人类人口的集中有关。人类已经强烈地参与了水的循环，致使自然界可利用的水的资源已经减少，水的质量也已下降。现在，水的自然循环已不足以补偿人类对水资源的有害影响。

2. 生态系统中的水循环

生态系统中的水循环包括截取、渗透、蒸发、蒸腾和地表径流。植物在水循环中起着重要作用，植物通过根吸收土壤中的水分。与其他物质不同的是进入植物体的水分，只有

1%~3%参与植物体的建造并进入食物链，被其他营养级所利用，其余97%~98%通过叶面蒸腾返回大气中，参与水分的再循环。例如，生长茂盛的水稻，一天大约吸收70 t/hm^{2}的水，这些被吸收的水分仅有5%用于维持原生质的功能和光合作用，其余大部分成为水蒸气从气孔排出。不同的植被类型，蒸腾作用是不同的，而以森林植被的蒸腾最大，它在水的生物地球化学循环中的作用最为重要。

3. 人类对水循环的影响

人类对水循环的影响是多方面的，主要表现在以下几个方面。

第一，改变地面及植被状况，而影响大气降水到达地面后的分配，如修筑水库、塘堰可扩大自然蓄水量；而围湖造田又使自然蓄水容积减小，尤其是大量季节性降水因保蓄力削弱而流走，造成短期洪涝灾害，并同时降低了地下水库的补给，也引起严重的土壤和养分流失。

第二，由于过度开发局部地区的地表水和地下水，用于工农业及城市发展，不但使地表、地下水贮量下降，出现地下漏斗及地上的断流，造成次生盐渍化；也使下游水源减少，水位下降，水质恶化，沿海出现海水入侵，加重了干旱化和盐渍化威胁。

第三，在干旱、半干旱地区大面积的植被破坏，导致地区性气候向干旱化方向发展，直到形成荒漠。我国北方水循环形势的恶化，引起了普遍的关注。

第四，环境污染恶化水质，影响水循环的蒸散过程。除降酸雨外，降雪中的铅含量也有所增加。洋面的油污染导致蒸发量减少，而温室效应又促进了蒸发，蒸发量的变化又导致了全球范围内降水量的变化，引起气候的异常变化。在与人类活动有关的水循环问题中，水资源短缺与水污染是最受关注的两个普遍问题。

（二）氮循环

氮是蛋白质的基本成分，因此是生命物质的关键组分。地球上的氮元素很多，其中，94%储存在岩石圈中，不参与循环；其余的6%大部分贮存在于大气中，虽然大气化学成分中氮的含量非常丰富，占大气总量的79%，但氮是一种惰性较强的气体，大气中分子态的N不能为大多数生物所利用。因此，大气中的氮通过固氮作用将游离氮与氧结合成为硝酸盐或亚硝酸盐，或与氢结合形成氨，才能为大部分生物所利用，才能进入生态系统，参与循环。

氮的主要化学形态：

氨/铵基	NH_3/NH_4^+	一种主要养分，易溶于水
氮气	N_2	大气层主要成分，除固N菌及藻类固定外无法利用
氧化亚氮	N_2O	脱氮细菌的产物，在臭氧循环和温室效应中起着重要作用
氧化氮	NO、NO_x	燃烧的产物，平流层臭氧的自然调节物
二氧化氮	NO_2	NO与空气中O_2反应形成，是都市污染物，酸性沉降的一种先兆，帮助平流层臭氧形成
亚硝酸根离子	NO_2^-	氨转化为硝酸根的中间产物
硝酸离子	NO_3^-	主要的养分形态，酸雨的成分，促使正铁血红蛋白症发生

大气中的氮被固定的途径有三种。

一是通过闪电，宇宙射线、陨石、火山爆发活动的高能固氮（大气固定），其结果是形成氨或硝酸盐，随着降雨到达地球表面，据估计每年固氮量约为 8.9 千克/千米^2；二是工业固氮，这种固氮形式的能力越来越大，固氮量越来越大；三是生物固氮，大约为 100 ~200（千克/千米^2·年），主要是由固氮细菌（如根瘤菌）和藻类（如兰绿藻）将大气中的分子态氮转化为氨的过程，这是自然界植物生长所需氮的主要来源。

在潮湿的热带雨林中生长在树叶和附着在植物体上的藻类和细菌也能固定相当数量的氮，其中一部分固定的氮为植物本身所利用。

氮被固定后，以硝酸盐、铵盐的形式进入土壤，被植物吸收，与植物体中的碳结合形成氨基酸，进而合成蛋白质、核酸，成为植物体重要组成部分。当植物被动物采食后，氮随之转入并结合在动物体中。动物体内的蛋白质经代谢作用产生含氮废物，如尿素、尿酸等而排出体外，这些含氮排泄物及动植物尸体经微生物分解又可转变成氨，氨经亚硝化细菌（亚硝化单胞菌属）作用而形成亚硝酸盐，再经硝化细菌（硝化杆菌属）作用而形成硝酸盐。尿素、铵态氮及硝酸盐都可再度被植物吸收利用，构成一次生物小循环。土壤中有相当数量的硝酸盐会被反硝化细菌（一些细菌、真菌和蓝细菌）所作用，其中的氮被还原为气态的氧化亚氮和分子氮而返回大气，这个过程叫反硝化作用或脱氮作用。

土壤中的硝酸盐也可因降水或灌溉水的淋溶而转入地下水，一部分还会随江河流入海洋，进入海洋氮的生物小循环。在海洋所形成的含氮有机物中，一部分继续参与海洋生物小循环中的再次循环。

另一部分则沉积于海底，参加到海底的沉积物中，并就此暂时（也许几百万年）离开循环。这个损失由生物固氮和火山作用、大气闪电等的大气固氮来加以补充，从而保持了陆地氮的平衡。因此，氮循环是一个相当完全的自我调节系统。

当前，人类活动的干预对全球氮循环的影响日益增强。为了获得更多的食物，人类对氮循环的干预越来越大，主要表现在以下几个方面。

第一，植被改造成耕地以后，由于长期垦殖，土壤有机氮及供氮能力下降，于是不得不大量补充氮肥，使工业固氮代替生物固氮，现在全球每年产氮 9000 万吨，其中 80% 用做肥料，欧洲平均每公顷施氮 123 千克。人工合成氮成本不低，如我国每生产 1 千克碳铵需要 1 千克煤为能源，而其中含氮只有 17%，所以生产 1 千克氮素需要 6 千克煤，此外还要付出环境质量的代价。而氮肥施入土壤以后，农作物只能吸收 30% ~50%，其余部分流失。农田中氮肥过量，会增加径流中硝酸盐的含量和大气中氧化亚氧的含量，这是由于硝化作用和脱氮作用，把氮肥和有机物质转化为氧化亚氮，有的还进一步变成氮气。因此，使用过量的氮肥，等于从大气中取出稳定的氮气而返还一些氧化亚氮，淋失的氮肥还会污染饮用水以及水生生态系统的藻类。

第二，工业固氮的产生和发展，逐步代替生物固氮，使氮在大气圈和生物圈及其他各氮库间的流通强度加大，由此带来了能源、成本和环境问题。

第三，集约化畜牧业和城市化的发展，不但使人畜排泄物的自然循环中断，导致部分氮素的丢失，同时也使地表水、地下水中的硝酸盐含量升高，而食品和饮水中的硝酸盐也能转化成硝酸根和亚硝酸根而给人类健康带来威胁。

第四，人类在改变植被的同时，还大量燃烧燃料和矿物，从而在大气中产生的大量的 NO、N_2O 等氮氧化物，在阳光紫外线照射的条件下，从 NO_2 产生的原子氧与碳氢化合物起反应可以生成许多次生污染物，总称为光化学烟雾，污染都市空气，危害人体和植物的生长，这还是酸雨的成因之一。

（三）碳循环

1. 全球碳循环过程

碳是每种生命有机体都大量需要的元素，是生命的基础，有机体质量（干重）的49%以上是碳。地球上的碳素非常多，据估计，地球碳含量约为 26×10^{15} 吨，绝大部分以碳酸盐和非碳酸盐的沉积物的形式贮存在岩石圈中，还有一小部分存在于沉积岩中，其次是贮存在海洋中，而大气圈、生物圈、土壤圈中的含碳量所占比例较少，见表 5-3。

表 5-3　主要的碳贮存库（单位 10^{15} 克）

		数量	总量
大气圈	CO_2 CH_4+CO	729 3. 6	733
海洋	无机碳 有机碳 生物群	37 400 1 030 3	38 400
陆地生物与土壤	生物群 枯枝落叶 土壤 泥炭	560 60 1 500 160	2 280
岩石圈	沉积物 岩石	56 000 000 9600 000	66 000 000

生物可直接利用的碳是水圈和大气圈中以 CO_2 形式存在的碳，是所有生命的碳源。碳的主要循环方式是从大气的 CO_2 贮存库开始，经过生产者的光合作用，把碳固定，生成有机物，然后经过消费者和分解者，在呼吸和残体分解后，再回到大气库中。碳被固定后始终与能流紧密结合在一起，生态系统生产力的高低也是以单位面积中碳的积累来衡量的。除大气外，碳的另一个储存库是海洋，其含碳量是大气的 50 倍，更重要的是海洋对于调节大气中的含碳量起着重要的作用。

碳原子处于不断运动的状态，在各贮存库中来回迁移，如我们从食物中吸收碳原子，又以 CO_2 的形式排出。

全球各圈层之间碳的交换和流动情况如下（图 5-16）。陆地上的绿色植物的光合作用每年把 CO_2 转化为有机碳，其净总量大约为 550 亿吨，用以维持它们的生存，最后这种有机碳转移到土壤，在那里被细菌分解，并主要以 CO_2 形式返回大气。

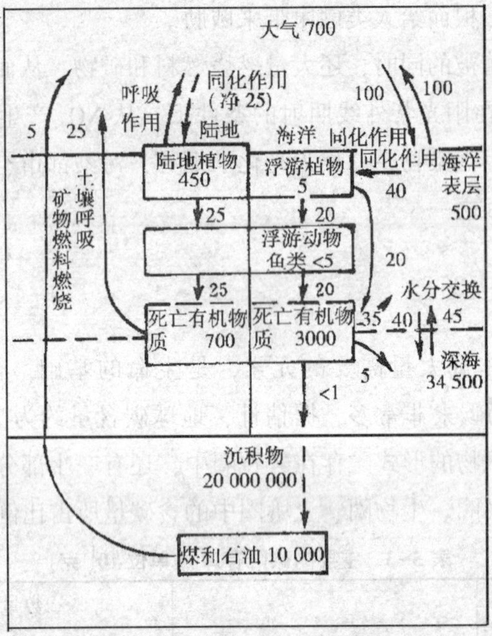

图 5-16　生物圈碳流（单位 10 亿吨）

碳循环中一个重要现象是碳在经过食物链时，不是所有的碳原子都被利用，所以才有煤、石油和天然气的长期贮藏，此外还有动物的贝壳。当有些因素使碳循环减慢或停止时，如大量堆积在土壤中的动植物残体，在形成土壤腐殖质之前，如果空气不足，或土壤酸性太强，分解者不能很好分解，大量有机体便以泥炭或煤的形式蓄积；而在长期淹水条件下，有机体的分解时间延长太久，就可能形成石油。这一切，在地面缓慢下沉时期，并长有某些特种植物的积水洼湿地带，常常会发生。

2. 人类对碳循环的影响

碳循环是具有较强的自我调节机制的循环，但是，由于人类活动的强烈影响，这种自我调节机制已经受到了明显的干扰和影响。

大多数高级大气—陆地—海洋系统大气环流模式试验都表明，2030—2050 年，大气中 CO_2 浓度将增加一倍，太平洋夏威夷观测站预测为 8~12 倍。

大气中 CO_2 浓度上升的原因主要是陆地上大面积的毁林开荒、植被破坏，以及 20 世纪 50 年代以后由于工业革命大量开发化石能源。除 CO_2 外，大气中甲烷（CH_4）和一氧化碳（CO）含量也不断增加。大气中 CO_2 浓度上升的直接后果是全球变暖也即温室效应。

温室效应一直是全球密切关注的课题，因为它对于生态环境和人类健康将产生重大影响，如显著地改变全球气候，包括气温、降雨量和极端气候模式的改变。气候变化不仅会使全球粮食减产，病虫害增加而且容易使人类疾病流行，如引起皮肤癌、白内障、免疫系统控制紊乱以及患心血管疾病等，直接或间接地危害着人类的健康。

全球许多国家和地区的气候出现了明显的异常，被科学家们认为是温室效应的初期表现。这种由人类引起的气候变化也应由人类的活动来阻止。有效的办法是：其一大力开展植树造林，绿化荒山、荒坡，靠大自然的净化和调节能力降低 CO_2 的含量；其二减少温室气体的排放量，积极发展再生能源，提高能源的利用效率，减少化石燃料的燃烧。

利用大气环流模型，结合多年气候资料分析，预测我国在 CO_2 倍增时的气候情景。据统计，我国各地年平均温度将明显上升，且增温幅度明显高于全球平均增温值 1.5~4.5℃，各地夏季将明显延长，冬季大幅度缩短，南北方提前半个月至 1 个月进入夏季，盛夏延长 1 个月，相当于我国的气候平均“南迁”4~5 个纬度。据预测，我国年降水量部分地区尤其是北方都将增加，但中南部地区将可能减少 1~2 成，高温少雨必然会对农业生产造成较大冲击。

（四）磷循环

磷元素同样是重要的生命组成元素，生物的代谢过程都需要磷的参与，磷是核酸、细胞膜和骨骼的主要成分。生物细胞内的高能磷酸键在腺苷三磷酸（ADP）和三磷酸腺苷（ATP）之间可逆地转移，是细胞内一切生化作用的能量。光合作用合成的糖如不进行磷酸化，碳的固定是无效的；再如细胞的膜结构，是由磷脂和蛋白质镶嵌而成的，所以磷和碳、氮、硫等元素在生物地化循环中特别重要。

1. 磷的沉积型循环路径

与碳、氮、水的循环相比，磷循环属于另外一个类型——沉积型循环。它不经过气相，因为大气中磷元素太少，只在大气漂尘中含有极少量，对于整个磷循环来说微不足道，可忽略不计。磷一旦沉积便不易移动，据研究，土壤中的磷一年平均只移动 5 厘米。

自然界中的磷主要以无机态磷灰石的状态存在，有机磷或生物体内的磷含量很少，只有可溶性的磷酸盐才能被植物吸收，且土壤中可溶性磷酸盐浓度很低，极易被金属离子固定变为无效。

磷元素的生物小循环有两条支路（图 5-17）：一条是沿生态系统的食物链传递，即植物通过根系获取可溶性磷酸根离子，并结合为活组织，植物组织最后被草食动物或分解者分解消耗掉，磷以粪便、残体的形式归还土壤；另一条是以枯枝落叶、秸秆的形式直接归还土壤，这些含磷有机体（物）经微生物分解还原，再为植物所吸收。在生物小循环中，大部分磷为生物生命活动所利用，只有一小部分磷脱离生物小循环而进入地质大循环。

磷元素的地质大循环也有两条支路：一条是动、植物遗体在陆地表面磷矿化；另一条是随水的冲蚀流入江河直至海洋。全球每年开采磷酸盐 100~200 万吨，其中大部分被冲洗流失，进入海洋的磷酸盐，一部分经过海洋的沉降和成岩作用变为岩石，然后经地质变化、造山运动，才能成为可供开采的磷矿石。因此，磷循环是一种不完全的缓慢的循环。

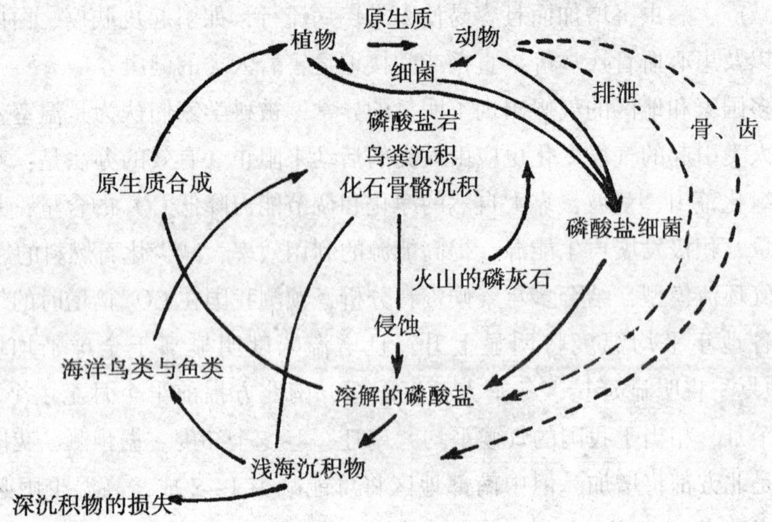

图 5-17 磷循环的基本过程

2. 人类对磷循环的影响

人类对磷循环的影响，主要是在农业生态系统中取走收获物，使土壤供磷能力下降，人工施用的磷肥补充了有效磷，但可溶性磷酸盐极易与金属离子结合变为不溶性盐，从而使肥效降低。据研究，当土壤 pH 值在 5.5 以下时，主要是铁、铝对磷的固定；pH 值大于 7.0 时，主要是钙对磷的固定。在矿质化土壤中 pH 值为 6.5，在有机质土壤中 pH 值为 5.5 时，土壤中有效磷含量较高。所以磷肥的利用与土壤酸碱度（pH 值）关系很大。另外，水土流失也使肥料流失，土壤中有效磷的含量强烈地控制生物固氮的速度，因此，磷的不完全循环趋势，从长远来看，农业上磷肥的缺乏大于氮肥。为提高初级生产力，人类加强磷矿开采的同时，应采取有效措施来控制水土流失，提高土壤、生物中磷的利用率。

三、有毒物质的富集

非必要元素指的是对生物生长并不是必需的，或者它们对生物的价值还未被人们认识的那些元素。但是，这些元素也像生命必需元素那样通过食物链进行移动和循环。在自然生态系统中，因为这些元素的浓度一般很低，或者由于生物对它们的长期适应，一般对生物无害。但是随着人类的工农业生产对自然资源深度的开发利用，一些非必要元素由于其化学性质与某些重要元素相近而越来越多地进入循环。这些物质一方面可能使那些重要元素的循环受到污染，另一方面使许多非必要元素可能因此集中于生物的某些组织中，由原来的低剂量富集到对生物有害的浓度。如锶，其化学性质与钙相似，可以与钙一起随水循环，核试验和核电站产生的放射性锶，以前对它几乎不了解，而实际上严重威胁着人类健康，因为它可以进入动物体并与造血组织结合，破坏血液循环。据统计，每1000个钙原子就有 2.4 个锶原子伴随，好像是一群白羊中混进了几只黑羊，但却是披着羊皮的狼，因它能致癌。另一种放射性金属铯[137]因其性质很像钾，也通过食物链富集，对人体有害，据说在日本广岛原子弹爆炸后地面的弹坑中和苏联的切尔诺贝利核电站失事后周围的地面上，都有不少的放射性铯存在。

现代的工矿业生产使大量的汞进入水体、土壤和大气中。虽然在环境中开始含量很低（微量），因生物的浓缩效应而浓度变得越来越高，从水中不到 1 μg/L，到在海藻中达 100 μg/L，在鱼体中可达1122 μg/L，在汞含量丰富的环境中可以达到对人类产生危险的水平。在日本水俣事件中，螃蟹体内汞含量达到 24 mg/L，受害人体肾中含有汞 14 mg/L，而鱼的允许水平为 0.5 mg/L。

汞在生物体内易与中枢神经系统的某些酶结合，因而容易引起神经错乱，如疯病、精神呆滞、昏迷乃至死亡。此外，汞与 DNA 一起发生作用的蛋白质形成专一性的结合，是汞中毒引起先天性缺陷的原因。

众所周知，对人体有害的其他重金属，如铅、铬、镉等的污染也已成为严重的环境问题，它们也是人为的经济活动造成，并且大量地随水流入海洋，使陆地水域及近海也发生污染。海域水体富营养化导致赤潮的发生，重金属的海水及底质的污染殃及海洋生物，而生物体内重金属的富集则直接威胁人类的健康，如我国东海特别是杭州湾和舟山渔场，海中的铜、锌早已超标 100 倍以上。

第四节　生态系统的发展与稳定

生态系统的发展过程，也就是生物群居发展和演替的过程。一般来说，生态演替既包括群落演替，又包括与其密不可分的环境变化。关于群落演替我们在前面已经作了介绍，本节只就生态系统的发展进化及其稳定性特征加以探讨。

一、生态系统的发展

生态系统中群落的演替过程，实际是群落的主要结构和功能的发展和变化过程。地球表面多种多样的生态系统，其结构和功能不管怎样的不同，但随时间的推移，却表现出共同的发展趋势，这些趋势主要表现在以下几个方面。

（一）能量流动

幼年期的生态系统，P/R（P 为总生产量，R 为群落呼吸量）大于 1，而成熟稳定的生态系统中，P/R 接近于 1。由此可见，对自养演替过程的生态系统来说 P/R 比率是表示生态系统相对成熟状况的功能性指标。在富营养化湖泊的异养过程中，早期的 P/R 小于 1，并向 P/R 等于 1 发展，表示污水系统向贫养化或净化方向发展。

（二）群落结构

形形色色的自然群落在其进展性演替时，一个共同的特点是结构趋向于复杂。其主要表现是生物种类多样性增加，均匀度增加，分层现象增加。种类多样性的增加，同时也是有机化合物多样性的增加，表现在生物量中有机化合物多样性的增加和群落向环境释放的代谢产物的种类增多。如有科学家在 20 世纪 60 年代研究水域的演替过程时，就发现植物色素种类增多的事实。在演替过程中，物种多样性是否继续增加，取决于生物量增加时潜在生态位是否增加。

演替中一种常见的现象：有些物种具有较宽的耐性范围，占据着基本的生态位而持续的时间较长，使得演替系统的不同阶段之间，由于该种群的连续而没有明显的分界，但实质上，演替的进程并没有停止。

（三）营养物质循环

营养物质循环方面在演替前期、后期的差异也是明显的。演替前期体型小、矮生植物因短命会很快将营养元素返还给环境，循环快速并且系统开放性强；而在后期，营养物质更多地贮存在生物体中，地上生物量的持续增长，并且存在着较长的、复杂的生命物质循环，与前期相比，循环速度慢而且封闭性增强了。由于演替过程中残屑链的发展，使得“腐屑”在营养物质再生中的作用也比前期重要得多，因此，就养分循环的总量来讲，后期也比前期多了许多，从而使每单位生物量需从外部投入的养分减少，效率提高。

（四）稳定性

演替是群落的发展过程，就其主要组成来说，由演替前期以增长迅速但不稳定的 r-选择生物为主，发展到生长缓慢、较为稳定并对环境适应能力更强的 K-选择生物为主。群落网络结构的复杂性增强，群落内的物种间的竞争也慢慢彼此适应成为协调共生，充分利用环境中的资源，多种能流、物流畅通，群落内正反馈—负反馈机制充分发挥调控作用。所有这些，都表明在演替后期形成的成熟群落，与演替发展过程中的各个群落相比都要稳定。所以演替的过程是群落的结构和功能都趋向于发达和稳定的过程，是系统抵抗干扰能力增强的过程，是生态系统发展和进化的必然趋势（表 5-4）。

表 5-4　生态系统发展的趋势

属　性	生态系统的发展阶段	
	年幼的	成熟的
生物量	小	大
总生产量/群落呼吸	超过 1，或小于 1	大体为 1
每单位能流所支持的生物量	低	高
食物链	短、啃牧型	长，复杂，碎屑型

续表

属 性	生态系统的发展阶段	
	年幼的	成熟的
层次	少	多
物种多样性	低	高
生态位专化性	广泛	狭窄
供养关系	一般	专化
个体大小	较小	较大
生活史	短，简单	长，复杂
种群控制机制	物理性的	生物性的
波动	较显著	较不显著
矿质循环	开放性的	或多或少的封闭性的
碎屑的作用	不重要	重要
稳定性	低	高
对于人类的潜在产量	高	低

二、生态系统的稳定性及其调节机制

(一) 生态系统稳定的条件

1. 生态系统的多样性

生态系统多样性是指生态系统中生境类型、生物群落和生态过程的丰富程度。生态系统由植物群落、动物群落、微生物群落及其环境（包括光、水、空气、土壤等）所组成。系统内各个组分间存在着复杂的相互关系。生态系统中的主要生态过程包括能量流动、水分循环、养分循环、生物之间的相互关系（如竞争、捕食、共生等）。地球上生态系统多种多样，如森林生态系统、草原生态系统、荒漠生态系统等。

2. 干扰

干扰是指导致一个群落或生态系统特征（诸如种类多样性、营养输出、生物量、垂直与水平结构等）超出其波动的正常范围的因子，干扰体系包括干扰的类型、频率、强度及时间等。

干扰是生态系统发生变化的主要原因。按照干扰的来源，可分自然干扰和人为干扰两种类型。

(1) 自然干扰。自然干扰是指火、冰雹、洪水、干旱、飓风、泥石流、地震等偶发的破坏性事件，或对生态系统的结构、功能和组成产生明显的影响，或对生态系统产生破坏性甚至毁灭性影响。

（2）人为干扰。人为干扰是指森林砍伐、草原开垦、过度放牧、露天开采、大型工程等人类的生产活动和对资源的改造利用等过程对生态系统造成的影响，这种影响可以涉及种群乃至整个生物圈。

正常的生态系统是生物群落与自然环境取得平衡的自我维持系统，各种组分的发展变化是按照一定规律并在某一平衡位置作一定范围的波动，从而达到一种动态平衡的状态。但是，生态系统的结构和功能也可以在自然干扰和人为干扰的作用下发生位移，位移的结果打破了原有生态系统的平衡状态，使系统的结构和功能发生变化和障碍，形成破坏性波动或恶性循环，这样的生态系统被称之为受损生态系统。

3. 生态系统演化阶段

奥德姆关于生态系统随时间而演替的过程大致可分为三个阶段或状态。

（1）正过渡状态。正过渡状态亦称增长系统，是指该系统能量的输入超出输出，总生产量（P）超过总呼吸量（R），即 $P/R>1$，则多余的能量参与系统内部结构的改变，使系统增大。例如，一个新建的池塘或水库，有机体刚开始在池中或库中定居，可认为是增长生态系统。

（2）稳定状态。稳定状态亦称平衡系统，即该系统输入和输出相等，$P=R$，$P/R=1$。在这种情况下，没有净生产量，生物量没有净增长，生物量对每天生产率的高比率，意味着缓慢的周转。大量有机物质通过比较小的每天能量耗费来维持。例如，一片成熟的森林或海洋生物群落，虽然经过了许多年，但在总的外貌和结构方面没有多大改进，可认为是稳定状态的生态系统。

（3）负过渡状态。负过渡状态亦称衰老系统，即系统输出的物质和能量比输入的多，$P<R$，$P/R<1$，以致库存量消耗的速率超过被补充的速率，结果使该系统变小或不活跃。例如，在原始森林中衰老倒地的大树干上的生物，只是消费死树的储存营养和能量，死树本身已成为衰老的生态系统。

（4）环境影响。环境条件诸如气候、地貌、土壤和火等常可成为引起生态系统的变化条件。如气候决定着生态系统中的生物成分、气候的变化，无论是长期的还是短暂的都会影响系统的结构和功能。大规模的地壳运动（冰川、地震、火山活动等）使地球表面的生物受到一定影响甚至毁灭。环境变化都可对生态系统稳定性构成影响。

维持生态系统的稳定对该系统的结构和功能非常重要，必须注意以下几点。

第一，维持生态系统的多样性和物种多样性。因为多样性的生态系统才能为更多的生物种提供适宜的生境，而任一生态系统中生物多样性增加才能使系统更加稳定。多样性与稳定性之间存在着极为密切的联系。

第二，维持生命元素循环的闭合。生态系统的演替，即由低级向高级的发展过程，总是伴随着地球生物化学循环转变成一种圈闭式循环。成熟的高级的生态系统总是比年轻的低级的生态系统更能在生物的内部循环中保留和截获更多的各种营养物质。营养物质流失过多或被人为地移出系统之外，都会导致系统的退化。农田中随收获而将营养物质带出系统之外，因此必须不断施肥才能维持农业生态系统的运行，就是这方面的典型例证。

第三，维持生态系统结构的完整性。生态系统复杂的层次结构和空间分布，是系统长期演替的结果，本身具有天然合理性。破坏这种结构，就必然会导致系统的退化或破坏。例如，热带森林中，砍伐掉高树，就会使靠其荫庇的低树、灌木和地被植物因承受不了酷日的暴晒而受到严重影响。

第四，维持生物系统生物与非生物环境的平衡。任何非生物环境的变化，特别是水分的改变，都会对生态系统造成重大影响。人类在干预生态系统时，特别应注意不要破坏生物的主要环境。

（二）稳态机制

1. 个体水平的生态适应机制

在个体水平上，主要通过生理的与遗传的变化去适应环境的变化，通过适应，形成生活型、生态型、亚种以致新种，使物种多样性和遗传基因的异质性得到加强，同时提高了对环境资源的利用效率。许多生物还具有不同程度的再生、愈合和补偿能力。一些低等动物受伤后，器官有再生能力，如蚯蚓、海星、蜗虫等都具有再生功能。高等动植物受伤之后也有很强的愈合能力。一些不能愈合的受损部位的功能可以为其他部位所补偿。这些再生、愈合和补偿过程有利于维持个体和群体机能的稳定。

2. 种群水平的反馈调节机制

种群数量变动是由矛盾着的两组过程（出生和死亡，迁入和迁出）相互作用决定的。因此所有影响出生率、死亡率和迁移的物理和生物因子都对种群的数量起着调节作用。从自然选择的意义上讲，种群的数量变动实际上是种群适应这种多因素综合作用而发展成的自我调节能力的整体表现。

由于作用于生物数量变动的因素非常多，因而给探讨极其复杂的种群调节机制带来了很大的困难。多年来，生态学工作者不断努力，提出了许多有关种群调节的理论，如气候学说、捕食和食物作用学说、社会性交互作用学说、病理效应学说、遗传调节学说等，虽然这些学说限于工作者的研究环境、研究对象和时间的约束，不能形成整体的种群调节模式，但它们无疑给种群生态学最引人入胜的理论研究领域增加了活力，同时也为接受调节是各因素综合作用结果的观点提供了思路和佐证。

在种群水平上，种群数量动态的平衡是指种群的数量常围绕某一定值作小范围内的波动，它是与种群 Logistic 模型（虫口模型）联系在一起的。种群开始时增长缓慢，然后加快，但不久之后，由于环境阻力增加，速度逐渐降低，直至达到容纳量 K 的平衡水平并维持下去。种群密度达到一定程度后，往往导致增殖率和个体生长率下降。动物通过生殖能力和行为变化可协调种群密度与资源的关系。

3. 群落水平的种间关系机制

在群落水平上，生物种间通过相互作用，调节彼此间的种群数量和对比关系，同时又受到共同的最大环境容纳量的制约。如虫媒花植物和传粉昆虫可以相互促进，而虫媒植物的繁衍又有利于加强与植物有关的食物链。群落内，物种混居，必然会出现以食物、空间等资源为核心的种间关系，长期进化的结果，又使各种各样的种间关系得以发展和固定，形成有利有害，或无利无害的相互作用。多个物种在一起相生相克，保持系统稳定。

4. 系统水平的自组织机制

一般系统论认为系统存在的空间总是有限的，开放系统必然存在有外环境，系统与环境之间的相互作用是经常的，环境对系统的干扰是随机的。开放系统要保持其功能的稳定性，系统必须具备对环境适应能力和自我调节能力。

在系统水平上，复杂的种群关系、生态位的分化、严格的食物链量比关系等，都对系统稳态有积极作用。当系统内组分较多而且彼此功能较协调时，系统的自我调控能力较强，系统稳定性较大。

(三) 反馈控制

生态系统是一个具有稳态机制的自动控制系统，它的稳定性是通过系统的反馈来实现的。当生态系统中某一成分发生变化时，必然会引起其他成分出现一系列的相应变化，这些变化最终又反过来影响起初发生变化的那个成分，这个过程便称为反馈。

反馈分为正反馈和负反馈。负反馈控制可使系统保持稳定，正反馈使偏离加剧。例如，在生物生长过程中个体越来越大，在种群持续增长过程中，种群数量不断上升，这都属于正反馈。正反馈也是有机体生长和存活所必需的。但是，正反馈不能维持稳定，要使系统维持稳定，只有通过负反馈控制。因为地球和生物圈是一个有限的系统，其空间、资源都是有限的，所以应该考虑用负反馈来管理生物圈及其资源，使其成为能持久地为人类谋福利的系统。

由于生态系统具有负反馈的自我调节机制，所以在通常情况下，生态系统会保持自身的生态平衡。在自然条件下，生态系统总是朝着种类多样化、结构复杂化和功能完善化的方向发展，直到使生态系统达到成熟的最稳定状态为止。

有人把生态系统比喻为弹簧，它能忍受一定的外来压力，压力一旦解除就又恢复原初的稳定状态，这实质上就是生态系统的反馈调节。但是，生态系统的这种自我调节功能是有一定限度的，当外来干扰因素（如火山爆发、地震、泥石流、雷击火烧、人类修建大型工程、排放有毒物质、喷洒大量农药、人为引入或消灭某些生物等）超过一定限度的时候，生态系统自我调节功能本身就会受到损害从而引起生态失调，甚至导致发生生态危机。生态危机是指由于人类盲目活动而导致局部地区甚至整个生物圈结构性功能的失衡，从而威胁到人类的生存。生态平衡失调的初期往往不容易被人类所觉察，如果一旦发展到出现生态危机，就很难在短期内恢复平衡。为了正确处理人和自然的关系，我们必须认识到整个人类赖以生存的自然界和生物圈是一个高度复杂的具有自我调节功能的生态系统，保持这个生态系统结构和功能的稳定是人类生存和发展的基础。因此，人类的活动除了要讲究经济效益和社会效益外，还必须特别注意生态效益和生态后果，以便在改造自然的同时能基本保持生物圈的稳定和平衡。

（四）生态系统的控制论特点

1. 无目标、非中心的自我控制

按控制论的观点看，任何一个自然过程都是一种信息转换过程；有转换性能的结构可看作是转换器；对转换性能起调节作用的部件称调节器；控制调节器的人或物称为控制者。工业系统的控制者和调节器与转换器明显分离，独立组成一个集中化的调控部分。自然界在亿万年进化历程中形成了十分精巧的自我调节和控制能力。自然生态系统中各生物种通过相互联系使整个群落自发地向顶级方向发展。生物种本身的巧妙调控机制使个体能对外界条件做出适当的反应。植物光合过程的自动调节和水分平衡过程的自动调节都很迅速。昆虫间的激素联系、食物链的关系、共生关系等构成了自然生态系统自我调节的一部分。这类没有形成一个控制中枢机构的调控被称为非中心式调控。植物叶子是光能的基本转换器，同时它与根系的吸收能力，与茎的运输能力等相联系，调控着光合过程。这样叶子与根茎一起构成了调控光能转换器的非中心调控器。

2. 多层次控制

由于自然界中生物的多样性和相互关系的复杂性，决定了生态系统是一个极为复杂的、多要素、多变量构成的层级系统。较高的层级系统以大尺度、大基粒、低频率和缓慢速度为特征，它们被更大系统、更缓慢作用所控制。

强调生态系统的整体性，并不是否认系统的层次和等级。生态系统的单元与结构、过程与功能的相对独立性导致了它们的层次或等级特征。因此，生态系统的部分和整体分属于不同的层次，构成了生态系统的等级关系。例如，在研究生物多样性管理时，其等级关系可以表述为：基因、生物种、种群、生态系统、景观和生物圈等不同层次。生态系统管理必须以整体的观念考虑系统与不同等级的子系统之间、子系统与子系统之间的相互关系和反馈机制。可是在生态系统复杂的相互关系和反馈回路体系中，往往存在一个或几个主导回路，它是系统的主导部分，在一定的时空条件下决定了系统结构与动态行为的性质，而且决定着系统的变化和发展趋势。

3. 多元重复

多元重复是指在生态系统中，有一个以上的组分具有完全相同或相近的功能，或者说在网络中处在相同或相近生态位上的多个组成成分，在外来干扰使其中 1 个或 2 个组分被破坏的情况下，另外 1 个或 2 个组分可以在功能上给予补偿，从而相对地保持系统输出稳定不变。例如，植物的种子和动物的排卵数大大超过环境中可能容纳的下一代数目；同一食草动物常消费众多的植物种类；同一种生物残体为数以百计和各种大小生物所分解利用

等。这就使得生态系统在遇到干扰之后，仍能维持正常的能量和物质转换功能。这类稳态机制使得自然界很少出现“商品滞销”或“停工待料”现象。这种多元重复有时也理解为生态系统结构上的功能组分冗余现象，自然生态系统中功能组分冗余是很常见的。一株植物有许多片叶子，一片叶有多层叶绿细胞，一个叶绿细胞有多个叶绿体。

群落的光能为各个层次的各种绿色植物所利用。

第五节　生态系统的主要类型

一、生态系统的类型划分

在地球生物圈中，存在着形形色色的众多生态系统，这些大大小小的生态系统虽然在组成、结构和功能上千差万别，但是可以根据它们的特点对其进行分类。

根据环境的性质，生态系统一般可分为陆地、水生生态系统。陆地生态系统又可分为森林、草原、山地、冻原、极地等自然生态系统与人工系统；水生生态系统又可分为湖泊、河流、池塘、水库、湿地等淡水生态系统和海岸、浅海、上涌带、珊瑚礁、远洋等咸水生态系统。

根据人类对生态系统的干预程度，生态系统可分为自然、半人工和人工生态系统。自然生态系统基本上不受人类活动的干预，是一种“自给自足”的生态系统。半人工生态系统的典型是农业生态系统，它是自然生态系统经过人工驯化后的产物。人工生态系统是指以人造组分和人工过程为主的生态系统，如城市生态系统、宇宙飞船生态系统等。地球上不同的生态系统类型，如 5-18 所示。

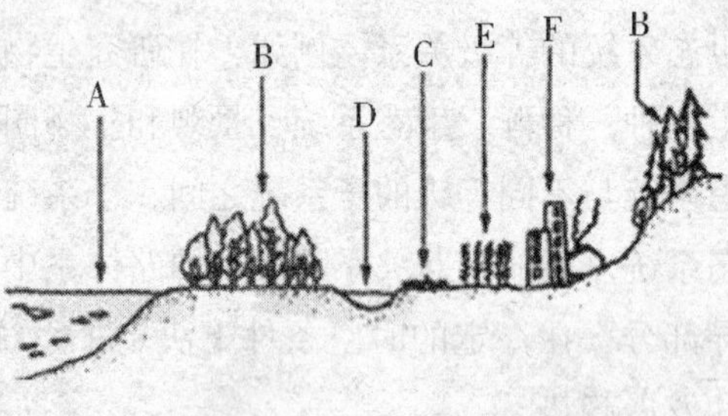

A. 海洋生态系统　B. 森林生态系统　C. 草原生态系统　D. 湖泊生态系统

E. 农田生态系统　F. 城市生态系统

图 5-18　地球上不同的生态系统类型

二、典型生态系统举例

下面我们从生态系统的角度出发，对生物圈中几个主要的生态系统类型、结构和功能作一简要介绍。

(一) 森林生态系统

1. 森林生态系统的概念

森林生态系统是指以木本植物为主体的生物系统和环境系统之间进行能量流动、物质循环和信息传递，并具有一定结构和特定功能的总体。木本植物处于主体地位，决定了这个系统的性质，也是区别于其他生态系统的特殊根据：①在森林生态系统中，木本植物的生产力最高，生物量最大。据调查，中欧120年生的以橡树、水青岗等木本植物为主体的森林生态系统中，木本植物的生物量为274 000千克，大型哺乳动物2千克，小型哺乳动物5千克，鸟类113千克，蚯蚓600千克，其余土壤动物400千克；②在森林生态系统中，当木本植物的种类、组成、结构一定时，与这些木本植物相适应的草本植物，以及以这些植物为食的各种动物就会繁衍发展，相应的具分解功能的微生物就会滋生，充分体现了以木本植物为主体特征的因果关系、主从关系；③再从森林生态系统所呈现的外部形态上看，先是有主林层、次林层、下木或灌木层中的木本植物，然后才是林下地被物中的草本植物，以及作为消费者的各种动物。

森林生态环境系统是指能与以木本植物为主体的生物系统进行能量交换和物质循环的外界条件的总和，包括太阳辐射、空气温度、空气湿度、二氧化碳含量及其作用形成的气候，以及与土壤有关的土壤水分、养分结构、有机质性质和含量、分解方式等因素。

因此，一片森林是一个森林生态系统；一个林区内的大片森林是个较大的森林生态系统；单层同龄纯林是个简单的森林生态系统；复层异龄混交林是个复杂的森林生态系统。研究这个系统的两个组成之间矛盾运动规律的科学就是森林生态学。目的是探索这两个方面的最佳组成、结构和有效的控制，取得以森林生态系统作为总体的最优效益。

2. 森林生态系统的组成和结构

(1) 森林生态系统的组成。森林生态系统的组成包括生物系统和无机环境系统，生物系统中的生产者为乔木、灌木（为主）及草本、藤本植物、苔藓、地衣等；消费者为鸟、兽和昆虫等（包括草食、肉食、杂食动物）；分解者为微生物以及食腐性动物（如白蚁、甲虫、蚯蚓和某些软体动物等）。

无机环境系统包括光能、土壤环境、大气环境、无机物（水、肥、气、热）、有机物等。

(2) 森林生态系统的结构。

① 形态结构。由于森林植被生活型的多样性，通常按高度分成层次。森林类型不同，层次也不完全一致，如热带混交雨林共分五个层次：

A层：由35~42米高的乔木组成的不连续层；

B层：由约20米的矮乔木组成的不连续层（A、B层不能截然分开，共同组成林冠）；

C层：最矮的乔木层，连续且浓密；

D 层：由灌木、幼树、高草和蕨类组成，在浓密的树荫下发育总是很差；

E 层：地表层由树木实生苗及矮草本植被构成。

又如高度发育的异龄阔叶落叶林，通常由四个层次组成。即由优势林木组成的林冠层（相当于上面所说的 A、B 层），矮乔木林冠层，灌木层和以草本植物、蕨类、苔藓等组成的地表层。而有的北美油松林可能只有三层：林冠层、灌木层、草本层。

与植被分层相对应，环境也成层分布。如森林中的 CO_2 随着离地面的高度发生梯度变化，在林冠以上 CO_2 含量等于大气中的含量（0.03%）；在林冠层中，由于光合作用对 CO_2 的吸收，只有 0.02%；林冠以下越接近地面，CO_2 含量越高，在距地 1.5 米左右时，CO_2 含量可高达 0.04% 至0.08%，这是因为土壤呼吸作用，枯枝落叶的分解释放出大量的 CO_2 的缘故。林下植物在光照微弱的条件下，也能较好地生长发育，完成自己的生命周期，这与 CO_2 浓度的增加而弥补了光照不足有着直接的关系。其他环境因素，如光、热、水、肥、土壤等，在任何一个森林生态系统中也是成层分布的，系统不同，其分布状况也不完全相同。

② 营养结构。营养结构是指生态系统中生物成分和非生物成分，通过食物链关系紧密结合起来，构成以生产者、消费者、分解者为中心的三大功能类群，及其与环境间的物质、能量与信息的循环、转换与传递。森林生态系统中的食物链主要由草食食物链和腐屑食物链交织而成，以腐屑食物链占优势。因为构成森林的绝大部分生物量是树林，其死体、枯枝、落叶等在自然条件下主要为昆虫、蚯蚓和一些真菌所腐化、分解和还原。

森林生态系统类型的不同，其结构也不完全相同，情况比较复杂。森林生态系统的主要类型包括：热带雨林、季雨林、红树林、常绿阔叶林、常绿落叶阔叶混交林、常绿硬叶林、竹林、夏绿林、针阔混交林和针叶林或称针叶木本群落。

3. 森林生态系统的功能（生态效应）

在陆地生态系统中，森林的面积约为 44×10^6 平方千米，占地球总面积的 9.5%，占陆地面积的 33%（一说为 22%）。

森林生态系统是陆地生态系统的重要组成部分，是自然界物质和能量的重要枢纽。对于地面、地下和空间的生态环境都有着多方面的影响，有着多方面的作用功能，是全球生态平衡的核心。

（1）森林是陆地上最大、最复杂的生态系统，是维护陆地生态平衡的枢纽。在地球生命物体中，植物生物量占地球总生物量的 99%，而森林又占植物生物量的 90% 以上，可见在地表物质循环和能量转化过程中起着最重要的作用。

（2）森林是环境的重要净化器。据估计全世界每年排入大气的有害气体约 6 亿吨，严重污染大气。而森林是天然的过滤器。许多树种对 SO_2、CO、NO_2、O_3、氟化物等都有不同程度的抗性和吸收能力。

森林的光合作用需要吸收大量的 CO_2 并同时释放出氧气，1 公顷阔叶林每天约能吸收

1000 千克 CO_2，同时放出 730 千克氧。据估计，森林每累积 1 000 千克干物质，即能产生 1393~1423 千克氧。成年人每日呼吸消耗的氧气为 0.75 千克，排出 CO_2 为 0.9 千克，则每个城市居民有 10 平方米的森林面积就可以满足呼吸的需要。

许多树种，如桦树、柏树、梧桐树、冷杉等能分泌植物杀菌素，杀死空气中的白喉、肺结核、伤寒、痢疾等疾病的病原菌。据测定，每立方米空气中，森林内约有细菌 55 个，公园内约有 1000 个，城市林荫道约有 58 万个，热闹的百货大楼约有 4000 万个。

（3）调节气候、蓄养水源、防止水土流失。森林可以改变大气湿度，改变局部大气流动，明显增加降雨。据观测，有林地区一般比无林地区的降水量要多 17.4%，森林上空空气的相对湿度比无林区上空高 12%~15%。森林和农田防护林网在有效地改善土壤和空气湿度、防止水土流失、涵养水分等方面的作用十分明显。

（4）防风固沙，保护农田。森林的枝叶可以挡风，根系可以固沙，因此，可以防止农田被风蚀、沙压和防止或减轻庄稼倒伏。我国“三北”防护林带的建设，有效地防止了风沙内侵，对保护和发展“三北”农牧业产生了明显的效果。农田防护林网能有效地减少干热风和其他风沙危害。

（5）森林是个巨大的物种资源和基因资源库。森林是复杂的综合生态系统，内部有各种各样的生态环境，蕴含着丰富多彩的动植物。据统计，地球上约有 1000 万个物种，而在热带雨林群落里聚集的就有 200~400 万种。目前热带雨林每天至少消失一个物种，如果森林的砍伐仍以目前的趋势发展下去，单是热带雨林就将要失去 100 多万个物种，目前处于危机状态的鸟类和哺乳动物约有 1000 种。

随着遗传工程的兴起和发展，人类可以用基因重组技术迅速创造出地球上没有的物种或改造已有的物种，但是作为重组的基因材料仍然来源于生物种，森林则是最丰富的种源。

（6）森林可以提供大量的木材、水果及中药材等。

综上所说，森林生态系统在地球生态系统中有着十分重要的地位和作用。但是，由于人口的迅速增长，森林被大规模的砍伐和破坏，导致森林生态系统范围的缩小和质量的降低，总体来说正在朝着低质量的方向演替。

（二）草原生态系统

1. 草原的一般概念

不同的学者对草原有不同的见解。地理学家把草原看作是一种自然景观类型；农学家认为，草原是能够进行放牧或割草的自然地段；植物生态学家则把草原理解为一种地带性的植被类型，其定义可以描述为：“凡是由耐旱的旱生多年生草本植物为主（有时为旱生小半灌木）组成的植物群落就叫草原”。

全世界草原生态系统的面积约 30 亿公顷，占地球陆地总面积的 24% 左右。草原地区的气候特点是大陆性较强、降雨量较少，一般降雨量 50~450 毫米，并且变率较大，蒸发量往往超过降水量的几倍到数十倍。降雨多集中在夏季，冬季少雪严寒，具有明显的大陆性气候，介于荒漠和温带森林之间，因而不宜于乔木生长。但是草原地区晴天多，太阳辐射总量较大，这又为草原地区的第一性生产提供了有利条件。例如，我国东北草原地带，太阳辐射总量一般高达 130 千卡/米^2·年以上。

2. 草原生态系统的组成和结构

草原的组成和结构都比森林简单，草原的优势植物以丛生禾本科为主。禾本科植物具有耐割、耐放牧、耐践踏和耐火烧，叶片能够充分利用阳光，能忍受环境的激烈变化，对氮肥和其他营养物质的需要量比其他植物少等特点。丛生禾草中针茅属植物最为丰富。除禾本科植物外，莎草科、豆科、菊科、藜科植物占有相当大的比重。这些植物大多具有适应干旱气候的形态结构，如叶片狭窄、有绒毛、卷叶、气孔下陷、有蜡质层、机械组织发达等。这些结构特征可以减少水分蒸腾，防止水分过多损耗。

草原中有着丰富的各级消费者，有善于奔跑的大型草食动物，如野驴、野牛、黄羊等；也有营洞穴生活的啮齿动物，如田鼠、黄鼠、旱獭、鼠兔；肉食动物有沙狐、鼬和狼等；鸟类中有云雀、百灵，毛腿沙鸡；肉食猛食有鹰、隼和鹞等。

草原生态系统的形态结构比森林生态系统简单，依其高度，群落结构一般分为三层：高草层、中草层和矮草层（下层）；也有分为草本层、地面层和根层这三个层次的。植物的地下部分强烈发育，其郁闭度和层次结构远远超过地上部分。

草原生态系统中种类繁多的各级消费者，组成了不同的食物链，并相互交织在一起形成食物网，从而使系统的营养结构较为复杂。

草原生态系统的大部分或全部都没有乔木，而是覆盖着一种连续的和矮的植物群落，和森林一样在世界范围内分布很广，并被分成各种不同类型。其中最主要的是硬草草本群落组成的各种大草原、草地或稀树干草原，其特征是植物具有大量的机械组织以及较厚的角质层和硅化的表皮层，从而保证叶子有较高的硬度；其次是常绿草本群落，这类草本群落总是保持着绿色，并由于叶片处于紧张状态下，从而使其具有直立的特点。

我国温带草原的主体分布在内蒙古草原，它的东侧分布在东辽河平原和松嫩平原，西侧分布在黄土高原，再向西南是青藏高原，其上分布着高寒草原。根据草原水热条件的差异和植被外貌的特点，可划分为四个类型。

（1）草甸草原。草甸草原是草原群落中最喜湿润的类型，多分布在森林与草原的中间地带。建群种为中旱生植物和广旱生的多年生草本植物，也混有大量的中生植物和旱生植物。它们主要是杂草类，其次是根茎禾草和丛生苔草。常见的优势植物有贝加尔针茅、白羊草、白草、羊草、线叶菊、小尖隐子草、吉尔吉斯针茅等。

（2）干草原（典型草原）。干草原是草原中典型类型，分布于比草甸草原干燥的地区，主要集中分布在内蒙古高原。建群种为旱密丛禾草植物，主要是针茅属植物。草层不太郁闭，旱生结构更加明显，主要属旱生和广旱生植物；中旱杂草类和根茎禾草，丛生苔草等减少；中生植物少见，基本不起作用；旱生小灌木和小半灌木有明显增加。常见的优势植物有大针茅、克氏针茅、本氏针茅、羊茅、冰草、糙隐子草、冷蒿、百里香等。

(3) 荒漠草原。荒漠草原是草原中最旱的类型，建群种由强旱生丛生小禾草组成。经常混生大量强旱生小半灌木，并在群落中形成稳定的优势层片。在一定条件下，强旱生小灌木可成为建种群。一年生植物层片和地衣、藻类层片的作用明显增强。在基质较粗的条件下，草原旱生灌木在群落中也起一定的作用。常见的优势种有戈壁针茅、沙生针茅、石生针茅、短花针茅、女蒿、多根葱等。

(4) 高寒草原。高寒草原是草原中的高寒类型，是在高山和青藏高原寒冷条件下，由非常耐寒的旱生矮草本植物（如小半灌木）为主组成的植物群落，经常混生一些垫状植物。常见的一些优势种植物有紫花针茅、克氏羊茅、硬叶苔草、藏籽蒿等。

上述四类草原，在群落特性、盖度、生物生产力、种的饱和度等方面，均随旱生强度和寒冷程度的增加而减少。

3. 草原生态系统的功能

(1) 草原生态系统具有较高初级净生产力，是地球生态系统能流和物流的重要源头。全世界草原净第一性生产力平均为 500 克/米^2·年左右。水分不足的温带干旱地区，在 100~400 克/米^2·年，亚热带水分充足的草地，可提高到 600~1500 克/米^2·年，新西兰的常绿草地高达 3200 克/米^2·年，是草原生产力的最高纪录。

(2) 草原生态系统中，有着种类丰富的各级消费者，组成了各种不同的食物链，形成复杂的食物网。整个生态系统就像一个工厂，其第一性产品是青草，青草经过加工转化即生产肉、奶、毛皮和其他畜产品，既给人类提供了大量的饲草、饲料，又提供了丰富的畜禽产品。

(3) 牧草还能增加地表植被覆盖度、涵养水分、保持水土、防风固沙。据测定，北方牧场农闲地与庄稼地土壤冲刷比林地和草地大 40~110 倍，在降水较多地区，牧草地保土能力为作物地的 300~800 倍，保水能力是作物地的 1000 倍。

此外，草原或绿地还有改善气候、美化环境的重要作用。由此可见，人类对草原生态系统开垦和利用必须合理，应严格禁止毁草垦荒的现象发生，必要时要退耕还林、还牧。

(三) 海洋生态系统

全球海洋面积约 3.61 亿平方千米，占地球表面 71%，平均深度为 3750 米，已知最大深度为 10 750 米，是生物圈中最大最厚的生态系统。海洋生态系统类型分布，受光亮带中营养物质的影响，以远洋带最大，约占整个海洋的 90%。其余为浅海带即大陆架地区，约占 7.5%，海岸带、上涌带和珊瑚礁共约占 2.5%。

海洋生态系统的生物资源极其丰富。海岸带主要的生产者有红树林、大叶红藻以及绿藻、棕藻和红藻等；消费者中有取食藻类浮游生物的动物，也有肉食性动物。浅海带主要是大陆架，水深常在 200 米左右，主要生产者是浮游植物，与一级消费者一起维持着大量的滤食性动物。上涌带具有最大的海洋生产者，常见的是群生硅藻形成的大胶团和长丝状体，许多滤食性鱼类直接取食这些浮游植物，构成很短的食物链。远洋带包括表层、中层、深层和极深的海底，含有大量的碎屑食物，动物数量最多，食物链最长，可达5~6级，包括生产者到肉食者。典型的食物链是：极小浮游生物→小浮游生物→鱼→大肉食类。

海洋是向人类提供食物和其他产品的宝库，是人类所需要蛋白质的主要来源之一，尤以海岸、浅海、河口的生产力最高。海洋生态系统在调节大气圈的水热运动、大气中氧和CO_2平衡，以及全球范围内物质循环和天气变化等方面起着十分重要的生态作用。因此，海洋的合理开发和利用在经济和生态上都有着十分重要的意义。

(四) 淡水水域生态系统

淡水湖泊和河川约占地球表面的2%，其体积至少为2.04×10^5立方千米。淡水生态系统虽然面积较小，但它们对人类的重要性要比它们的面积大得多。淡水生态系统可以简单地分成静水生态系统（如湖泊）和流水生态系统（如河流）。现分别以湖泊和河流为代表来加以说明。

1. 湖泊生态系统

湖泊是地面上长期积水的内陆洼地，水流很慢，属静水系统。湖水更换率一般为几十年直至上百年（视所处地理环境和湖泊大小而不同）。湖泊的大小不同，小的只几百平方米，大的几千平方千米。深度也不一致，平均深度（全世界）在10米左右。而俄罗斯的贝加尔湖最深处为1741米，拥有11%的地球地表淡水，是最大的液态淡水库。北美洲五大湖区占地面淡水面积的20%。应当指出的是地球上大部分地表淡水以冰川和极地冰雪的形式存在，约25.5×10^6立方千米，比湖泊、江、河总水量还多。

(1) 湖泊的分类。这里采用下列三种分类法对内容丰富的世界湖泊生态系统加以分类。

其一，以不同生产力为基础的，有寡营养性—富营养性系列，此类分类法是以湖泊生产力或肥力为标准而进行的，取决于由区域性排水所汇集的营养物质，湖泊产生的地质年代和湖泊的深度。典型的寡营养（食物少）型湖泊是深的，湖下层比湖上层大，初级生产力低。虽然生物种类多，但沿岸植物稀少，浮游植物密度低。富营养（多食物）型湖泊比较浅，初级生产力较大，沿岸植被较为丰富，浮游植物种群比较稠密，突然激增的现象是常有的。

其二，特殊的湖泊类型，这里仅介绍以下七种类型：①营养不良的湖泊，即水呈褐色，腐殖的和酸沼湖泊。水里通常含有高浓度的腐殖酸，酸沼湖边缘充满泥炭（pH值低）并发展为泥炭酸沼。②具有特殊动物系的深而老的湖泊，如贝加尔湖，是在中生代由地球运动而形成。在384种节肢动物中有98%是本地种；36种鱼类中有82%是本地种，由于它特有的动物区系而常被称为淡水中的“澳大利亚”。③沙漠盐湖，在干旱气候的沉积流域形成，那里的蒸发量超过降水量，因而导致盐分的浓集，如美国犹他州的大盐湖，中国的青海湖，生物种类少，能耐高盐分浓度。④沙漠碱湖，在干旱地区的火成岩流域形成，pH 和碳酸盐浓度高，如美国内华达州的平拉美特湖。⑤火山形成的湖泊，即和活火山相联系的酸性或碱性湖，化学状况特殊，生物种群有限，如日本、菲律宾的某些湖泊。⑥化学分层的、部分混合的湖泊，其和大多数的湖泊上层和下层水周期性的混合的情况不同，有些湖泊受到盐水侵入或其他原因在表水层与底水层之间造成持久的密度差异。在循环水层和非循环水层之间的边缘区有一个“化学变化层”代替温变层，因此，底层水中缺少游离氧和需氧生物，如法国的赫默尔斯多费尔湖。⑦极地湖泊，其表面温度常低于4℃，夏季浮游生物种群迅速增长，经常为度过漫长冬季而贮存脂肪。

其三，人工湖，其特征是水位经常变动，混浊度高，人工湖底栖生生物产量常比天然湖底低。如大型河流被截流成水库，但这会改变原来的生物群落分布。

(2) 湖泊生态系统的组成和结构。

① 生产者：由湖岸向湖心的方向伸入，植物带呈同心圆状分布。依次为：

湿生沼泽植物带（由莎草科植物构成的湿草甸或短期积水的沼泽），挺水植物带（长期积水，植物的根和茎的下部生活在水中，但上部挺出水面，常见的有芦苇、茭白、香蒲和水葱等，形成郁闭的高草群落，群落内浮游藻类和浮游动物也十分丰富），浮叶植物带（随着水深的增加，挺水植物逐渐被睡莲、萍蓬草、浮萍等植物所替代，形成密集的植被，使湖底荫蔽，是各级消费者喜于聚居的地带），浮游植物带（进入深水层，按光照强度和氧气含量分为表水层和深水层两个垂直层次。表水层光照充足、温度高，浮游植物及其他自养生物占优势，包括硅藻、蓝藻、双鞭甲藻等，它们的光合作用旺盛）。

② 消费者：上层主要为浮游动物，如原生动物、轮虫、枝角类或桡足类，以此为饵料，吸引多种鱼类生活在表层，在中部生活着中层鱼类，下部生活着底栖鱼类还有两栖动物等。湖泊中消费者的垂直层次要比水平层次更加明显。湖泊中的还原者为各类土壤或水中的微生物及原生动物等。

(3) 湖泊生态系统的功能。湖泊、沼泽既是灌溉水源，又是分洪的场所，起到调节地球表面淡水循环和平衡的功效。如我国江西的鄱阳湖，湖南湖北的洞庭湖，以及江苏的太湖就是长江中下游的分洪场所。

① 调节气候。据有关资料表明，武昌东湖全湖面 1 米厚水层，每升高或降低温度 1℃，则吸收或放出热量 300 亿千卡，可使武汉上空 100 米厚的气团的气温降低或升高 1℃。因此有人认为，七十年以来，长江中下游地区接连出现了 −15～−20℃ 的极端低温和 40～42℃ 的最高温度，除大气环流变化影响外，湖泊调温作用的削弱也是一个重要因素。

② 湖泊的生产功能。不仅能够提供大量的鲜美的淡水鱼类、蟹类、虾类等水生动物性产品；还能够提供大量的藕、菱角、芦苇等植物性产品；湖泊还是放养鹅鸭及产珍贵毛皮兽类的场所。人工湖泊还往往具备发电功能，可提供大量的电能。

2. 河流生态系统

由于河流生态系统大多是大而不完整的生态系统，且自上游至下游差异很大，尤其是大型河流，情况极其复杂，即使在同一条河流上就有稳流和急流，地上河和地下河之分。因此，将河流作为一个完整的生态系统进行深入研究还很少。

3. 淡水水域生态系统的生态效应

地球上的淡水水域生态系统虽然只占地球表面的2%，但它们的生态意义，对人类的重要性，要比它们的面积大得多。

淡水水域是人类生活和工农业生产最廉价的水源，是淡水贮存库。

在地球生物圈的水分循环中，淡水成分起着“关键环节”的重要作用。它既是维系生物体生命活动的基本物质，是原生质中丰富的基质，也是各类营养物质的介质或载体。

淡水生态系统还有调节气候、排除污染、净化环境等功能。

(五) 农田生态系统

农田生态系统是以农田为基础，由作物为主体的生物成分和以土壤、水分、空气、光热等为主体的非生物成分所组成，发展农业生产为目的人工控制的陆地生态系统。

1. 农田生态系统的组成

农田生态系统的组成成分包括人工生物、生态环境、人工控制等系统。

(1) 人工生物系统。各类作物、绿肥、牧草、人工林木、人工有意识放养于农田的动物。

(2) 生态环境系统。土壤环境（类型、质地、肥力、酸碱度、含盐量）、太阳辐射和人气环境（降水、温度、光照、时间、风、霜冻）、生物环境（农田杂草、病虫害、有益及有害鸟兽）、地质地理环境（地貌、地形、地面水和地下水）。

(3) 人工控制系统。农田水利工程、农田林网工程、设施农业工程（包括保护地、温室、薄膜覆盖、喷灌与滴灌）、农业政策、技术经济水平等。

2. 农田生态系统的结构

农田生态系统的结构从本质上来说，主要是指在一定的环境条件下人们可以有效地控制和建造的农田生物的群落结构和种群结构。前者主要是指农田生物（包括作物、果树、人工林及放养的某些动物）不同物种的合理布局和搭配，用种际效应（互补、互防、相生、相克）来提高农田生态系统的生产力；后者主要研究在同一作物种群内部，由群体密度、叶的方向、叶面积的大小及其分布、叶片的空间配置状态以及同化系统和非同化系统比率等的不同，对光能利用率的影响。因此，农田生态系统的结构不仅具有空间特性，而且具有时间特性，现分别介绍如下。

(1) 平面结构。农田生态系统的平面结构是指在一定的生态区域内，各作物种群和生态类型所占面积的比例与分布的特征。农田生态系统的平面结构和农业生态系统中农、林、牧、副、渔“五业”结构相对应，属于农业生态系统结构的头一个层次，是转化太阳

能的基础。农、林、牧、副、渔应该说是一个广泛的行政概念，对应于农田来说应当是“农、林、水、草”。因为畜牧业依靠农林草来提供饲料和饲草，渔业依附“水”面的多少及其利用程度，而“副”在这里主要是指对农牧渔产品的加工、转化、升值。由此可见，平面结构是农田生态系统的主体，实行平面结构控制就是对整个农业生态系统实行宏观控制。

（2）垂直结构。农田生态系统的垂直结构（立体结构）是指农田中各作物种群在垂直空间（即立面）上的组合分布状况，它不仅包括地上空间，也包括地下空间。其含义是把同一种或不同种类的种群组合成“有机的群体”“复合群体”，利用种际间的相互效应来更大限度地利用自然资源，包括地上资源和地下资源，实现系统的高功能。典型的垂直结构有以下几种。

① 1-1 型结构。这种结构的种群单纯，地上部分和地下部分均分布在同一个层次内。平播单一作物，纯种果园和经济林木等都属于这个类型。其优点是种群单一而集中，适于机械化作业，管理方便。缺点是资源利用层薄，利用系数为 1。

② 1-2 型结构。复合群体的地上部分基本上处于同一层次内，地下部分分布在不同层次，扩大了群体的土壤利用层。像谷子 X 豆子、麦子 X 豆类等。和 1-1 型相比，土壤层的利用系数为 2，利用比较充分，但地上部分仍处于同一层次内，因而对地上资源利用尚不充分。

③ 2-1 型结构。地上部分高矮秆结合，地下部分分布在同一个层次内。其优点是地上部分对光、热、水、气等资源利用比较充分，而对土壤水分和养分的利用不够理想。像玉米 X 豆类、棉花 X 芝麻均属于这种类型。

④ 2-2 型结构。地上高矮秆，地下深浅根相结合。地上和地下部分均不在一个层次内，使两个利用层的利用系数都大于 1。这种结构多为林粮间作、果粮间作或果油（经）间作等。这种结构类型，如果安排得当，生产效率高，抗逆能力强，是个比较理想的垂直结构类型。

⑤ 3-2 型结构。这一结构与 2-2 型基本相同，只是地上部分植物和高矮秆作物搭配，组合成三层群体，多在桐、粮间作和枣、粮间作中。其特点是地上利用层次更厚，生物产量更高，尤其在环境恶劣的地区，更应提倡。

⑥ 特殊型结构。除上述五种典型结构以外，还有一些特殊类型，如稻鱼结构、稻萍结构、基塘结构（桑基鱼塘）、果菇结构等。

（3）时间结构。农田生态系统的时间结构是指农田生物群落的各个种群在时间上的组合和安排。研究时间结构的目的就是通过时间结构工程的机能和设计，使作物的生物学生长规律和环境的自然节律最大限度地保持同步协调一致，以提高系统的综合效益。农田生态系统时间结构的主要类型有如下几种。

① 种群嵌合型。根据作物的生物学特点，选择不同的播种期，将两个种群套嵌在一

起所形成的一种结构类型。如冬小麦套播玉米、冬小麦套播花生、玉米套播绿肥等。

② 种群密集型。就是把种群的幼年阶段用较小的面积集中培育，即育苗。把整个作物生长期分成两个阶段：幼苗生长期和生长发育期。其优点是，使生产场地的有限生长期能得到充分的最大限度的利用，尤其是早春，采用小面积育苗争取了生长时间。

③ 设施型。它是利用人工设施改变 1~2 个限制因素，使农田生态系统的物质能量转换时间延长，提高系统的产出。这种结构工程的类型很多，如温室育苗，温室或塑料大棚栽培等。

④ 自然“适应”型。就是利用播种期的调整，使作物的生长规律和自然环境节律相统一，达到巧妙利用自然的目的。

（4）食物链结构。食物链结构单纯，是人工控制的农田生态系统的特点。可在这个简单的食物链上引入新的环节来加强对农副产品的转化和利用，生产出更多的二、三级产品供人类利用。农田生态系统食物链加环一般有以下几种类型。

其一，生产环。用非经济产品或部分非经济产品直接生产出经济产品的食物链环节，称其为生产环。其包括高效生产环和一般生产环。

高效生产环：上一级生物产品不是人类需要的或暂不能直接利用的，经过新环转化后可变成经济产品。如将蜜蜂引进农田，用花粉生产蜂王浆、蜂蜜等产品。

一般生产环：上一级生物产品是人类可以利用或大部分可以利用的，包括部分可食用产品的生物资源，转化成高价值和高能量的产品，如在农田中引入牛、羊、鸡等畜禽，生产肉、奶、蛋等产品。

其二，增益环。这种食物链环节引进农田生态系统后直接形成的产品，不能或暂不能为人类所利用，但它可增加生产环的效益。如用残渣等养蚯蚓，再用蚯蚓养鸡。一般说增益主要是利用残渣中的营养成分生产高蛋白饲料。同时，它对有机质分解，土壤熟化都有着非常重要的作用。

其三，减耗环。此环加入系统后可以减少或抑制系统中耗损环的作用。在农田生态系统中，一切对本系统不利的食物链环节可称为耗损环，如害虫、害兽、杂草等对作物的危害。人类可以采取加入减耗环来较好地解决这个问题，如人工养殖赤眼蜂、瓢虫用以消灭棉铃虫就是很好的一例。

其四，复合环。凡增添的食物链环具有两种或两种以上的功能，称之为复合环。如稻田养鸭，既消灭了稻田的害虫和杂草，具有减耗环的作用，又增加了肉蛋产品，有生产环的作用。

3. 农田生态系统的功能

农田生态系统的基本功能：作物通过光合作用，将无机营养物质转变成有机物，将太阳光能转化成生物化学潜能，为人类的生活和农业生产活动提供了基本的物源和能源，加速了整个地球生态系统物流和能流的进程。农田生态系统除了能够给人类提供大量的物质和能量以外，由于它的复杂的生物组成，还具有以下生态效益。

(1) 和森林、草原生态系统相比，农田生态系统的净生产力最高，可亩产吨粮。生产的产品由于人工控制的结果，最适合人类的需要。

农作物的秸秆、根系、饼粕等，经用作饲料、沼气原料和食用菌培养基料后还田，是很好的有机肥料，可以显著提高农田肥力，改善土壤的理化性质。

(2) 山区的梯田、台田等在种植农作物后，有良好的水土保持效益。平整深翻的“海绵田”有蓄水保墒的作用。

(3) 作物及其种植方式以及农田防护林网的合理布局对农田小气候有很大影响，同时对改善周围环境也有一定的作用。

(4) 农田生态系统对环境有较强的净化作用，尤其是土壤微生物的净化能力较强。一公顷干燥土壤中微生物的分解净化能力，相当于一个400立方米的活性炭净化站曝气池的处理水平，酚、氰和硫磷等在土壤中只要几天就可以完全分解净化，失去毒性。

(六) 城市生态系统

与农村相比，城市是人口、物资的高度密集，环境改变十分激烈的人工生态系统。人是城市生态系统的生产者和控制者，在系统中占有特殊的地位。由于以人的生产和生活活动为核心，城市在原自然生态系统的基础上，增加了社会和经济两个子系统，称其社会—经济—自然复合系统。

1. 城市生态系统的组成和结构

城市生态系统是由自然、经济、社会三个亚系统所组成（图5-19），自然亚系统是基础，经济亚系统是命脉，社会亚系统是主导。它们相辅相成、相生相克，导致了城市这个复合体的复杂运动。

(1) 自然生态亚系统。城市的有形部分称为自然生态亚系统，以生物结构及物理结构为主线，包括植物、动物、微生物、人工设施（房屋、道路、管线）和自然环境（土地、水域、大气、气候、景观）等。它以生物与环境的协同共生及环境对城市活动的支持、容纳、缓冲及净化为特征。

(2) 社会生态亚系统。城市的核心是人，城市人口的数量和职业结构决定了城市的规律和性质。社会生态系统主要由人口组成。

(3) 经济生态亚系统。城市生态系统和自然生态系统本质的区别是城市活跃的经济、政治生活和高密度的物质、信息生产过程。它们是城市的命脉和支柱，是联系上述两个系统的经络和桥梁，一般由物资生产、信息生产、流通服务及行政管理等职能部门组成。各种产业比例的大小决定了城市的性质。

- 城市生态系统
  - 自然生态亚系统
    - 物理结构
      - 自然环境
        - 地貌
        - 气候
        - 土壤、水文
        - 大气
      - 近郊支持圈
      - 人工环境
        - 生产设施
        - 生活设施
    - 生物结构
      - 城市动物
      - 城市植物（调节气候、净化空气、改善环境、怡神悦目，维持生态平衡）
      - 城市微生物
  - 社会生态亚系统
    - 人口组成
      - 基本人口
      - 服务人口
      - 被抚养人口
      - 流动人口
    - 人口结构
      - 年龄结构
        - 托儿组（0~3 岁）幼儿组（4~6 岁）
        - 小学组（7~11，12 岁）中学组（12~16 岁）（13~18 岁）
        - 成年组（男 17 或 19~60 岁，女 17 或 19~55 岁）
        - 老年组（男 61 以上，女 56 以上）
      - 性别结构
      - 智力结构
      - 职业结构
  - 经济生态亚系统
    - 物资生产部门——工业、农业、建筑业等
    - 信息生产部门——科技、教育、文艺、宣传、出版等
    - 流通服务部门——金融、保险、交通、通讯、商业、物质供应，旅游服务等
    - 行政管理部门——党政工团、公检法等职能部门

图 5-19　城市生态系统的组成和简单结构

2. 城市生态系统的功能

城市生态系统的功能概括起来有以下三个方面。

（1）生产功能。为社会提供丰富的物质和信息产品。城市的生命力就在于生产，有目的地组织生产和追求最大的产量和产值是区别于自然生态系统的显著标志之一。其特点是：空间利用率高，能流、物流高强度密集，系统输入、输出量大；主要消耗不可再生性能源，且利用率低，系统的总生产量和自我消耗量之比大于 1；“食物链”呈线状而不是网状，系统对外界的依赖性较大。

城市生产可分为以下几种。

初级生产：包括农、林、畜牧、水产及采矿等直接从自然界生产或开发农副产品及工

业原料的生产过程。

次级生产：包括制造、加工、建筑等行业，它们将初级生产品加工成半成品、成品以及机器、设备、厂房等扩大再生产的基本设施和为居民生活服务的食品、衣物、用品、住宅、交通工具等。

流通服务：金融、保险、医药卫生、商业、服务业、交通、通讯、旅游业及行政管理等流通服务行业构成了城市生态系统的第三产业。它们保证和促进城市生态系统物流、能流、信息流、人口流、货币流的正常运行。

信息生产：科技、文化、艺术、教育、新闻、出版等部门为城市生产信息、培训人才，这是人类社会区别于动物社会和自然界的最大特征之一，也是城市生产不同于乡村生产的主要部分。

（2）生活功能。生活功能正常与否决定了一个城市吸引力的大小和城市发展水平。生活功能应以能否满足城市居民以下几方面的需求为标准：基本需求，即衣、食、住、行等基本生活条件；发展需求，生活消费品从低档向高档的发展趋势，日益增长的文化、信息、精神追求，家务劳动的社会化，闲暇时间增加，活动空间扩展等需求。

（3）还原功能。城市有限空间和高强度的生产及生活活动从根本上改变了本地的地质、水文、气候、动植物区系及大气等的原来状况，破坏了原生态系统的自然平衡。要使城市和外界环境协调一致，保持区域自然生态的平衡和稳定，确保城市生产和生活活动的正常进行，城市一方面必须具备消除和缓冲自身发展给自然造成不良影响的能力；另一方面在自然界发生不良变化时，又能较好地抵御这种变化所带来的不利影响和尽快使其复原。这是由城市生态系统的还原功能来完成的。城市的还原功能包括自然净化功能（水体自净功能、大气扩散功能、土地处理功能等）和人工调节功能。城市的自然净化功能是脆弱的、有限的，多数还原功能要靠人去创造和调节，包括城市绿地规划、城市建设规划、城市环境保护、城市卫生及防灾保安等。

本章同步训练

一、选择题

1. 如右图所示，在快速旋转的轮子边缘放置四粒萌发种子，请判断其根、茎的生长方向将是（　　）

A. 根向外，茎向圆心

B. 根向圆心，茎向外

C. 根、茎均向外

D. 根、茎均向圆心

2. 角鮟鱇生活在深海区，其雄性个体很小，寄存在雌性个体头部或体侧，从雌鱼血液中吸收养料，这种现象在生物学上称为（　）

A. 寄生　　B. 种内互助

C. 共生　　D. 种内斗争

3. 在由草、兔、狐组成的一条食物链中，兔经同化作用所获得的能量，其去向不应该包括（　）

A. 通过兔呼吸作用释放的能量　　B. 通过兔的粪便流入到分解者体内

C. 通过狐的粪便流人到分解者体内　　D. 流入到狐的体内

4. 紫茎泽兰具有生长迅速、繁殖力强、光合效率高、能产生毒素抑制其他植物的生长、毒害动物等许多特点。试判断引入紫茎泽兰后对生态系统的影响（　）

A. 增加生态系统中物种的多样性　　B. 提高生态系统中能量的传递效率

C. 改变其他物种的生活习惯　　D. 改变生态系统的营养结构

5. 某生态农场将养猪、养鱼、沼气工程、养鸭、养蚯蚓、养蘑菇和种植果树等生长过程合理地组合在一起，形成一个循环系统。下列相关说法错误的是（　）

A. 沼气池中生物的异化作用类型随时间变化的顺序依次是需氧型、兼性厌氧型、厌氧型

B. 从生态学角度看，人与畜禽的关系只是捕食关系

C. 农场内各种农产品的生产互相协调、互惠互利实现了对能量和物质的多级利用

D. 果园内以猪粪、鸡粪为饵料养殖的蚯蚓能改良土壤，在该生态系统中属于分解者

6. 生物的多样性是人类赖以生存和发展的基础，苍蝇能垂直起落和急速改变方向，这是由于苍蝇的后翅演变成一对哑铃形的平衡棒。科学家根据平衡棒的导航原理，研制成了新型导航仪。这属于生物多样性的（　）

A. 间接使用价值　　B. 直接使用价值

C. 潜在使用价值　　D. 生态价值

7. 下图甲为自然界碳循环示意图，乙为生态系统稳定性图解，则与乙图中横坐标密切相关的是甲图中的哪些标号（　）

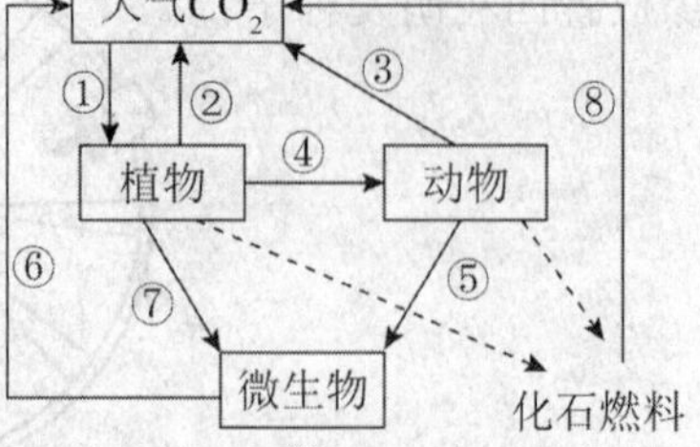

甲

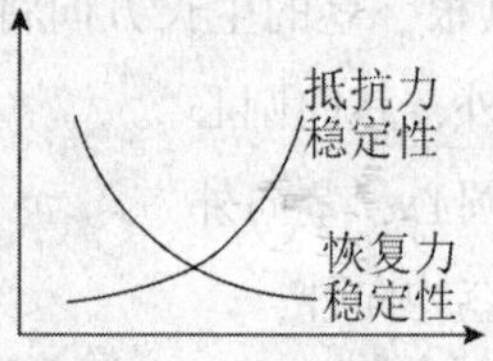

乙

A. ②③　　B. ⑤⑦　　C. ⑥　　D. ④

8. 在实验室里有一个封闭的生态球，已经维持了一年多，各类生物一直生活的良好，后来仅仅移动了一下位置，结果生物全部死亡。它原来是放在（　　）

A. 冰箱冷藏室里　　B. 药品厨旁

C. 窗台上　　D. 恒温培养箱里

9. 在下图中，每个字母代表食物网中的一种生物，箭头表示能量流动方向。则最可能表示人和含能量最多的生物分别是（　　）

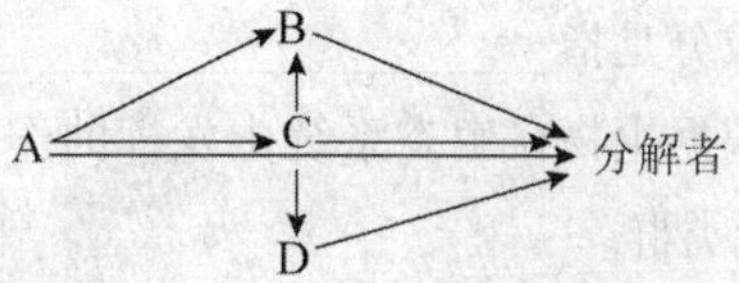

A. A 和分解者　　B. B 和分解者

C. B 和 C　　D. B 和 A

10. 下图所示成分可构成一个（　　）

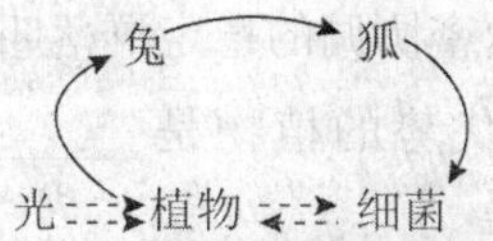

A. 食物网　　B. 捕食

C. 种间关系　　D. 生态系统

11. 人们常用金字塔来说明生态系统中哪两者之间的关系（　　）

A. 能量和营养级　　B. 个体大小与营养级

C. 个体大小与个体数量　　D. 个体数量与生物类型

12. 棉红铃虫是棉田害虫，它在蛹期生活在茧内。金小蜂将卵产在茧内的蛹体中，金小蜂幼虫以蛹体为食。以上事实揭示的生物现象是（　　）

①共生；②寄生；③捕食；④种内斗争；⑤种间斗争；⑥适应的相对性

A. ①⑤⑥　　B. ①③⑤

C. ②④③　　D. ②⑤③

13. 生态平衡失调在功能上的重要标志是（　　）

A. 生态组分出现缺损　　B. 生物种类和数量比例变化

C. 群落垂直分层结构减少　　D. 能流受阻和物质流中断

14. 在生态系统中，全部初级消费者所消耗的能量比全部次级消费者所消耗的能量（　　）

A. 多　　B. 少

C. 相等　　D. 大约相等

15. 在一个湖泊的水中，什么情况下氧的浓度最高（　　）

A. 夜间、有污染　　B. 夜间、无污染

C. 白天、有污染　　D. 白天、无污染

16. 在一个生态系统中，生产者要能保护自己，在它的环境中必须存在（　　）

A. 肉食动物　　B. 草食动物

C. 分解者　　D. 寄生生物

二、填空题

1. 生态系统的两大组成成分是指________、________。

2. 生态系统的四种基本成分是指________、________、________、________。

3. 生态系统的生物成分根据生物在生态系统中发挥的作用和地位而划分为________、________、________三大功能类群。

4. 生态系统的三大功能是________、________、________。

5. 大气中 CO_2 的来源有________、________、________。

6. 在生态系统中，物质循环始终与________结合在一起进行。

7. 群落演替最后达到和环境紧密协调的稳定群落叫________。

8. 热带雨林的生活，占绝对优势的植物是________；极地苔原的生活型谱中，以________植物为主。

三、简答题

1. 简述生物群落的基本特征。

2. 简述影响群落结构的因素。

3. 简述群落演替的主要特征。

4. 生物群落的演替有哪些类型。

5. 简述荒漠植物的特征。

四、论述题

1. 试述生物多样性的含义与测定指标。

2. 下图为某地积极发展畜禽养殖和栽桑养蚕两大支柱产业。优化生态环境，实现资源的最大化利用。

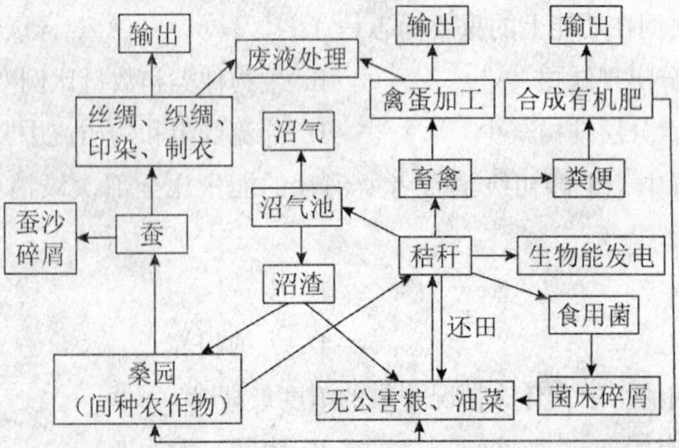

试述该生态工程所遵循的基本原理；与传统农业生态系统相比，该生态系统提高经济效益的原因；根据该生态工程地处水乡这一资源优势，就该生态系统提出一条合理化建议。

参考答案

第六章　应用生态学

学习目标及要求

1. 了解当前主要的全球生态问题。
2. 了解可持续发展及生态农业的含义。

应用生态学属于生态学的分支学科，是结合动植物生产、医学、太空旅行、资源和环境管理等实践需要，来研究应用过程中的生态学原理和方法。由于人类对开发生物资源、管理生物环境、发展医学等的更广泛和深入的实际需要，生态学的应用价值显得越来越高，着重从应用需要来研究生态学的领域也不断被开拓。例如，农田生态学、林学、野生动物管理学、污染生态学、流行病学、环境卫生学、放射生态学、太空旅行生态学等，都属于或可以看作是应用生态学的研究领域。

基础知识复习

第一节　全球生态问题

一、全球气候变化

（一）全球气候变化的现状

在自然界中，任何物体只要其温度在绝对零度以上，就会有热辐射而散失热量。同时，不同温度的物体辐射波长是不同的，温度越高，辐射波长越短。太阳表面温度约为6000K，辐射的最强波段为可见光部分，地球表面温度为288K，辐射最强波段为红外部分。一般将前者称为太阳波辐射或短波辐射，后者称为红外辐射或长波辐射。

大部分太阳短波辐射可以通过大气层到达地面，使地球表面温度升高，与此同时，大气能强烈地吸收地面放出的长波辐射，仅散失少量热辐射到宇宙空间中去。由于大气吸收热量多，散失少，使地球气温升高，形成了大气的“温室效应”。随着气温的升高和地面长波辐射的增强，散失到宇宙空间去的热量也随之增多。最终，地球接受到的太阳辐射热量和地球散失的长波辐射热量会达到平衡，形成地球上的平衡温度。

大气由许多气体组成，其中，氮、氧占了总体积的99%，但主要影响温室效应的却是众多的微量气体，这些气体可以让太阳短波辐射自由通过，同时吸收地面发生的长波辐射，因此，当它们在大气中的浓度增加时，就会加剧“温室效应”，引起地球表面和大气层下沿温度升高。这些气体就被称为“温室气体”。它们主要有二氧化碳、臭氧、甲烷、氟利昂、一氧化氮等。

引起气温变化的因子是多方面的，可分为自然因子和人为因子。自然因子包括太阳活动、陆地形态变化（如火山爆发）、地表反照率变化（如冰雪层、沙漠地、植被覆盖区和水面地表等反照率有明显差异）等；人为因子指人类社会活动对气候的影响，如城市化、森林砍伐、过度放牧、土地不合理利用，以及由于工业化引起的大气中二氧化碳和其他微量气体浓度的变化等。气候变化本身又可分为长期气候变化和短期气候变化。自然因子在短期内的变化是不显著的，而人为因子如二氧化碳和其他微量气体浓度的持续增加，会对短期气候尤其是区域性气候变化带来较显著的影响。

目前，国际社会所讨论的气候变化问题，主要是指温室气体增加产生的气候变暖问题。从长期气候数据比较来看，在温室和二氧化碳之间存在显著的相关关系，在未来的气候变化中，二氧化碳的贡献率仍然很大。在过去的一个世纪里，全球表面平均温度已经上升了0.3~0.6℃，全球海平面上升了10~25cm。许多学者的预测表明，到21世纪中叶，世界能源消费的格局若不发生根本性变化，大气中的二氧化碳的浓度将达到560 μg/g，地球平均温度将有较大幅度的增加。

(二) 温室效应

全球范围的持续的气候异常，各地的表现不同，但全球的气候变暖是共同的，这就是全世界备受关注的“温室效应”。

一般说来，对地球气候造成影响的因素是多方面的、复杂的，包括天文、地理，如太阳黑子的影响，海洋的调节，生物圈的作用等。但多方面的研究都证实了温室效应的增强是气候变化的一个重要因素。

大气中的温室效应早已存在，适当的温室效应是需要的。但是随着人类社会的发展，对能源等资源的过度开发和利用，温室气体的排放量迅速增加（表6-1），破坏了地球与外界空间原有的热量平衡，温室效应加剧，给全球的气候造成一系列影响。

全球生态环境问题所说的“温室效应”是指大气中温室气体过度增加导致温室效应的加剧。从表6-1中可以看到，这些温室气体的浓度由于人类的活动在近年都增加很快。

表 6-1 主要的温室气体及浓度

气体名称	在大气中浓度（ppm）	
	1750 年前	现在
二氧化碳（CO_2）	280	350
甲烷（CH_4）	0.7	1.65
氟利昂（CFC）	0	
臭氧（O_3）		0.2~10
一氧化二氮（N_2O）		0.37（2030 年）
一氧化碳（CO）		0.12

各种温室气体对大气增温的作用是不同的。其中对温室效应增强贡献最大的起主导作用的是二氧化碳，它原来只占大气体积的0.03%，工业革命后，浓度增加了25%，并且每年以0.4%的速度上升。大气中二氧化碳增加的主要原因：一是人类在生产中大量破坏了植被使绿色植物固定二氧化碳的数量大大减少；二是人类对石化的能源的开发利用速度的迅速提高，燃烧量不断增加等。

（三）全球变暖对生态系统的影响

那么，究竟温室效应会有什么威胁呢？

（1）全球变暖和气候异常。温室效应最直接的后果就是全球变暖和气候异常，这在前面已有论述。

（2）海平面上升。随着气温变暖，海水会增温，全球海水每增温华氏 1 度，海平面上升 10~15 厘米。近 50 年中，全球海平面每年升高 0.245 厘米。南北两极冰雪的融化加速了海平面的上升。如果上升 2 米以上，沿海的大城市伦敦、纽约、威尼斯、东京、曼谷、新加坡、雅加达、上海、天津、香港、台北、里约热内卢等都会消失。岛国马尔代夫也将不复存在。沿海是高生产力分布区，人类历经数百年建设的经济发达地区，也将消失殆尽。如果南北两极的大冰块融化消失，海平面将猛升 76 米，那时候，地球大片的土地将被淹没，90%的人口将消失……后果不堪设想！

（3）降水带北移。纬度相差 1 度（相距 110 千米）温度平均相差 0.7℃，如果全球平均温度升高 3.5℃，等于温度带要向北移 5 个纬度。冰岛的温度就会与目前英国的温度差不多，芬兰的温度与现在的法国的温度相当，中国郑州、徐州一带的温度与目前的武汉、杭州的温度相似。温度带北移，降水带也会相应改变，美国的粮食产地可能会变成干旱地区，农作物地区可能会移到加拿大和西伯利亚，中国三北地区缺水现象也许会缓和。有专家推测，随着全球降水带的移动，世界森林面积还会减少，荒漠还将扩大，草原还会增加，还会产生一系列环境问题的连锁反应。

（4）自然灾害增加而且更严重。温室效应由于引起大气环流的变化使地球的气候带移动和降雨带的变化，导致水、旱、风、虫等自然灾害频繁和加重。如飓风、台风、暴雨曾使孟加拉一夜间死亡13万人，巴基斯坦一次死亡了20多万人。

（5）疾病和瘟疫增加。气候变暖，病菌繁殖速度加快，再加水旱灾害等，都会导致疾病和瘟疫的流行。如疟疾、霍乱、脑膜炎、黄热病、鼠疫等都有发生。如1991年在拉美流行的霍乱，有50万人被传染，死亡5000多人；1994年，印度因鼠疫损失20亿美元；1995年美洲14万人感染了登革热病，有4000多人因此丧生。仅1995年，全世界有1730多万人被各种传染病夺走了生命。害虫也会因温度适宜而多繁殖1~3代，从而使农作物大面积减产，人类大规模饥荒。

（6）物种灭绝加速。地球气候的异常变化，使生物来不及适应环境的变化而无法生存，加速了物种的灭绝。

（7）给人类造成巨大的损失。温室效应给人类造成多方面的损失之巨，很难估量。

为此，几乎每年全球都召开有关的研讨大会，发表公约遏止温室气体的排放。如1992年在巴西里约热内卢召开的有180多个国家参加的环境与发展大会，通过了对付气候变化的《气候变化框架公约》，有150多个国家的代表签字承诺减少温室气体的排放。2015年在法国巴黎《联合国气候变化框架公约》近200个缔约方通过了新的全球气候协议，协定为2020年后全球应对气候变化行动做出安排。

（四）厄尔尼诺现象

厄尔尼诺现象是指赤道中东太平洋海水大范围的显著增暖现象。过去厄尔尼诺作为秘鲁海域的一股暖海流每隔几年出现一次，并没有引起科学家们的注意。但近年来大范围海水的显著增暖现象引起全球大范围的气候异常，导致局部地区干旱洪涝和其他自然灾害的发生，造成了较大的经济损失。因此，厄尔尼诺现象也成为全球的灾害之一被广泛关注。

厄尔尼诺现象是地球温室效应增加的直接结果。本来浩瀚的大海是地球温度和湿度的调节器，向大气不断地提供热量。1立方厘米的海水每升高1℃，可使3000立方厘米的空气升高6℃。赤道的暖流，可以直接影响大气环流，进而影响全球气候的变化。2002年6月中旬，赤道东太平洋最大暖中心的海水表面温度比正常年份高2℃。全球的气温增暖不但使大气环流发生了改变，而且使海水温度升高，厄尔尼诺现象频发。突出的表现是全球的气候变得令人不可思议，往年凉爽的地区却骄阳似火；本该温暖如春的季节却突然降雪；雨季滴雨不下，旱季里却洪水泛滥。

二、资源问题

（一）水资源问题

水是自然资源的重要组成部分，是所有生物的结构组成和生命活动的主要物质基础。从全球范围讲，水是连接所有生态系统的纽带，自然生态系统既能控制水的流动又能不断促使水的净化和反复循环。因此水在自然环境中，对于生物和人类的生存来说具有决定性的意义。我国水资源总量虽然较多，但人均量并不丰富。水资源的特点是地区分布不均，水地资源组合不平衡；年内分配集中，年际变化大；连丰连枯年份比较突出；河流的泥沙淤积严重。这些特点造成了我国容易发生水旱灾害，水的供需产生矛盾，这也决定了我国对水资源的开发利用、江河整治的任务十分艰巨。

据调查，我国有测试数据的874条河流中，有141条河流，近2万千米的河段受到严重污染；全国27条主河流中有15条受到比较严重的污染。据统计，全面鱼虾绝迹的河长达2400千米，湖泊数量在30年间减少了543个，并且部分湖泊富营养化严重，每年由于水生态环境系统破坏，造成淡水鱼损失达8万吨。随着人口增长和经济的发展，如果不采取进一步措施，排入江河湖泊的污染物将进一步增加，这会降低水资源的利用，加重水资源短缺，因此，要重视水资源的保护和利用。

（二）生物资源问题

生物资源是自然环境的有机组成部分，具有再生的性质，能够根据自身的遗传特点不断繁殖后代，以更新种群、延续种族。但是任何生物的繁殖必须满足其必要的条件，人们要永续利用生物资源，必须保护生物及其再生条件，如果采取掠夺式的过度索取，资源将会受到破坏，甚至难以恢复。

因此，要利用必须保护，保护是为了更合理的利用。

可以说人类生活的一切需要，包括衣、食、住、行等都离不开生物资源。另外，生物资源还提供多种工业原料，药用生物资源与人类卫生保健事业有密切的关系。

生物资源除直接和人类生活以及生产建设有关以外，在保持生存环境的稳定、维护自然生态平衡中起着重要的作用。例如，森林在维护人类的生存环境和改善陆地的气候条件上起着重大而不可取代的作用。具体地说，森林的生态效益有涵养水源、保持水土、防风固沙、保护农田、净化大气、防治污染等。毫不夸张地说，森林的生态效益（或称环保价值）大大超过它的直接产品的价值。据统计，日本有森林25万平方千米，森林覆盖率占国土面积的68%。在一年内贮存水量为2300亿吨，防止土壤流失量57亿立方米，林内栖息鸟类有8100万只，森林提供氧气5200万吨。

由于多种原因，世界各地生物的栖息环境受到破坏，生物物种明显减少，因而引起国际社会的普遍关注。由国际与自然资源保护同盟、联合国环境规划署和世界野生生物基金会等组织编写出版的《世界自然资源保护大纲》，明确提出保护生物多样性的任务。

生物多样性包括物种多样性、遗传多样性和生态系统多样性。生物多样性是种内遗传多样性和物种多样性的复合体系，它们包括数以百万计的动物、植物、微生物物种和它们所拥有的基因，是人类赖以生存和发展的各种生命资源的总汇，是未来农业、医学和工业发展的生命资源基础。有鉴于此，保护生物多样性的问题受到我国政府的重视，并建立了相应的组织，编写出版了《中国自然保护纲要》。并积极参与国际合作，履行国际公约，推动了自然保护事业的发展。

在我国，生态资源问题主要体现在以下几个方面。

1. 森林资源

我国森林面积为 13370×10^4 hm^2，覆盖率为 13.92%，森林类型众多，拥有各类针叶林、针阔叶混交林、落叶阔叶林、常绿阔叶林和热带林，以及它们的各种次生类型。在各类型的森林中，栖息着丰富多样的野生动物。据统计，我国有哺乳类动物 581 种，鸟类 1244 种，两栖类 284 种，爬行类 376 种，它们大部分栖息在森林中或林缘。这些动物中，许多为我国特有或主要分布在我国，如全世界有雉类 276 种，我国就有 56 种，占 20%，其中 19 种为我国所特有。其他如大熊猫、金丝猴、白唇鹿、羚羊、毛冠鹿等动物也为我国所特有。但是我国的森林生物多样性也正在受到各种威胁，这主要是由于毁林开荒、森林火灾、森林病虫害以及环境污染所造成的酸雨危害等诸多因素造成的。同时，栖息地碎裂化也直接影响森林野生动物的生存。例如，栖息地分离、破碎，将大熊猫种群分离切割成二十多个亚群体，造成大熊猫近亲繁殖，致使遗传狭窄，种群面临直接威胁。非法猎捕野生动物，药材和经济作物的过度采集也是森林多样性受到威胁的重要原因。

2. 草原的利用

我国草原面积约 3.2×10^8 hm^2，约为现有耕地面积的 3 倍，在各类土地资源中占首位。根据地貌、水热条件和植被类型的区域差异，我国草原的基本生态类型可划分为：草甸草原类、干旱草原类、山地草丛类、荒漠草原类、疏林草原类、灌丛草原类、沼泽草甸类等。各种天然草地类型都具有独特的自然景观和动、植物区系。我国草原的不合理开发和利用，已经对野生动植物的栖息地构成了严重威胁。这些不合理开发和利用包括森林植被的破坏、干旱草原过渡地带的盲目开荒、草原的超载放牧等。由此导致草原质量下降、草地退化和沙化。处于农牧交错区的生态脆弱带，问题尤其突出。

3. 湿地动物的保护

我国湿地动物种类极为丰富，湿地生物中包括许多濒危、珍贵和稀有、特有物种。如胭脂鱼、丹顶鹤、赤颈鹤、扬子鳄等都属珍稀濒危种。湿地高等植物中高度濒危种类约 100 种，如水松，现只零星分布在广东、广西、福建等省。红树是一种特殊的沿海湿地植物，我国红树林生态系统已受到严重破坏，现存不足 2×10^4 hm^2。湿地是生态系统的一个重要组成部分，在保持生态平衡方面具有不可替代的作用。由于湿地集土地资源、生物资源、水资源、矿产资源和旅游资源于一体，在长期人类活动影响下，湿地被不断围垦、污染和淤积，面积日益缩小，物种减少，已遭到不同程度的破坏。

（三）能源问题

能源是人类社会发展经济和提高人民生活水平的重要物质基础，是实现工农业现代化的前提条件。

1. 能源资源的危机

能源资源可分为不可再生能源和可再生能源两大类。

不可再生能源一般包括煤、石油、天然气、铀等化石燃料，其含量在地壳中是一定的。按目前世界能源消费水平来计算，这些能源最多可供开采几十年至几百年。

煤是被广泛利用的能源，占不可再生能源储量中的最大部分。预计对煤的开采到2150年前后将会达到高峰。其储量按照目前的开采水平，仅够开采200~300年。石油使用的速度已经接近顶峰，80%的石油将在今后60年左右被开采完。天然气的储量也仅够开采几十年。核能自1954年世界上第一座核电站在苏联投产后，成为世界能源中的新成员。

可再生能源包括生物质能、水电（能）、风能、太阳能等，其中最重要的是生物质能和水电的开发和利用。可再生能源虽然可以通过环境不断地取得，但如果保护和开发不合理，仍然可以变成不可再生能源，也就是说，再生性是有限度而且是有条件的。

生物质能包括木柴、树叶、秸秆、草、牧畜粪便等及其加工后的产物如木炭、沼气、乙醇等。生物燃料是发展中国家非常重要的能源，平均占基本能源的35%，世界贫穷国家，木材占其能源总消费的70%以上。正是这些国家过量使用木柴这种能源，造成森林资源的破坏，造成大量的CO_2排入大气层，增加了地球的温室效应。

水电是一种经济、干净、可再生的资源，不会产生对环境的污染。但是水电的发展离不开修建水库。到目前为止，水库的修建都付出了巨大的环境代价，干扰和破坏了自然生态系统，淹没森林、农田，影响人类和野生动物的活动，改变小气候。如果灌溉、控制洪水、发电、防止土壤侵蚀、水土保持等功能协调不当，水电也可能变成不可再生能源和对社会无益的能源资源。

2. 人口增长和新的能源需求

近几十年来，人口的迅速增长对能源需求的影响越来越明显：一方面，发达国家正在努力提高能源效率，降低能源消耗；另一方面，发展中国家的能源需求却在迅猛增大。据预测，2050年全球人口将达到100亿，其中95%的人口生活在发展中国家。

国际太阳能协会通过调查后认为，“人口增长”是影响发展中国家最重要的与能源有关的环境问题；“工业增长”与“人口增长”是使发展中国家新能源需求滞后的主要原因。寻求安全可行的能源途径，满足世界人口激增的基本能源要求，是世界面临的一项挑战。

3. 环境与社会为能源付出的代价

为能源的开发和使用所付出的环境代价问题，争论一直十分激烈。据估计，美国每年为开支4000亿美元能源费所付出的代价高达2580亿美元，这还不包括由于能源大量使用所产生的温室气体对全球变暖造成的影响。美国肺科协会估计，美国每年因烧煤对肺部健康造成的危害就达820亿美元，由于生产率降低而使农业遭受的损失超过60亿美元。核电站退役和处理放射性废料，估计要花费310亿美元。虽然对这些估计尚有争议，但为了利用这些能源所付出的代价肯定在增大。

(四) 土地资源问题

土地是人类赖以生存和发展的物质基础和环境条件。一般说来，似乎广阔的自然界蕴藏着无穷无尽的自然资源，人们可以随心所欲地开发利用。其实并非如此。自然资源的盲目开发和随意滥用，必然会引起自然环境的破坏和危机。

目前世界上土地资源的破坏和丧失是很严重的，其中与人类关系最大的是可耕土地。全世界适于农业生产用的耕地约占陆地面积的1/10，而且各个国家、地区间分配极不成比例。例如，丹麦的耕地面积占全国的65%，英国占30%，美国占20%，中国占10.4%，有些国家只有5%~6%。沙漠化、风蚀和水的冲刷是丧失耕作和破坏农田的主要原因。据联合国沙漠化会议估计，世界上由于沙漠化而损失农田每年有500~700万公顷。至于风和水的侵蚀而受到破坏的土地，据称在过去100年内达到了总耕地面积的27%左右。工业城市的发展和地下资源的开采等也是造成土地面积缩小的另一个重要因素。

1. 沙漠化的侵吞

地球陆地上约有1/3是干旱的荒漠地区，其中以沙漠为主。这种地区雨量稀少而多风，土壤沙质，缺少有机物质而盐分含量高，因此大多数未被利用。其边缘地带如果开发得不适当，容易引起沙漠化。据报道，非洲北部撒哈拉沙漠扩展的速度达每年30~50千米，南部流沙前沿的总长达3500千米以上，周围国家的牧场和耕地的损失小者每年200~333.3平方千米，大者每年1000平方千米。我国造成北方地区沙漠化土地的原因主要是由于滥伐、滥牧、滥垦造成的。而由水资源过度开采引起的土地沙漠化，目前更应引起足够重视。全球因沙漠化失去的土地，每年都高达600万公顷。我国每年有1500多平方千米的土地沙漠化。

2. 土壤侵蚀

我国受土壤侵蚀危害的耕地面积分布很广，大于8度以上坡耕地约占总耕地面积的35%。据有关资料统计，我国耕地水土流失面积为4540.6×10^4 hm^2，每年侵蚀土壤量约为33×10^8 t，相当于全国耕地地表有1cm厚的土层被剥去。在土壤被大量侵蚀的同时，水分得不到涵养，生态条件不断恶化。我国每年土壤养分流失的数量大约相当于同期化肥的生产量，养分流失导致土壤肥力下降。水土流失还使农田被切割得支离破碎，河道淤塞，道路和水利设施等建筑物被毁，引发多种生态环境灾害。

3. 土壤次生盐碱化

我国盐渍化（碱化）耕地面积总的变化趋势是逐年增加，已从1976年的706×10^4 hm^2增加到了1992年的763×10^4 hm^2，约占总耕地面积的6%。

4. 土壤贫瘠化

耕地土壤贫瘠化是指耕地在利用过程中，投入到耕地中的养分物质数量不足以弥补同期由于作物收获、水土流失等原因造成的从耕地中移走的养分物质数量，从而导致土壤肥力和土地生产力下降的现象。

5. 土壤污染

土壤污染是土壤资源遭受破坏的一个原因。所谓土壤污染，就是人类在生产和生活中产生的“三废”物质直接或通过大气、水体和生物间接地向土壤系统排放，当排入土壤系统的“三废”物质数量，破坏了土壤系统原来的平衡，引起土壤系统成分结构和功能的变化，即发生土壤污染。这里值得注意的是，受污染的土壤还可以通过生物的新陈代谢或以植物的果实、根、茎和叶给动物提供食物的途径，向环境输出污染物，又使大气、水体和生物进一步受到污染。由于土壤是农业生产的对象和生产的手段，所以土壤污染是与其特殊的地位和功能相联系的。土壤受污染的途径有以下几个方面：

第一，施用化肥和农药是污染土壤的主要途径；第二，垃圾、废渣、污水都以土壤作为处理场处；第三，污染物还可以通过大气、水体的迁移转化而进入土壤。

例如，大气中SO_2、重金属可以经“干降”和“湿降”而进入土壤，使土壤“酸化”造成重金属污染。土壤的污染物主要包括有机物质、氨、磷化肥、重金属、放射性元素以及有害的微生物等。

三、环境污染

环境污染是指人为排放的有毒有害物质，破坏了环境的生态平衡，改变了原来生态系统的正常结构和功能，恶化了工农业生产和人类生活环境。污染物质又沿着食物链转移、富集而后进入人体，危害人类健康。

1. 水污染

随着世界人口的增加，越来越多的工业三废、农用化学物质、生活污水和垃圾排放到江河、湖泊中，使水体受到污染。据专家估计，全球每天约有1亿至1.5亿立方米的水体被污染。全世界河流的稳定流量有40%左右遭污染。一个百万人口的城市，每年要排放10亿多吨废水、8亿多吨垃圾。施入农田的农药、化肥，有1/3最终要进入到各种水域。

以2015年为例，我国排放废水总量为735.3亿吨，其中工业废水199.5亿吨，城镇生活污水535.2亿吨。这些污水和废水大部分未经任何处理就直接排放，使江河、湖泊和城市地下水遭到不同程度的污染；据不完全统计，有27个大中城市的地下水因污染水质变差，淡水资源被污染的已经有70%左右。

除了淡水资源的污染外，海洋污染也非常严重。河流、湖泊的污染，带来近海的海水污染，于是赤潮越来越频繁，给海洋生物和渔业造成重大损失。“赤潮”，沿海居民称其为“红祸”，是由于未经处理的工业或农业的废水、生活污水等排入海洋，这些污水中富含氮、磷等营养物质，在热的气候环境中，使一些颜色发红的藻类如渴胞藻、液光藻、甲藻等迅速繁殖，海面上呈现异常的色彩，这种现象即“赤潮”。大量繁殖的藻类，其中有毒的会毒害鱼类，无毒的也因大量繁殖而影响海洋中其他生物的生长。当海藻死亡后，又因分解消耗水中的溶解氧而使其他海洋生物窒息死亡。

造成海洋污染的还有放射性污染（如核污染）、油污染和塑料污染，一些国家将有毒的废弃物、核垃圾、塑料等扔到公海，把海洋当作垃圾场，对人类健康构成极大的威胁，难以分解的塑料，每年都使200万只海鸟、10多万只海龟、海豹和鲸等动物因误食或裹住身体而丧生。经常发生的石油泄漏事故，使许多有毒的物质进入海洋。

水体的污染还意味着动植物的污染、食品的污染，就食物链的浓缩效应而言，对人的污染要远远大于对水体的污染。

2. 大气污染

大气中清洁空气的组成应该是氧气：21%，氮气：78%，惰性气体：0.94%，二氧化碳：0.03%，水蒸气、灰尘、其他杂质：0.03%。如果这个成分发生了变化，尤其是有毒和有害的物质存在，并且无法通过本身的扩散稀释使自己自净，那么大气就被污染了。

污染大气的物质有很多，主要是：烟雾、粉尘、废气、光化学烟雾、放射性物质等。烟雾中含有灰尘、二氧化硅、强致癌的有机物以及铅、铁、锌等有毒金属；废气中主要有二氧化硫、氮氧化物、碳氧化物等；粉尘有石棉、水泥、滑石以及金属、非金属和钢铁、汽车、化工等生产排放的烟尘和气体；核电站和核废料处理工厂排放的有放射性的物质也污染大气。

大气污染直接威胁人类的健康甚至生命。大气中有毒的物质多了，对人体和其他生物体都会产生毒性。当冬季到来时，因通风不好每年都要夺走一些人的生命，这是人吸入的一氧化碳所造成的。再有，目前对人类健康威胁最大的癌症，与大气污染直接相关，大气污染有致癌作用，造成死亡。浓缩的烟雾与工厂的废气在紫外线的作用下，都会形成致癌物质。

3. 酸雨

酸雨是天然降水中含有一定酸性物质如硫酸、硝酸或金属盐类等，使降水的pH值小于5.6，这样的降雨叫酸雨。

人类最早发现酸雨是在20世纪50年代。主要是人类大规模的工业活动，特别是燃烧各种矿物燃料如煤、石油等，产生大量的二氧化碳、二氧化硫等气体、烟尘并排到大气中，其进一步与空气中的氧气或水蒸气发生反应生成了酸类和盐等物质。当这些物质随水降到地面，便成为酸雨。降雨中含的酸类物质越多，雨水的酸度越大，pH值越低。

造成酸雨的各种物质中，以二氧化硫的作用最大，有人估计它占到60%～70%。目前全世界的工厂、矿山、炼钢铁、烧煤碳等，每年向大气中排放的二氧化硫总量约有2～3亿吨。

酸雨有“空中死神”称号，所以，酸雨所降之处，必给那里带来灾难。酸雨的危害主要有以下几种。

(1) 使水体和土壤酸化，危害农牧业生产。水体酸化，会使水中生物死亡、鱼虾绝迹。如德国的大片森林枯死成为“黑森林”；瑞典、挪威和加拿大有4万多个湖泊成为

“水中的沙漠”或是“死湖”，湖中的鱼和其他生物几乎全部死亡；我国每年因酸雨给农业和林业造成的损失不下百亿元。

（2）污染食物，危害人类身体健康。雨水的酸度上升使土壤中的水酸度也同时上升，进而使有毒的金属（如镉、铅、汞等）的离子浓度增加和进入食物链，直接危害人体健康。有检测表明，由于酸雨，德国土壤中的含镉量从100微克/千克增加到400微克/千克，同时植物中的含镉量也增加了。德国人的食物中含镉的数量已超过世界卫生组织规定的“极限”的70%~80%。

（3）腐蚀金属和建筑物。酸雨对金属和建筑物的破坏是人所共知的。降酸雨地区的金属腐蚀的速度，比没有酸雨地区要高2~5倍。酸雨使铁轨、混凝土建筑的寿命缩短，使许多宝贵文物古迹都变得面目皆非，如英国的圣保罗大教堂、印度的泰姬陵等。

（4）间接加剧“温室效应”。科学家发现，酸雨使土壤多释放33%的甲烷，而甲烷的增温效应是二氧化碳的21倍，因为它的分子结构能有效地阻止红外线向外辐射。这样，酸雨就间接地加剧了温室效应。

4. 荒漠化

据联合国环境规划署估计，全球荒漠化土地的面积约为3600万平方千米，占地球陆地总面积的24%。现在，每年仍以5万~7万平方千米的速度扩展。全世界每年因土地荒漠化蒙受的损失为420多亿美元，有100多个国家的12亿人口深受其害。

我国荒漠化的面积有262.2万平方千米，占国土总面积的27.3%。超过了我国的耕地面积，而且也在以每年2460平方千米的速度扩展。我国的沙漠分布在三北地区的12个省（区），207个县（旗）市，受影响人口近4亿。全国每年因荒漠化危害造成的损失高达540亿元。

土地的荒漠化，有自然的因素，但如此大规模和迅速的荒漠化，主要是人为因素造成的。据研究，在全世界已查明的215个荒漠成因中，有87%是由于人类破坏植被等不合理的行为造成的。中国新增的荒漠化面积中，有95%是人为活动造成的。其中过度放牧占34.5%，破坏森林占29.5%，过度农垦占28.1%，其他工矿开发占7.9%。

四、人口问题

（一）人口数量的急增

人口问题包含两个方面：一是人口的数量，二是人口的质量。人类具有特殊的社会性，人口有一定的数量才有利于克服自然界带来的困难，有利于一个地区的开发。但是人类生活的这个星球——地球的生存空间有一定的限度，地球的生产力、地球的资源环境也有一定的限度。因此，如果人口无节制地增长，到了一定的限度就不可避免地会产生粮食不足、能源短缺、资源匮乏、环境恶化的问题。

人口数量的增长取决于人口的出生率、死亡率和迁徙率三个变量，在人类发展的历史上，由于生产力的发展水平和生活质量以及人口素质的不同，人口增长有三种不同的类型：高出生率、高死亡率、低增长率的原始型；高出生率、低死亡率、高增长率的中间型；低出生率、低死亡率、低增长率的现代型。

人口增长的绝对数量是人口增长问题的关键。从世界人口的绝对数量来看：从新石器时代到罗马帝国的灭亡，全世界有 1 亿人左右。到 1866 年，世界人口达到第一个 10 亿，先后历时达 1000 多年，但是到 1930 年，世界人口就达到了第二个 10 亿，仅用了 130 年。第三个 10 亿出现于 1960 年，历时仅 30 年。1975 年世界人口出现第四个 10 亿，只用了 15 年。而 1987 年是世界第五个 10 亿的年份，历时只有 12 年。1999 年 6 月 16 日是世界 60 亿人口日。现在，根据联合国预测，到 2050 年，全世界人口将会达到 83 亿。见表 6-2。

表 6-2　世界人口绝对数量增长

时　间	世界人口（亿）
新石器时代—罗马帝国灭亡	1
1866 年	10
1930 年	20
1960 年	30
1975 年	40
1987 年	50
1999 年	60
预计 2050 年	83

世界人口的超常增长，是当前世界一切敏感问题的基本根源。可以说，环境破坏、资源匮乏、能源短缺、食物供应紧张等当今社会发展过程中面临的重大问题，其主要关键原因都是人口急增的必然结果。

（二）数量增长不平衡

由于社会文化的差异，一些国家人口数量迅速增加，个别国家的人口呈负增长现象。自 20 世纪 60 年代起，发达国家就出现了人口增长率下降的趋势，而不发达国家人口增长率呈上升趋势。一些发展中国家由于人口增长过快而出现人口素质低等问题，包括体质、智力、素质、觉悟等。

（三）人口老龄化

由于生活水平的提高和改善，人口寿命在延长。1970—1975 年世界平均期望寿命男为 50 岁，女为 57 岁，1980—1985 年男为 58 岁，女为 60 岁。美国 1970—1975 年平均期望寿命男为 68 岁，女为 75 岁，1980—1985 年男为 70 岁，女为 78 岁，1991 年男为 72 岁，女为78.9岁。“老年型人口”的国际通用标准是，年龄65岁以上人口占总人口的7%以上，或60岁以上人口占总人口的10%以上，即为“老年型人口国家”。

我国第五次人口普查结果显示：人口年龄结构变化较大，65岁及以上人口占总人口的比重为6.96%，比1990年人口普查上升1.39个百分点。这反映出，我国改革开放以来，随着经济社会迅速发展，人民生活水平和医疗卫生保健事业的巨大改善，特别是人口生育水平的迅速下降，人口老龄化进程加快。

（四）性别比例失调

我国人口男女性别比不仅显著高于发达国家，而且也稍高于某些发展中国家。我国五次人口普查的性别比（以女性为100，女性对男性的比例）分别为：107.6（1953年），105.5（1964年），106.3（1982年），106.6（1990年），106.7（2000年）。据2000年第五次人口普查，男女性别比呈上升趋势。男女婴儿比已达到114:100。这种现象在农村更为严重，可达120:100。

（五）人口城市化

伴随人口增加的过程，出现了城市人口过密的问题。在1800年，全世界城市人口仅占总人口的3%，120年之后的1920年才增加到14%。近30年来，城市人口急剧增长，从1950年的6.98亿人增加到1980年的18.7亿人，占世界人口的42.2%。而世界城市面积仅占陆地总面积的0.3%，在这有限的面积中，却集中了40%以上的人口。目前，有30亿集中在城市，占人口总数的50%。

工业革命以来，达到100万人口规模的城市1800年全世界只有伦敦一座，1850年有3座，1900年有16座，1950年增加到115座，1980年达到234座，现已增加到470座。

我国第五次人口普查显示，居住在城镇的人口45594万人，占总人口的36.09%，居住在乡村的人口80739万人，占63.91%。同1990年人口普查相比，城镇人口比例上升了9.86个百分点。

（六）人口健康状况下降

由于人类对地球环境资源的开发，许多对人类健康的不利因素，包括各种污染物的作用，噪声、居住环境的卫生条件、人口的拥挤、食品的匮乏和生活水平引起的食物摄取单一，以及各种社会心理因素也直接和间接地影响人类健康。这些因素包括全球环境变化、局部环境破坏、环境污染及生活环境恶化等，一方面不断恶化的环境影响人类生活质量；另一方面优厚的生活条件削弱了人类的自然进化，使人类健康遭受严重威胁。

人体退化：所谓人体退化，即由于人为活动对自然环境的改变导致人体出现非正常疾病和有害的生理过程，使人类生理素质和健康水平下降的现象。也有人称为“人体退化病”。现代人生活在一个人造的舒适环境中，从服装到空调再到风暴预警系统，人类得到保护。而这种保护则使人类进化的环境压力减小了。现代化技术的广泛使用，使体力劳动的强度大大削弱，肢体在不断退化。技术和医学朝着遗传基因的缺陷发展，自然选择在一定程度上已被废止了。生活方式的改变也会导致一些疾病，如电视病、空调病、风扇病、电脑病以及电磁干扰、核辐射、化学污染等。此外，由于人口的快速增长，许多人处在人口稠密的恶化的生活环境中，长期如此，不仅会使人感到喧闹、烦恼，还会导致高度紧张，人体内脏活动受到抑制，出现头晕脑涨、焦虑、压抑和不安、全身肌肉疼痛、口舌干燥、胃肠不佳、血压上升及心率加速等症状。在拥挤的环境中，日常生活活动难免会互相干扰、碰撞、挤压及紧密接触，易使人情绪波动，烦躁易怒。

疾病增加及变化：在经济发展的最初阶段，主要是地方性传染病，较流行的是寄生虫病、肠胃炎、呼吸道疾病，营养不良和带菌体传播的疾病；当生活标准提高，环境条件改善时，地方性传染病已得到控制，麻疹、百日咳、脊髓灰质炎，以及其他细菌性和病毒性疾病就成为主要流行病；在经济发展的最后阶段，各种衰退性的脑血管病、高血压病、心脏病、糖尿病、精神病及癌症变成了主要疾病，营养不良成了营养过剩，发病者多由儿童转向老年人。由于经济发展规律导致生活环境的差异，发展中国家和发达国家在健康问题上也有明显差异。目前，发展中国家居民的健康情况威胁就是饥饿和慢性营养不良，以及由于环境卫生和饮水卫生问题带来的消化系统疾病及寄生虫病。发达国家危及健康的疾病主要是心脏病、肺病、精神病、癌症、中风及交通事故等。

第二节　可持续发展与生态农业

一、可持续发展

（一）可持续发展的概念

可持续发展的概念来源于生态学，最初应用于农业和渔业，指的是对于资源的一种管理战略，即如何将全部资源中的一部分合理加以收获，使得资源不受破坏，而新成长的资源数量足以弥补所收获的数量。世界环境与发展委员会对可持续发展定义为：“可持续发展是在满足当代人需要的同时，不损害后代人满足其自身需要的发展。”可持续发展要求社会从两方面满足人民的需要：一是提高生产潜力；二是确保每个人都有平等的机会。

可持续发展的思想对人类来说由来已久。自古以来，维持自身和家族的延续和昌盛便是同人类本能有关的重要准则。在资源利用方面，早在春秋战国时期，就有了保护正在怀孕或产卵期的鸟兽鱼鳖的“永续利用”思想，就有了定期封山育林的法令等明确的对可再生资源持续利用的思想。

西方经济学家在19世纪对林业和20世纪对渔业的研究中，也提出并分析了可再生资源“可持续产量”的问题。在相关著作中，较早地认识到了人类消费的物质限制，即人类的经济活动存在着生态边界。

1962年，美国生物学家R. 卡逊在其著作《寂静的春天》一书中指出无机农药的无节制使用会威胁到人类的生存。该书的出版引起了西方社会的强烈反响，敲响了环境问题的警钟。1972年，罗马俱乐部的研究报告《增长的极限》认为：如果目前的人口和资本的快速增长的模式持续下去，世界就会面临一场“灾难性的崩溃”。而避免这种前景的最好方法是限制增长，即“零增长”。与此同时，一些学者则乐观地认为科学的进步和对资源利用效率的提高，将有助于克服这些困难，其中以西蒙的《没有极限的增长》为代表。他们认为：生产的不断增长能为更多的生产进一步提供潜力。虽然人类发展面临一些问题，但人类能力的发展是无限的，因而这些问题不是不能解决的。世界的发展趋势是在不断改善而不是逐渐变坏。

虽然《增长的极限》过分夸大了人类面临的问题的严重性，但该报告对地球潜伏危机和发展面临的问题提出警告，使人类清醒地认识到这些问题，逐步寻求一种建立在环境和自然资源承载能力之上的长期发展的模式。

“可持续发展”一经提出，在全世界范围内迅速得到认同，并成为广大媒体使用频率较高的词汇之一。这充分反映了人类对未来选择的发展道路和发展目标的憧憬和向往。

（二）可持续发展的基本内涵

由于可持续发展是当今人类关于自身前途和命运的正确抉择，因此一经提出就受到了全世界的普遍重视，并在各个行业中加以应用，如农业可持续发展、林业可持续发展、工业可持续发展、城市可持续发展等。但是从理论的高度可以将可持续发展的内涵概括为以下几个方面。

1. 生态可持续发展

国际生态学联合会和国际生物科学联合会将可持续发展定义为“保护和加强环境系统的生产和更新能力”，即可持续发展是不超越环境系统再生能力的发展。还有人提出，可持续发展是寻求一种最佳的生态系统以支持生态的完整性和人类愿望的实现，使人类的生存环境得以持续。

2. 社会可持续发展

世界自然保护同盟、联合国环境规划署和世界野生动物基金会共同发表了《保护地球：可持续生存战略》，将可持续发展定义为：“在生存于不超出维持生态系统承载力的情况下，改善人类的生活品质”。这篇报告着重论述了可持续发展的最终落脚点——人类社会，即改善人类的生活质量，创造美好的生活环境。报告还认为各国可以根据自己的国情制定相应的发展目标。但是，只有在“发展”的内涵中包括有提高人类健康水平，改善人类生活质量和获取必需资源的途径，并创造一个保障人们平等、自由、人权的环境，“发展”只有使人们的生活在所有这些方面都有所改善，才是“真正”的发展。

3. 经济可持续发展

认为可持续发展的核心是经济发展。经济学家巴伯在其著作《经济、自然资源稀缺性和发展》中把可持续发展定义为："在保护自然资源的质量及其所提供的服务的前提下，使经济发展的净利益增加到最大限度。"这里所提出的经济发展不再是传统的以牺牲资源与环境为代价的经济发展，而是"不降低环境质量和不破坏世界自然资源基础的经济发展"。

4. 技术可持续发展

实施可持续发展，除了政策和管理因素外，科技进步起着重大作用。没有科学技术的支撑，人类的可持续发展就无从谈起。持这种观点的人认为污染并不是工业活动不可避免的结果，而是技术水平差、效率低的表现。他们主张发达国家和发展中国家之间进行技术合作，缩小技术差距，提高发展中国家的经济生产力。同时，在全球范围内开发更高效利用资源、防止污染、保护环境等先进技术，逐步解决地球变暖、臭氧层破坏等全球性的环境问题。

总之，可持续发展是一个综合性的概念，它不仅涉及当代国家的人口、资源、环境与发展的协调，还涉及同后代的和国家或地区之间的人口、资源、环境与发展之间的矛盾冲突。同时，可持续发展也是一个涉及经济、社会、文化、技术及自然环境的概念。一是可持续发展是以自然资源可持续利用和良好的生态环境为基础；二是以经济可持续发展为前提；三是以谋求社会的可持续发展即社会的全面进步为目标；四是科学技术的可持续发展，即以科技进步为支撑、保障。

可持续发展也是一个动态概念。它不以某一经济活动的永久发展为目标而要根据社会的发展、技术进步、资源的变动等情况制定新的内容和目标。

（三）可持续发展的原则

从可持续发展的定义及其主要内容来看，它包括以下基本原则。

1. 公平性原则

可持续发展强调两种公平：代际公平和当代人之间的公平。前者指现代人的发展不能影响后代人的发展；后者是指当代人之间对自然资源开发利用和社会经济产品有同等的分享权利。也就是说，在空间上，区域与区域之间有公平发展的机会；在时间上，当代人和后代人有公平的发展机会。由于同后代人相比，当代人在资源开发利用方面处于主宰地位，因此，可持续发展要求当代人在考虑自己的需求和消费的同时，也要对后代人的需求和消费负起历史责任。必须近期效益与长期效益相兼顾，决不能"吃祖宗饭，断子孙路"。

2. 可持续性原则

可持续性原则要求人类根据生态系统持续性条件和限制因子，调整自己的生活方式和对资源的要求，包括在生态文明的框架中考虑和进行自身的生产；注重后代生活质量的提高而不是追求人口的数量；在生态系统可以保持相对稳定的范围内确定自己的消耗标准，把资源视为财富，而不是获取财富的手段。

3. 共同性原则

可持续发展思想的前提是只有一个地球，可持续发展是为了我们共同的未来。共同性原则要求人们对可持续发展价值观念和道德的普遍认同；要求打破民族和国家、种族和行业的界限，对资源的利用合理地进行全面的衡量和协调，要求在国际和行业间的广泛合作与统一行动。

4. 发展性原则

可持续发展以经济发展为中心，如果经济搞不上去，社会发展、环境保护和资源持续利用也不可能。可持续发展并不意味着要求降低经济增长的速度，而是意味着更有效、更适度地消耗资源，意味着节约以后治理环境和改善生态的费用。可持续发展的目的是发展，关键是可持续性。

5. 和谐性原则

可持续发展的思想要达到的理想境界是人与人之间以及人与自然之间的和谐。这就要求每个人在考虑和安排自己的行动时要考虑到自己的行动对他人、后代及生态环境的影响，从而在人类内部及人类和自然之间建立起一种互惠共生的和谐关系。

6. 协调性原则

根据可持续发展的思想，良好的生态环境是可持续发展的基础，经济的发展是可持续发展的条件，稳定的人口是可持续发展的要求，科技进步是可持续发展的动力，社会发展是可持续发展的目的。总之，经济、环境、人口、社会、科技应协调发展。

7. 需求性原则

传统发展模式以传统经济学为支柱，所追求的目标是经济的增长（主要是通过国民生产总值来反映的）。它忽视了资源的代际配置，根据市场信息来刺激当代人的生产活动。这种发展模式不仅使世界资源承受着前所未有的压力而不断变化，而且人类的一些基本物质需要仍然不能得到满足。可持续发展坚持公平和长期的可持续性，要满足所有人的基本要求，向所有的人提供实现美好生活愿望的机会。

8. 安全性原则

安全是人类社会基本的、起码的目标之一，是可持续发展的根本前提。小至个人，大至国家与世界，都离不开安全。从某种意义上讲，安全是一个民族与国家的命运。可持续发展的社会，必须有可靠的安全保障。安全的内容包括国家的独立、领土的完整、民族的统一、社会的安定、人民的团结、生态安全与食物安全等。

9. 高效性原则

可持续发展的公平性原则、可持续性原则、和谐性原则和需求性原则实际上已经隐含了高效性原则。事实上，上述四项原则已经构成了可持续发展高效性原则的基础。不同于传统经济学，这里的高效性不仅仅是根据经济生产率来衡量，更重要的是根据人们的基本需求得到满足的程度来衡量，是人类整体发展的综合和整体的高效。

10. 参与性原则

实施可持续发展是一场变革，是价值观的变革，是人类行为方式的变革，是人类对于环境、经济和社会三者关系处理方法的变革。公众是否认识、愿意接受并积极参与，是实施这些变革的必要条件。如果没有公众的参与，尽管可持续发展是一种先进的思想，尽管《21 世纪议程》是各国的一个很好的实施可持续发展的行动纲领，但也只能作为一种书面上的东西存在，难以通过人民的实践而得以实施。从这个意义上讲，公众参与是可持续发展从概念到行动的关键，是人类不断地从认识到实践，再认识、再实践的过程。

（四）农业可持续发展和可持续农业

1. 各种替代农业的出现

在持续发展概念提出之前，若干国家的一些有远见的学者早已开始了对大量和集约采用现代农业投入，如商品能源、农机、化肥、农药，通过大型规模经营，对高产出模式的反思，提出了侧重面有所不同的替代农业模式。

（1）自然农业。日本的福冈正延从 20 世纪 50 年代在总结前人研究的基础上，开始了自己的自然农业实践。福冈正延是位农民学家，也是自然农业著名的研究者和实践者，由于他受中国老子无为思想影响很深，因此，他认为现今农业的问题在于人类干预自然太多。他结合自己的实践写了一本书《秸秆革命》（1978），提出了自己的“自然农业”主张：无耕起、无肥料、无除草、无农药，即所谓“四无”农业。

无耕起，即免耕。依靠植物根系的穿插、大量有机物（包括根茎、秸秆和绿肥等）的腐烂分解和土壤动物及微生物活动来疏松土壤，保持土壤的通透性和保水保肥能力。

无肥料，即不施化肥、堆肥和混合肥，完全依靠收获后的秸秆还田、豆科三叶草等绿肥，以及施用糠壳和禽肥粪等来维持和提高土壤肥力。

无除草，即既不中耕也不用化学除草剂，而是用稻、麦秸秆和三叶草等覆盖地表，抑制杂草的生长，必要时可用间隙淹水的方法对农田杂草进行有效的控制。

无农药，即不依赖化学农药防治病虫害，让自然平衡机制把病虫害控制在最低危害程度。

（2）生物动力农业。实行这种农业的农民把农业看成是一种生活方式，农民通过加强与土地、植物、动物的联系，建立起一种和谐的有节律的农村生产与生活整体，生产以自给自足为主。在技术方法上注重以下几点：①根据生境不同，安排不同的动植物，使物种多样化；②采用间套种技术，平衡养地、用地作物；③饲养两种以上数量相当的牲畜，以供应满足养分平衡的粪肥；④秸秆和畜禽粪便的循环利用，并使用特殊的生物动力学制剂，提高堆肥和有机肥质量。

（3）有机农业或生物农业。有机农业是一种完全不用或基本不用合成的化肥、农药、生长调节剂和家畜饲料添加剂的生产体系。有机农业的主要思想是：①自然是重要的资本，不应与自然对立而使自身陷入困境，关心资源的有限性，注重物质循环利用；②土壤是一种生命体，土壤质量对农业的长远效益有重要影响；③应从培育土壤开始培育作物，只有健康的土壤才能有健康的植物、动物和人；④奉行生态系统多样化原则，这是取得生物和环境稳定的重要因素；⑤增强独立自主能力，无论是能量来源还是产品分配都应有相对的独立性；⑥非物质主义。认识到资源和自然的制约，更多地注意身心健康，不对物质和金钱贪得无厌。

有机农业的主要方法：①轮作制。轮作中豆科作物，绿肥覆盖作物占重要位置。如三年苜蓿、一年玉米（或小麦），一年大豆、一年玉米、一年大豆，再回到三年苜蓿；②耕地方法。多用免耕或用圆盘耙浅耕（6~10 cm）。一般不耕翻土层；③维持土壤肥力。采用生物固氮、秸秆、粪便、磷矿石、海绿砂（一种钾肥）、海藻和次鱼为主要肥源。在没有磷矿石的地方，也可用酸化的磷肥；④病虫灾害的控制。主要采用非化学方法。如轮作、间作、覆盖，微生物制剂，天敌利用等。

试验表明，有机农业农场一般产量比常规农场低（如玉米、大豆平均低 10% 和 5%），纯收入也略低（有机农业成本相对较低）于常规农场。但其有利于保持水土和保护资源的功能，水土保持费、污染控制费等外摊成本比常规农业少得多。

（4）生态农业。它是替代农业的一种形式，也是比较科学合理的一种农业生产方式，有关生态农业我们在后面将专门介绍。

2. 可持续农业

联合国粮农组织提出了可持续农业的概念：“管理和保护自然资源基础，调整技术和机制变化的方向，以便确保获得并持续地满足目前和今后世世代代人们的需要。因此是一种能够保护和维护土地、水和动植物资源、不会造成环境退化，同时在技术上适当可行、经济上有活力、能够被社会广泛接受的农业”。它包括以下几层基本的意思。

一是可持续农业强调不以牺牲后代人的生存发展权益作为换取当今发展的代价；可持续农业要求兼顾经济的、社会的和生态的效益，“生态上健康的”是指在正确的生态道德观和发展观指导下，正确处理人类与自然的关系，为农业和农村发展维护一个健全的资源和环境基础；“经济上有活力的”指绝不能因为要保护环境和维护资源而牺牲较高的生产力目标和农业竞争力；“社会能够接受的”是指不会引起诸如环境污染和生态条件恶化等社会问题，以及能够实现社会公平性，不引起区域间、个人间收入的过大差距。

二是可持续农业要实现的三大目标：积极增加粮食产量，确保粮食安全，消除饥荒；促进农村综合发展，增加农民收入，消除贫困；合理利用和保护自然资源，创造良好的生态环境，以利于子孙后代生存和发展的长远利益。

三是可持续农业为一种思潮，其发展与实现是一个动态变革过程，具有阶段性和多目标性。不同的社会发展阶段、不同的国情应具有不同的战略和发展方向。

我国人口基数较大，人均农业资源特别是人均耕地和人均水资源极低，社会、经济、生态三个效益的矛盾和对立，决定了我国可持续农业发展的方向不同于发达国家以环境为主的策略，而应走中国特色的持续农业道路——可持续高效农业，探索出一条既高产、优质、高效（集约化）又有良好资源环境（可持续化）的发展道路。

二、生态农业

纵观整个农业生产发展的过程，大体上可以分为以下几个阶段。

一是原始农业阶段。基本利用自然力而自发进行物质生产，主要供给自己（劳动者及其家庭）的需要的一种初级农业形式。狩猎和采集是原始农业的初级形态。刀耕火种、轮歇栽培、撂荒制是原始农业的主要形式。

二是传统（有机）农业阶段。这一阶段以我国的传统有机农业最为典型。传统有机农业虽然比原始农业生产力有了很大的提高，在资源合理利用、环境保护等方面也有许多的生态合理性，但是以人畜为主要动力，使用铁制手工工具，仍然是一种自给自足的经济。其特点是经营分散、规模小、劳动生产力低下。

三是现代农业阶段。现代农业以机械化集约农业或石化农业为主要形式。其特点是：经营规模大，土地生产力、劳动力生产率以及商品生产率都得到很大提高，可基本满足人类不断增长的物质需要。但是石化农业所带来的资源浪费、能源紧缺和环境污染已经严重威胁农业生态系统的安全，甚至直接威胁人类的健康发展，因而走进了“死胡同”。生态农业就是在这种情况下提出的。

（一）生态农业的概念

生态农业是生态上能自我维持，低输入的，经济上有生命力的，目标在于不产生大的和长远的环境方面或伦理方面及审美方面不可接受的变化的小型农业。西方生态农业与中国的生态农业有所不同，西方的生态农业强调低投入，从整体上仍未能摆脱“小农”和“自给自足”的束缚。更重要的是，西方生态农业的倡导者主张，宁可牺牲农业生产，也要追求回归自然的思想，与中国生态农业从一开始就强调追求高土地生产力、高经济效益和投入效率有明显区别。

中国生态农业的定义：“因地制宜利用现代科学技术，与传统农业精华相结合，充分发挥区域资源优势，依据经济发展水平及‘整体、协调、循环、再生’的原则，运用系统工程方法，全面规划，合理组织农业生产，实现高产、优质、高效、可持续发展，达到生态与经济两个系统的良性循环和经济、生态、社会三大效益的统一。”

（二）中国生态农业的内涵

中国生态农业首先是农业发展观念的转变，是中国落实农业可持续发展的一种战略思想和具体行动，强调维持农业高额生产力的基础是对生态环境的保护和建设。

生态农业是以系统观念为指导，组织现代农业生产的一种方式。它要求遵循生态学和生态经济学的原理及系统科学的方法从不同的系统水平（户、村、乡、农场等）组织农业生产、适应良性循环的生态农业系统。综合运用现代农业科学技术并与我国传统农业的精华相结合，进行层层优化设计和管理。强调农、林、牧、副、渔五业关系的合理配置，均衡发展，因地制宜地对山、水、田、林、路进行综合治理，在发展生产的同时，改善和治理农业生态环境，真正实现把农业—自然—社会—经济复合生态系统建立在高效、低耗、和谐、稳定发展的基础上，力求达到农业生态效益、经济效益和社会效益的统一。

作为一套经济而高效的农村实用技术，走资源节约型农业道路。

生态农业建设既包括生态农业体系（不同层次的生态农业系统），也包括生态农业技术。生态农业的技术，不再是单项技术，它是在单项技术的基础上，将国内外先进农业技术、生物技术、工程技术和传统农业的精华组合在一起，成为生态农业技术体系，它既有生产技术，也有管理技术和组织技术，既可体现单项技术的突破和创新所带来的技术效应，又能体现单项技术组装后所表现的“整体大于部分之和”的整体技术效益。

（三）中国生态农业的主要特征

第一，强调以提高第一性生产力作为整个农业生态系统发展的前提和基础，积极应用新技术（包括常规增产技术）和合理投入。

第二，强调发挥农业生态系统的整体功能。以种植业为基础，以养殖业为纽带（中心环节），积极发展加工业和第三产业，逐步建立起种、养、加工有机结合，农工贸综合发展的生态农业系统。

第三，部分实现稀缺资源的替代和弥补，一方面充分挖掘系统内部资源潜力，另一方面高效利用商品性农业投入。在合理利用化肥、农药等石化产品的前提下，应充分发挥物理技术和生物技术的作用，以节约石化能源的投入。

第四，通过改善系统内部结构和投入产出，调整和安排好农业产业结构和各业内部的结构，在不增加其他投入的情况下提高农业综合效益。

第五，通过物质循环、能量多层次利用和系列化深加工实现经济增值，实现废弃物资源化利用，尤其是农业生物资源的多层次循环利用，提高农业效益，降低成本。

第六，提高环境意识，提倡生态文明，改善农村生态环境；提高林草覆盖率，减少水土流失和污染，提高农产品的安全性等。

（四）中国生态农业的模式

生态农业建设的核心是从农业生态系统的视角出发，在大农业范畴内正确选择能协调农业社会效益、经济效益和生态效益的农业模式，并以此为基础合理组配各项生产，协调各项技术，促进农业向高效和可持续方向发展。

生态农业模式是在生态农业实践中形成的、结构相对稳定的农业生态系统。在近10年的生态农业实践中，各地涌现了一大批行之有效的模式，如农牧结合模式、林农牧结合模式、基塘模式、庭院模式、林粮间作模式、节能改燃模式、沼气能源利用模式、腐生食物链模式、高畦深沟模式等。由于我国幅员辽阔，气候、地形、土壤等生态条件差异很大，生态农业模式的形成和建立有着较强的地域性特点和规律，就是说在一定的区域范围内，往往有一定的生态模式较与之相适应，因此在生态农业蓬勃发展了一段时间之后，进一步认识区域环境与生态农业模式的关系对促进生态农业建设的健康发展是很重要的。

(五) 中国生态农业的主要技术

中国生态农业的主要技术有以下几种。

(1) 生物共生互惠及立体布局技术：包括植物与植物、植物与动物、动物与动物等的共生互惠和立体布局，如稻田养鱼，蔗田种蘑菇，鲢、鳙鱼和草鱼、鲫鱼、河蚌混养等。

(2) 物质与能量的良性循环与再生技术：如基塘循环模式、种养循环模式、种养加循环模式等。

(3) 资源的综合开发技术：包括太阳能利用技术（如太阳能灶、太阳能热水器等）、生物能利用技术（如沼气等）、农业副产品利用技术（如用农业废弃物培植食用菌、用作物秸秆加工工艺品）等。

(4) 有害生物的综合治理技术：包括病虫杂草的生物防治技术，通过作物的间套轮作、不同耕作方法和利用各种物理、机械方法防治病虫草害等。

(5) 水土流失的综合治理技术：包括作物栽培耕作技术（如等高种植、免耕少耕等）、农业工程改造技术（如梯田等）、生物工程治理技术（如种植香根草篱、间作套种绿肥和牧草等），其中生物工程治理技术被认为是一种既省力、省钱，又富有成效的最有前途的方法。

(6) 农业环境保护和农业生产自净技术：如人畜粪尿还田，田边和村边种植防护林带，鸡（粪）—猪（粪）—鱼（塘泥）—作物（农副产品）—鸡、猪食物链技术。

本章同步训练

一、选择题

1. 地球上碳最大的储存库是（　　）

A. 大气层　　B. 海洋　　C. 岩石圈　　D. 化石燃料

2. 赤潮的形成主要与下列哪种因素的关系最为密切（　　）

A. CO_2 浓度升高　　B. 水体温度变化

C. 水体富营养化　　D. 水体重金属污染物

3. 引起温室效应的主要原因是大气中哪种物质的浓度增加（　　）

A. 二氧化碳　　B. 甲烷

C. 氟氧化合物　　D. 二氧化硫

4. 下面哪种环境问题不属于有毒物质污染（　　）

A. 工业三废　　B. 农药
C. 放射性物质　　D. 植被破坏

5. 酸雨的形成是由于哪些物质在强光照射下进行光化学氧化作用，并和水汽结合而形成的（　　）
A. 二氧化碳和一氧化碳　　B. 二氧化硫和一氧化氮
C. 二氧化碳和一氧化氮　　D. 二氧化硫和一氧化碳

6. 下面哪种资源属于可更新的自然资源（　　）
A. 化石燃料　　B. 生物资源
C. 金属矿物　　D. 非金属矿物

7. 我国水土流失最严重的地区是（　　）
A. 黄土高原　　B. 青藏高原　　C. 长江流域　　D. 珠江地区

8. 臭氧层破坏属于（　　）
A. 地区性环境问题　　B. 全球性环境问题
C. 某个国家的环境问题　　D. 某个大陆的环境问题

9. 下列生态系统中，开放程度最大的是（　　）
A. 湖泊　　B. 热带雨林　　C. 农田　　D. 水库

10. 下列生态系统中，属于人工生态系统的是（　　）
A. 海洋　　B. 撂荒地
C. 被污染的湖泊　　D. 养鱼池

11. 温室效应指的是（　　）
A. 农业生产中大量使用温室和塑料大棚，产生了对环境不利的后果
B. 大气中二氧化碳浓度升高，使大气层如同温室的外罩一样，太阳短波辐射容易进入，地表长波辐射难以出去，导致地表温度升高，引起一系列的环境问题
C. 农民长期在温室和塑料大棚内工作，导致了与温室和塑料大棚有关的疾病
D. 在温室和塑料大棚内生产的蔬菜质量与露天农田中生产的蔬菜质量不同

12. 温室效应的最直接后果是（　　）
A. 气温升高　　B. 极地和高山冰雪消融
C. 海平面上升　　D. 生态系统原有平衡破坏

13. 水体富营养化的后果是（　　）
A. 由于藻类大量繁殖，死后分解要消耗大量氧气，导致鱼类因缺氧而死亡，使渔业产量减少
B. 由于藻类大量繁殖，使鱼类的食物增加，导致渔业产量增加
C. 对渔业产量没有影响
D. 使渔业产量忽高忽低

14. 下列资源属于可再生性资源的是（　　）

A. 煤炭资源　　B. 核能资源

C. 森林资源　　D. 天然气资源

15. 下列不是可持续农业的做法的是（　　）

A. 农、林、牧、渔多种经营

B. 大力植树造林，避免水土流失

C. 大力开展生物防治，避免化学农药污染

D. 大量使用化肥，保持农产品持续高产

16. 下列类型的农业生产模式不属于生态农业范畴的是（　　）

A. 养鱼塘的分层养殖　　B. 农田的间作套种

C. 海洋的网箱养殖　　D. 果林地立体间套种

17. 下列属于环境污染的问题是（　　）

A. 森林破坏导致的水土流失　　B. 草原破坏导致的沙漠化

C. 大量抽取地下水导致的地面沉降　　D. 大量使用化肥导致的水体富营养化

二、填空题

1. 引起温室效应的主要原因是大气中的________浓度的增加。

2. 减少二氧化碳排放的途径主要是________。

3. 地球上空的臭氧层能阻止________到达地球表面。

4. 引起水土流失的主要原因是________。

三、简答题

1. 简述温室气体浓度升高的后果。

2. 目前生态学研究的热点问题有哪些方面？

四、论述题

1. 怎样正确处理人与自然的关系？

2. 论述全球主要生态问题及对策。

参考答案

近2年真题

（在线答题）　　（在线答题）

成人高考专升本生态学基础考试大纲

总要求及复习考试内容　　考试形式与试卷结构

（在线答题）

样　题